高职旅游类项目课程教材（教改新成果）

New Concept

导游实务

（第2版）

主　编 ○ 葛益娟　张　骏
副主编 ○ 倪月犁　朱　丽
　　　　　金丽娇
主　审 ○ 陶汉军　张树夫

北京·旅游教育出版社

责任编辑：果凤双

图书在版编目（CIP）数据

导游实务/葛益娟，张骏主编. —北京：旅游教育出版社，2010.2
（2018.9）
高职旅游类项目课程教材（教改新成果）
ISBN 978-7-5637-1905-1

Ⅰ.①导… Ⅱ.①葛… ②张… Ⅲ.①导游—高等学校：技术学校—教材 Ⅳ.①F590.63

中国版本图书馆CIP数据核字（2009）第235975号

高职旅游类项目课程教材（教改新成果）

导游实务
（第2版）

主编 葛益娟 张骏

副主编 倪月犁 朱丽 金丽娇

主审 陶汉军 张树夫

出版单位	旅游教育出版社
地　　址	北京市朝阳区定福庄南里1号
邮　　编	100024
发行电话	（010）65778403 65728372 65767462（传真）
本社网址	www.tepcb.com
E - mail	tepfx@163.com
排版单位	北京旅教文化传播有限公司
印刷单位	北京市泰锐印刷有限责任公司
经销单位	新华书店
开　　本	720毫米×960毫米 1/16
印　　张	17
字　　数	266千字
版　　次	2018年9月第2版
印　　次	2018年9月第1次印刷
定　　价	29.00元

（图书如有装订差错请与发行部联系）

教材编撰委员会

主　任：肖　飞　张新南
副主任：张久明　周春林　冯　明
成　员：王建平　匡家庆　马彦纯　阮立新　方法林
　　　　邵万宽　邵　华　张　军　朱林生

总 序

中国旅游职业教育的发展与旅游产业几乎同步,历时三十多年,为旅游行业培养了大批专业人员,为促进我国旅游业发展做出了重要贡献。特别是进入21世纪以来,我国的旅游高等职业教育加快了发展步伐,规模进一步扩大,质量有了明显提高。旅游高等职业教育的特点是:人才培养起点高,进入行业后的可塑性强;人才的行业性特征明显,供求双方的亲密度高;和旅游发达国家注重职业化教育的特征相吻合,具有鲜明的时代性。正因为如此,旅游高等职业院校的学生受到旅游行业的青睐,拥有广泛的就业市场,而且,他们进入旅游行业后通过一步一个脚印的踏实工作,往往具有更多的发展机会。可以肯定的是,随着我国旅游强国建设步伐的加快,旅游高等职业教育将具有更加广阔的发展前景。

在旅游业迅速发展的新形势下,为促进旅游职业教育的进一步发展,必须遵循"以就业为导向""以学习者为中心"的职业教育原则,颠覆原有的以理论知识为中心的学科专业体系,进行突破性的教育改革。而"项目课程"的产生与发展正是职业教育改革的必然要求,是教育改革的一个突破性的成果。这是因为基于项目的教学活动从根本上解决了传统学科教学模式所造成的理论知识和实践技能条块分割的问题,对学生岗位实践能力的培养有明显的帮助。因此,在我国,项目课程开发已成为今天职业教育课程改革中的一项原创性实践,目前,项目课程改革在理论和实践领域都取得了丰硕的成果,其影响的广度和深度远远超越了我国历次职业教育课程改革。

所谓项目课程,是指根据职业岗位工作系列项目的需要,选择、组织教学内容,进而形成以完成工作系列任务为中心的课程体系。通过完成岗位工作任务来学习基础知识和技能,从而培养学生提出问题、分析问题、解决问题的综合能力。现代职业教育的相关研究认为,在职业教育领域,应该以项目课程的形式把岗位生产、管理、经营、服务的实际工作流程作为课程设置的核心,把主要的工作任务作为教学内容,并与职业资格标准相衔接,从而使学生以其所获得的知识、能力、态度诸方面的综合素质,满足职业岗位的要求。

南京旅游职业学院作为我国最主要的旅游人才培养院校之一,较早开展了项目课程的开发,锻炼和造就了一支综合素质高、实操能力强的教学改革团队,取得了一系列丰硕的成果。由南京旅游职业学院主持开发的这套旅游职业教育项目课程系列教材，正是遵循"项目课程"这一先进理念，力求彰显职业教育特色，以学生职业综合素质的培养为目标。本套教材有以下明显的特色：

第一，项目课程特点鲜明。本系列教材遵循项目课程的理念，打破了传统教材章、节、目的体例设定模式。对传统的以知识为本位的观念进行了彻底的颠覆，采用了由项目、模块、工作任务组成的系列体例建构方法，从岗位工作任务着眼，以培养学生的实际工作能力和职业生涯的发展潜力为首要目标。

第二，专业课程系统完整。本系列教材涵盖旅游高等职业教育主要的各门专业性课程，从不同角度为学生旅游职业技能的进一步提升提供指导和帮助。每门课程教材在自成体系的同时也兼顾教材之间的横向交流，及其与基础性课程之间的纵向联系，以形成完整的旅游职业教育体系。

第三，内容具有权威性。准确性、科学性是教材的生命线。本系列教材的总体筹划和设计得到了旅游行业精英们的大力支持和直接参与，各个项目课程的开发也得到了职业教育专家的全面指导。本系列教材的主要编写者都是双师型骨干教师，他们拥有扎实的理论知识功底，都在行业中有一线工作、管理岗位的经历，拥有丰富的实践经验。在总结提炼多年知识积累的基础上，编者严格按照教材编写规范，编创结合，既保留经典内容，更将具有创新性的研究成果和具有代表性的观点融入教材之中，力争在做到教材内容准确、科学的同时体现出自身的创新性。

第四，注重教学实用性。专业课程的开设是为学生旅游实践工作能力的增强直接服务的，因此，本系列教材着眼于旅游行业从业者各岗位实践技能的培养。为保证这一原则的贯彻与落实，系列教材在对国外较成熟的职业教育理论体系和模式进行深入研究的基础上与我国国情充分结合，十分注重与旅游行业的人才需求接轨，与国际旅游业发展趋势保持一致，高度重视课程内容的实用性和可操作性，为学生综合素养的提高和各项职业技能的增强打下坚实的基础。

本系列教材具有较强的普适性，适合各级各类院校旅游管理及相关专业学生使用，也可作为从事旅游研究、旅游管理的有关人员和对旅游业感兴趣的爱好者的重要参考用书。

"高职旅游类项目课程教材"编撰委员会

前　言

　　《导游实务》既是高职院校旅游类专业的核心课程，也是导游资格考试的科目，该书从知识的掌握、能力的锻炼两方面入手，以导游员基本业务流程为主线，分为接待准备、迎接服务、讲解服务、生活服务、送别服务、后续工作六大项目。本书分为上下两篇，上篇着重介绍地方陪同导游员、全程陪同导游员、景区景点讲解员的服务过程，下篇着重介绍海外领队的服务流程。

　　为了适应快速发展的旅游业和旅游职业教育的特点，本书力求做到前瞻性、时代性、应用性和技能性的结合；体例新颖，打破了传统的教材模式，紧贴导游服务工作的实际需求。本书从宏观上分为项目、模块、任务三个层次。具体到模块，又分为能力目标、工作任务、任务分解、工作评估、特别提示、关键词、知识链接、案例分享、在线思考、拓展实践几个部分。

　　本书是在研究、参考了国内外同类教材，听取了行业内许多专家的中肯意见，加上我们多年的课堂教学经验和院企合作的成果，并从导游服务人员的实际工作角度出发编写而成的。它是一本导游专业学生专业实训课程的教学用书，也是立志从事导游工作的实践者的指导用书。

　　虽经全体人员勤勉努力，但由于知识水平和实践经验有限，本书中仍会存在疏漏和不足之处，敬请读者批评指正。

编者

目 录
CONTENTS

上 篇

项目一 接待准备 ·· 3
  模块一 职业形象和行为准备 ··· 4
    任务一 物品准备 ·· 4
    任务二 职业形象准备 ·· 7
    任务三 服务语言 ·· 8
    任务四 服务心理研究 ·· 9
  模块二 研究旅游接待计划 ·· 20
    任务一 分析旅游行程安排 ·· 20
    任务二 分析游客构成 ·· 21

项目二 迎接服务 ·· 32
  模块一 迎接准备 ·· 33
    任务一 工作物品准备 ·· 33
    任务二 联络确认工作 ·· 43
  模块二 旅游团认找 ·· 49
    任务一 站点迎候服务 ·· 49
    任务二 清点人数及行李 ·· 51
    任务三 错漏空接处理 ·· 53

项目三 讲解服务 ·· 58
  模块一 沿途讲解 ·· 59
    任务一 致欢迎词 ·· 59

任务二　途中讲解 ·· 65
　　任务三　致欢送词 ·· 72
模块二　景区讲解 ·· 76
　　任务一　景区讲解服务 ·· 76
　　任务二　景区讲解技巧 ·· 82
　　任务三　引导游客审美 ·· 90

项目四　生活服务 ·· 97
模块一　住店服务 ·· 98
　　任务一　入住手续办理 ·· 98
　　任务二　酒店房间故障处理 ······································ 99
　　任务三　酒店内丢失行李处理 ·································· 100
模块二　用餐服务 ·· 103
　　任务一　团队餐服务 ·· 103
　　任务二　风味餐服务 ·· 104
　　任务三　用餐故障处理 ··· 105
模块三　娱乐服务 ·· 109
模块四　购物服务 ·· 114
　　任务一　进店准备 ·· 114
　　任务二　进入旅游购物商店 ···································· 116
模块五　交通服务 ·· 124
　　任务一　旅游大巴服务 ··· 124
　　任务二　旅游交通事故处理 ···································· 125
模块六　急救护理服务 ·· 130
　　任务一　火灾事件处理 ··· 130
　　任务二　食物中毒事件处理 ···································· 133
　　任务三　中暑事件处理 ··· 133
　　任务四　晕车事件处理 ··· 134
　　任务五　马蜂蜇伤事件处理 ···································· 135
　　任务六　毒蛇咬伤事件处理 ···································· 135
　　任务七　心肺复苏术 ·· 136
　　任务八　包扎技术 ·· 138
　　任务九　溺水处理 ·· 139
　　任务十　骨折处理 ·· 140

任务十一　窒息处理·····················140

项目五　送别服务·····················144
模块一　送别前的准备工作·············145
　　任务一　核实交通票据··················145
　　任务二　商定出行李时间················146
　　任务三　商定出发时间··················146
　　任务四　协助饭店结清与游客的有关账目····147
　　任务五　及时归还证件··················147
模块二　离店服务·····················153
　　任务一　集中交运行李··················153
　　任务二　办理退房手续··················154
　　任务三　集合登车······················154
模块三　离站服务·····················158
　　任务一　游客意见征询表填写············158
　　任务二　机场送行服务··················159
　　任务三　火车站送行服务················161
　　任务四　误机、误车处理················161

项目六　后续工作·····················182
模块一　工作反馈·····················183
　　任务一　整理相关记录··················183
　　任务二　做好带团总结··················184
　　任务三　办好收尾事宜··················184
模块二　财务结账·····················190
模块三　投诉处理·····················193
　　任务一　导游员处理投诉流程············193
　　任务二　旅行社投诉部门处理投诉流程····195

下　篇

项目一　海外领队准备工作和出入境服务···205
模块一　出团准备工作·················206
　　任务一　资料准备······················206

任务二　物品准备……………………………………………………………208
　　　任务三　召开行前说明会………………………………………………………210
　模块二　出入境服务……………………………………………………………214
　　　任务一　中国出境服务…………………………………………………………214
　　　任务二　飞行途中服务…………………………………………………………217
　　　任务三　他国入境服务…………………………………………………………218

项目二　海外领队境外随团和后续服务…………………………………226
　模块一　境外随团服务…………………………………………………………227
　　　任务一　入住酒店服务…………………………………………………………227
　　　任务二　餐饮服务………………………………………………………………228
　　　任务三　参观游览服务…………………………………………………………229
　　　任务四　购物服务………………………………………………………………230
　　　任务五　观演服务………………………………………………………………230
　　　任务六　离境服务………………………………………………………………231
　模块二　回国后续工作…………………………………………………………235
　　　任务一　与计调做好交接工作…………………………………………………235
　　　任务二　财务处理………………………………………………………………236
　　　任务三　维护与游客的关系……………………………………………………236

附　录………………………………………………………………………………239
　附录一　导游服务规范（GB/T 15971-2010）……………………………………239
　附录二　导游领队引导文明旅游规范………………………………………………248

参考书目及网站……………………………………………………………………256
后　记………………………………………………………………………………258

上 篇

　　导游服务是导游员从接受旅行社下达的接待任务起,至送走旅游团(者)并完成善后工作的全部过程。导游服务规范是对导游员在什么时候什么场景下做什么以及怎么做的具体规定,对导游员具有示范作用。导游服务程序是导游服务规范化的表现和要求。导游服务内容是导游工作的具体事项。导游员是否按照服务程序和内容开展工作,是衡量导游服务水平的依据和准绳。该项目将导游服务程序和内容作为导游员必须掌握的基础知识进行详细阐述,实现导游工作的科学化和标准化,减少工作中的失误和差错,提高导游服务质量。

養土

项目一　接待准备

■ **项目简释**

　　导游员接到接待任务后，必须充分做好各方面的准备工作，这是导游员顺利完成接待任务的重要前提，也是导游员在接待过程中的基础性工作和头等大事。"凡事预则立，不预则废"，做好充分而完备的准备工作，有计划、有步骤地开展各项服务工作，保障旅游过程的顺利进行。该项目分为职业形象和行为准备、研究旅游接待计划两个模块，从带团物品、职业形象、接待计划分析等任务入手进行导游员上团前的准备。

■ **能力目标**

　　能从职业形象和行为两个角度进行带团前的物质和精神准备，熟练掌握旅游接待计划的格式和内容，能把握接待计划中的服务重点。

■ **项目分解**

　　模块一　职业形象和行为准备
　　模块二　研究旅游接待计划

模块一　职业形象和行为准备

▶ 能力目标

了解导游工作必须配备的物品。

理解导游职业形象和礼仪对导游工作的重要性。

会从服务心理学角度选择适合导游工作需要和特点的物品、服装。

▶ 工作任务

任务一　物品准备

任务分解

一、工作物品

（一）表明职业及身份的物品

1. 导游证和身份证

导游证是导游人员从业行为能力的证明文件，是表明导游人员身份的外在标志，也是国家准许从事导游工作的证件。根据《导游人员管理条例》的规定：在中华人民共和国境内从事导游活动，必须取得导游证。

导游证为 IC 卡形式，可借助读卡机查阅卡中储存的该导游员基本情况和违规计分情况等内容。导游证的正面设置中英文对照的"导游证"（CHINA TOUR GUIDE）、导游证等级、编号、姓名、语种等项目，中间为持证人近期免冠 2 寸正面照片；背面印有注意事项和卡号。导游证等级以 4 种不同的颜色加以区分：初级为灰色、中级为粉米色、高级为淡黄色、特级为金黄色。导游证编号：其规则为"D－0000－000000"，拉丁字母"D"为"导"字的汉语拼音字母的字头，代表导游，前 4 位数字为省、城市、地区的标准国际代码，后 6 位数字为计数编码。

导游证，代表了导游员的职业身份和职业技术能力。导游员接团时必须佩戴导游证，并主动认真地向游客展示并说明自己的导游证，从而使自己所表达的为游客服务的良好意愿有更加可信的基础。

2. 名片

导游员的名片是表明职业身份的工具，带团时应该随身携带。名片的作用和导游证有所不同，它主要是递送给旅游服务接待部门，以便于导游员和这些部门保持工作联系，为今后更好地开展工作打下基础。当然，导游员对于游客也可以赠名片，以便于联系和及时提供服务。总之，导游员妥善使用名片，有助于营造和改善自己的职业环境和业务关系。

递名片时，应注意用双手，目视对方，微笑致意。接过对方的名片后，应认真看一遍或读一读对方名字，不要马上装入口袋，更不要拿在手中玩弄。

（二）地图、记事本

地图，记录并提示着导游员的行动线路和主要工作点，尤其对于不熟悉的线路，导游员要不断对照，加强记忆。

"好记性不如烂笔头"，准备一个小小的记事本，将重要的联系电话、工作计划做一些必要的记录；在带团过程中自己的心得体会也可以随时记下，这对以后的工作会有很大帮助。

二、应急用品

1. 塑料袋

导游员应帮助司机营造一个干净整洁的车厢环境，积极引导游客保持车内卫生，准备一些塑料袋很有必要，同时还可以把它们提供给一些晕车的游客，一举两得。

2. 常备药物

导游员可以准备一个应急小药盒，里面放上一些常备药物，这些药物分为内服和外用两种，比如：晕车药、止泻药、创可贴、医用纱布、医用酒精等。

3. 小工具

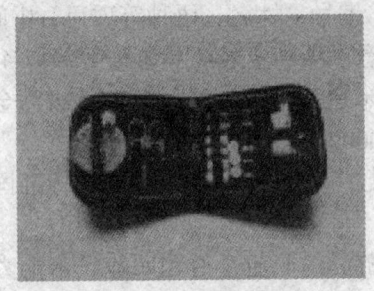

图1-1 万能工具包

一个有经验的导游员知道针线包、小剪刀、小刀等小工具在旅途中对游客的意义，这样的小工具也体现了导游员的细心和丰富的经验。

4. 小奖品

在旅游过程中为了活跃气氛，调动游客积极性，导游员需要准备一些成本不高收益较大的小物件做奖品。比如中国结、手机小挂件等。

图1-2 小奖品

三、个人用品

1. 食物

导游员带团在外工作，需要脑体高度结合。要随身准备一些高能量且方便的食物，比如巧克力之类的，可以迅速补充体力，增强脑力。

2. 水杯

导游员最基本的工作就是讲解，准备一个水杯，保持喝温水的习惯，对经常用嗓的导游员大有益处。对水杯的基本要求是防漏、保温、便携。

3. 工作包

导游员应选择整洁干净、大小适中、安全可靠的工作包，这样既轻松方便，又可以满足导游员需要放一些票据、团款等重要物品的需求。

任务二　职业形象准备

任务分解

一、服饰搭配

服务业有一句名言："服装造就一个人。"欧美游客有这样一种说法：衣着不得体、连自己也管不好的人，同样不会照顾好别人。但当导游人员过分讲究衣着打扮时，他们又会说：只顾打扮自己的人，怎么能照顾好别人？服饰可以说是一张一目了然的"名片"，既是一个国家、地区、民族的精神风貌、生活习惯的反映，也是导游员个人气质修养、职业习惯的体现。

导游人员的服饰搭配，要注意整洁、得体、协调、实用。

1. 款式

选择一款适合自己的服装，是导游员职业形象准备首先考虑的问题，选择款式恰当，就会显得高雅、沉稳、富有魅力；相反，衣着随便、不伦不类，会给人漫不经心、随意、马虎、草率鲁莽的印象，令游客产生不信任感。

在带团过程中，便装是导游人员最常用的服装款式，如休闲服、运动服、牛仔装等，便装会令导游员工作起来非常方便，令游客感觉亲切。

导游员的服饰，因地区和旅行社的不同而有很大差异。有的旅行社提供全套服装，要求工作时必须穿；有的旅行社，只规定服装的颜色或式样。

当然，如果旅游行程中安排了一些会议、宴会、舞会等，导游员要准备好适合这些场合的正装或民族服装：男性导游员，可以准备一套西装或中山装，女性导游员，可以准备套装、晚礼服或旗袍。

2. 颜色

导游员要根据自己的带团风格和个性特点选择相应颜色的服装。一般来说，深色系的服装给人深沉、稳重的感觉；浅色系的服装给人清新、活泼的感觉；单色服装给人细心、纯洁的感觉；花色服装给人轻快、热情的感觉。

体形较胖的导游员、个性外向的导游员最好选择深色调、单色和较暗的服装，体形较瘦的导游员、个性内向的导游员最好选择浅色调、花色、较亮的服装。

导游员要根据不同的带团场合、季节选择不同色彩的服装，比如春暖花开的季节，选择一款色彩明艳的服装带游客在野外游览，人和自然都有生机盎然的向上感觉，很有生气。

3. 饰物

饰物和服装密不可分，可以视作导游人员整体着装的点缀。但是，导游人员佩戴饰物必须牢牢把握自己的身份，恰当合理的选择，起到锦上添花而不是画蛇添足的效果。

（1）导游证：是职业形象的重要标志，导游员上团必须佩戴在胸前。

（2）帽子：既是装饰品，也是防晒御寒的实用品。

（3）首饰：导游员选择首饰要掌握精美而不夺目、雅致而不低俗的原则。

二、发型

头发要保持清洁和整齐。女性导游员如是长发，在工作时应束起或盘起头发，不要随意披散；男性导游员，应前发不覆额、鬓发不过耳、后发不及领。

三、化妆

女性导游员上团时可以化淡妆，既尊重游客，又可以适当修饰和美化自己，体现出自然、大方、清新的整体风貌。导游员的手部指甲要及时修剪，不要留过长的指甲，指甲内要保持干净，不能藏有污垢，不要涂深色指甲油或做过分夸张的美甲。

由于带团在外，对导游员的体力要求较高，经常东奔西走，出汗较多，男女导游员都可以适量使用香水，遮盖汗味。但要控制香型和使用量，味道浓郁和过量使用都会适得其反。

任务三　服务语言

任务分解

一、姿态语言

导游员在工作状态中，大部分需用站立式服务，对于站姿的要求主要体现在以下两方面：

（1）车内讲解：面对客人，背倚导游工作靠背，一只手握扶手，另一只手握话筒。

（2）实地讲解：面对游客，组织游客呈半圆形后站在游客中心位置。

二、表情语言

1. 微笑

微笑，是世界通用的无声语言，可以超越民族和文化的差异。

微笑的基本做法是：不发声、不露齿，肌肉放松，嘴角两端向上略微提起，面含笑意，亲切自然。微笑一定要发自内心，由内而外的微笑才是真诚的，游客能感受得到。

2. 目光

"眼睛是心灵的窗户"，它能如实反映出人的喜怒哀乐，在传递信息的过程中起着重要的作用。

与游客交流时，目光应停留在客人的双眼与嘴唇之间的三角区域内，保持一定的目光接触，不要左顾右盼，显得不尊重人。与游客交谈时，目光尽可能与游客的目光保持同一水平高度。目光应该真诚、大方、友善、亲切。

三、声音的表现力

导游员必须是当众讲话者，必须具备善于沟通的能力，因此，导游员必须了解讲话的技巧并树立在游客心目中的良好印象。知道如何保护和正确使用嗓子，如何使用麦克风，如何使用恰当的语言，导游员才可以获得镇定、自信的效果。

希腊哲学家加伦（Galen）称声音为"灵魂的镜子"。许多人注意到声音也反映一个人的健康状况、自信或令人信服的程度。

事实上，只要适当注意，采用适当的技巧并进行练习，声音的各个方面几乎都能改进。

呼吸的方式对改善音调、音量和声音的整体质量有很大帮助。

练习正确呼吸的方式：

身体平躺床上，双肩放松（如果不能躺下，双肩放松站立）。呼气，背部紧贴床上面，双手轻轻置于腹部，缓慢深吸气，然后再缓慢深呼气。重复此动作。在吸气时，应该可以看到腹部膨胀；呼气时，腹部收缩。继续吸气和呼气。呼气时，可以听到呼吸声，注意空气从腹部穿过肺部和喉咙出来的方式。重复几次这样的动作，然后发出声音。注意为了发出特定声音控制空气的方式。

正确呼吸时腹部收缩，相反，浅呼吸产生微弱、带呼吸的声音，并且声带拉紧。浅呼吸会产生微弱而紧张的声音，而深呼吸则可以掩盖紧张状态。

任务四　服务心理研究

导游员既是团队的领导者又是主人，因此他要接受如何制造和谐、团结的气氛的挑战。人们在这样的气氛中才能自在、才能学习、才能愉快。这需要导游员对人性有个基本的了解，并抱着尊重、乐观、愿意服务的态度，同时还要对他人和自己所在的地区有深厚的感情和浓厚的兴趣。

任务分解

导游人员要善于协调旅游者之间的关系。

一、善于促成旅游团旅游者的从众行为

从众行为是行为科学的名词，是指群体成员个人服从或遵循群体活动规则或行为标准。从众行为有自觉从众、不自觉从众和不从众之分。

自觉从众行为，是指表面从众、内心也从众，即个人与众人行为的真正一致。这是群体内聚力强、个性归属感和认同感极高的表现。

不自觉从众行为，是指表面从众内心不从众，即迫于群体压力下，人们自觉不自觉地以某种规则或多数人意见为准则，作为社会判断，改变态度，使自己与大多数人习惯勉强一致的表现。这种行为虽然不理想，但尚可保持群众行动一致，不至于影响旅游日程。

不从众行为，是指表面反对，内心也反对，属于破坏群体行动的行为，往往会影响旅游计划的进行。导游人员应认真对待，可采取以下方法：

（1）如个人的不从众行为使旅游计划无法进行，后果严重。导游人员应向个别旅游者说明不从众的后果，设法说服其改变原有的态度，服从群体活动。

（2）如个人的不从众行为不会影响群体活动，则作适当的安排后，应允许个人自由活动。

（3）如个人确因不可克服的困难（如家中有急事或因病不能随团活动等），则应按特殊事件向旅行社汇报后，作出妥善处理。

二、善于把握全程旅游活动的节奏

表1-1 旅游活动的分阶段

全程旅游活动分阶段	旅游者心理及表现	导游员应采取的措施
旅游初期	求安全、求新的心理 对导游员有较大的依赖性	1.提供热情周到的服务，多提醒安全注意事项，树立安全感 2.介绍旅游活动日程、下榻饭店 3.树立良好形象，建立良好的旅游活动秩序

续表

全程旅游活动分阶段	旅游者心理及表现	导游员应采取的措施
旅游中期	懒散心态和求全心理 1.时间观念差、群体观念弱化、自由散漫、丢三落四 2.旅游活动的理想化，提出过高要求，不满足则不合作	1.通力合作，反复强调注意事项 2.严格按计划活动，尽量满足游客合理要求 3.多提供针对性强的超常服务 4.通过生动的讲解来提高游客游兴
旅游后期	体力消耗大，从兴奋到松懈 忙于个人事务	1.振作精神，精心准备送行工作 2.给旅游者留下充足的时间

三、对东、西方旅游者的导游节奏

表1-2　东、西方旅游者的导游节奏

类型	特点	导游员如何做
东方人	1.比较含蓄、内向、善于控制感情 2.思维方式是由抽象到具体的整体式	1.可先给出结论，再讲具体事实 2.在日程安排上，尽可能紧凑、丰富 3.内容上体现文化的相似性和自然地理的差异性
西方人	1.比较开放自由、感情外露，喜欢直截了当表示意愿 2.他们的思维方式是由具体到抽象的"分解式"	1.不能先下结论，要看事实，由客人自己下结论 2.不宜把行程安排过于紧张，给旅游者自由安排时间 3.内容上体现文化的差异性，既突出异域文化，又反映我国悠久历史

四、对不同性别、年龄、文化层次旅游者的导游节奏

表1-3　不同性别、年龄、文化层次旅游者的导游节奏

类型	特点	导游员如何做
男性	一般比较独立、行动干脆，他们不喜欢商量	区别对待，两者兼顾
女性	1.一般较依赖，她们希望导游人员能满足其一切需求 2.喜欢谈论商品，热衷购物，爱听带故事情节的导游讲解 3.行动比较拖沓	区别对待，两者兼顾
年轻人	一般行动节奏较快、反应敏捷、不易孤独、追求新奇	1.活动安排丰富，适当加快节奏，多讲热门话题和新鲜事物 2.反复强调群体活动秩序

续表

类型	特点	导游员如何做
老年人	与年轻人相反	1.日程安排劳逸结合，留有余地 2.照顾行动速度，提供超常服务 3.多讲解名胜古迹、故地旧俗，多交谈
文化层次高者	修养性较好 不会对导游人员的安排发表意见，一旦发表，导游人员一定要加以重视	1.要严格遵守旅游合同，主动与旅游者商量活动安排 2.活动内容要突出文化品位，满足其高雅的精神享受之需求
一般旅游者	随众、通俗、直言	1.导游人员可较随意地与其交谈，多讲些他们关心的普遍性的社会问题、热门话题、风土民情 2.营造轻松的旅游气氛，多穿插些故事情节于导游讲解之中

五、对不同个性心理特征旅游者的导游节奏

公元前 5 世纪，古希腊医生希波克拉特把人分为多血质、胆汁质、黏液质、抑郁质四种人格类型。希波克拉特还认为多血质的特征为活泼型的人，胆汁质为急躁型的人，黏液质为稳重型的人，抑郁质为忧郁型的人。

表 1-4　不同个性心理特征旅游者的导游节奏

类型	特点	导游员如何做
活泼型	爱交往、爱讲话、爱表现，兴趣多变（热情、灵活、感情外露）	1.调动其积极性，活跃气氛 2.遇到问题，可请其出点子帮忙 3.满足其交往需求，但不能因而忽略其他游客，影响其他游客情绪
急躁型	热情、直率、冲动、粗心（不拘小节）	1.不感兴趣，会擅自离开，导游员应注意其动向 2.不注意掌握时间，会不耐烦，导游员应多提醒，多解释 3.不要激怒他，出现矛盾避其锋芒
稳重型	感情少外露、不主动交往、自制力强、处事谨慎、反应较慢、有怀旧情绪	1.尊重他，主动交谈，主动为其服务 2.当他提出要求，应设法满足 3.与之说话，语速可稍慢 4.旅游活动中尽量给予充足时间
忧郁型	性格孤僻、不合群、多愁善感、沉默寡言、自尊心强、敏感、好猜疑	1.主动关心体贴，但不宜过分热情、不宜与其说笑 2.认真对待其意见，不能露出不耐烦神情。甚至要给予特殊照顾 3.不触及其心理隐私 4.安排的住房要僻静，避免与急躁型、活泼型同住

工作评估

最佳形象测试

与游客交往，在任何时候都要求你就像一个演员在舞台上一样。创造良好的第一印象是基本要求。理解留意自己的形象和态度之间的直接联系也是重要的。当你与游客接触时，你的"个人形象"越好，你的态度就显得越积极。

按下面外表修饰的各个方面给你自己打分。如果你打5分，就是说你在这方面不需要改善了。如果打1分或2分，就是说你需要一定的改善。

个人形象	很好	好	较好	一般	差
发型，头发修饰（合适的长度和清洁度）	5	4	3	2	1
个人的清洁习惯（身体）	5	4	3	2	1
个人的清洁习惯（手、指甲、牙齿）	5	4	3	2	1
衣服和饰物（合适的衣着打扮）	5	4	3	2	1
整洁（皮鞋是否擦拭干净，衣服是否干净整洁等）	5	4	3	2	1
总体修饰：你的外表在工作上是否职业化	5	4	3	2	1
从导游工作上来看自己的外表，我给自己的评价是： □很好　　　　□好　　　　□需要改善					

特别提示

1. 导游员在上团前应当查看旅游团旅行当天和那几天的天气预报。

2. 旅游活动中最重要的一项礼仪是守时？守时的重要性在旅游过程中是不言而喻的。导游员永远应该早于游客提前抵达集合地点，提前的最低时限是10分钟。而有些游客总是习惯于迟到，导游员应该采取一些应对措施。

习惯性的迟到是引起导游员和游客争论的主要问题。有几条建议值得注意。迟到从本质上讲是不礼貌的体现。在行程能否完成都成问题的时候，导游员非常有必要遵循严格的守时原则。

（1）给出准确时间非常必要。导游员应明确指出每站的时间，并补充说："如果3点钟你们回不到这里，我们就认为你们决定在这儿再多待一会儿，然后自己回饭店。"这样一来，导游员就提供了一个非常明确的选择。导游员要以"我们"的口吻讨论这个问题，从而把它定成了一个集体性的原则，让游客在估计时间差不多到了的时候自己做决定。导游员甚至可以强调说："如果您想自己回饭店，最好打车。要记住我们今晚6:30集合去吃晚饭。"这样，导游员不仅明白地提出了一个建议，而且提供了一个简单的应变计划。

（2）导游员会碰到很多不同个性的人和各种各样的问题，这些人和这些问题是非常有趣的。和难相处的人一样，难对付的情况也是有关意见和态度的问题。而那些总是以自我为中心或爱抱怨的人以及那些习惯性迟到的人，实际只占很小的比例。"难相处"的人，很快就能让团队里的每个人都注意到他们。许多导游员发现，他们用不着严厉地对待这些人，因为其他游客经常会把事情揽过来并斥责这些人。

关键词

物品准备　　职业形象　　服务心理

知识链接

"我是导游，先救游客"

2005年8月28日，陕西洛川，旅游途中一场突如其来的车祸，让原本充满欢声笑语的车厢顿时陷入了极度的恐慌之中。旅游大巴车被撞得严重变形，车内血肉模糊，乱作一团。危急时刻，车厢里传来导游员文花枝——"挺住！加油！"的鼓励声。这个声音虽然微弱，却透着一股沉稳、坚定，像黑暗中的一线光束，让受伤、受惊的游客从死亡的噩梦里看到生的希望。事后许多亲历者都说，"正是这个很有穿透力的声音，给了我们大家支撑下去的勇气"。其实，在这起6人死亡、14人重伤、8人轻伤的重大交通事故中，文花枝是伤得最重的一个，但重伤的她一直牢记着自己的神圣职责——"我是导游，先救游客！"当施救人员一次次向她走过来，她总是吃力地摇摇头说：我是导游，我没事，请先救游客！在长达两个多小时的救援时间里，她多次昏迷，但只要一醒过来，就不停地为大家鼓劲、加油。文花枝是最后一个被救出来的。她左腿9处骨折，右腿大腿骨折，髋骨3处骨折，右胸第4、5、6、7根肋骨骨折。

由于延误了宝贵的救治时间，医生不得不为文花枝做了左腿截肢手术。她才20多岁，正是一个女孩最宝贵灿烂的青春年华。半个多月后，得知自己失去了一条腿的残酷事实，出事之后一直没有流泪的花枝流泪了。但几分钟后，再抬起头的她眼里已没有了泪水。也就是从这天起，花枝还是像从前那样，总是用微笑面对一切。

文花枝一直是一个用真诚和微笑对待游客的阳光女孩。她常说：作为导游就是要把游客当成朋友和亲人。每带一个团，她都按事先的承诺服务；每到一个地方，她都提醒游客购物要谨慎，谨防上当受骗；每到就餐的时候，她总要先安排好游客，然后再在急匆匆中考虑自己。因此，难怪有位游客这样称赞道：

她是我们旅游上的"导游",是我们精神上的"导游",还是我们人品上的"导游",更是社会道德上的"导游"。

旅游徽志

中国旅游业的图形标志为1985年确定的"马超龙雀"。"马超龙雀"(曾被称为"马踏飞燕")是1969年在甘肃武威出土的东汉时期的一件青铜制品。选择"马超龙雀"作为中国旅游业的图形标志,其含义是:天马行空,逸兴腾飞,无所羁缚,象征前程似锦的中国旅游业。马是古今旅游的重要工具,是奋进的象征,旅游者可以在中国尽兴旅游;"马超龙雀"青铜制品,象征着中国数千年光辉灿烂的文化历史,显示文明古国的伟大形象,吸引全世界的旅游者。

导游应具备的特质

一些特性,是出色的导游员必须具备的;一些技巧,是可以教授或至少是可以描述出来和演示的;还有一些素养,则是无形的、难以解释或衡量的。下面描述的是导游员必须具备的特性:

热情、外向和亲切的天性,自信、应变能力、敏感、灵活、真诚、悦目的职业仪表,幽默感、知识、交流技巧、组织、果断、好身体、刚正不阿、号召力。

日本导游专家大道寺正子说:导游员的基本条件应是健康、整洁、礼貌、感情、笑容、毅力、胆大、勤奋、开朗、谦虚。

阿布莱奇特提出的服务七宗罪

对旅游者漠不关心

打发旅游者

对旅游者冷淡

屈尊地对待旅游者

像个机器人

一切按规章制度办事

搪塞旅游者

案例分享

一次，某英文导游员小王接待了一个来自美国夏威夷的旅游团。团队成员的性格都很直爽，思路也很开阔。一路上大家都在侃侃而谈，一会儿谈阿根廷的阿方辛、英国的撒切尔、中国的周恩来，一会儿谈孙中山的哥哥当年在檀香山如何如何，一会儿又提到中国古代文化如何传到日本……所谈到的话题可谓是上下几千年，纵横数万里。但字里行间，导游员小王却听出了一些问题，即这群美国游客中的大多数人对中国人抱有一定的成见，如觉得中国人孤陋寡闻，不了解世界，中国人的生活水平低下，生活困难等。于是，小王有意识地与游客们进行了沟通，向他们讲解了中国现代人一些思维观念和生活方式。此外，通过交谈，小王还了解到这些美国游客对中国的历史和政治比较感兴趣。为此，他在下面的旅游活动中有所侧重地安排客人参观了当地的历史博物馆、革命博物馆以及宋庆龄故居等旅游景点，并进行了有重点的解说和介绍。行车途中，小王还着重讲解了中国当地人民的生活状况和民风民俗。这样一来，美国游客原先对中国人所抱有的成见就得到了改观。从那以后，这群美国游客连续三年都来中国旅游，并多次来信称中国是他们在异乡的"母亲之国"。

在线思考

请大家讨论以下的中德文化差异图（每图中的第一幅代表德国，第二幅代表中国），聊一聊旅游中对待中国和德国游客应注意些什么？

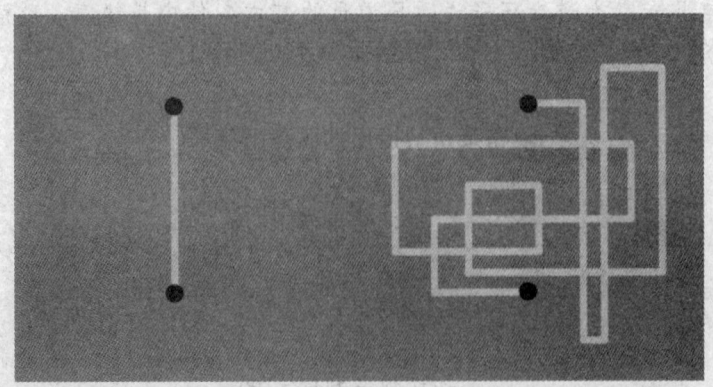

图1-3 中德文化差异——意见

图 1-4 中德文化差异——准时

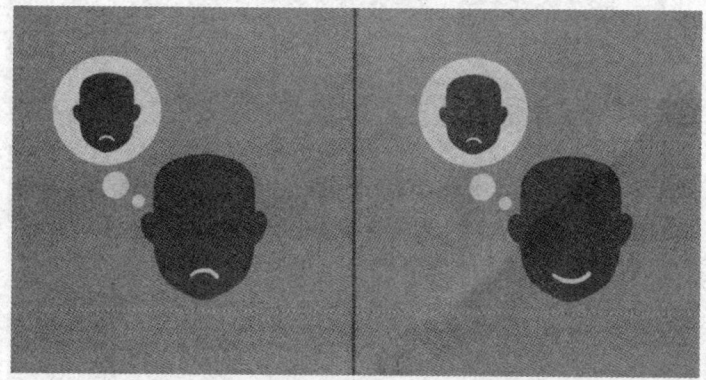

图 1-5 中德文化差异——对待愤怒

图 1-6 中德文化差异——生活方式

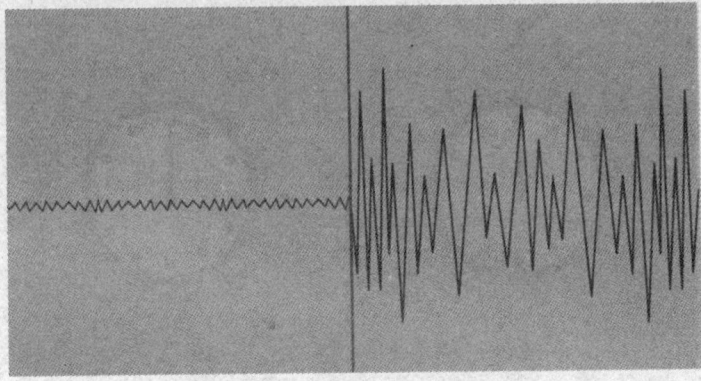

图 1-7 中德文化差异——在餐厅

图 1-8 中德文化差异——三餐

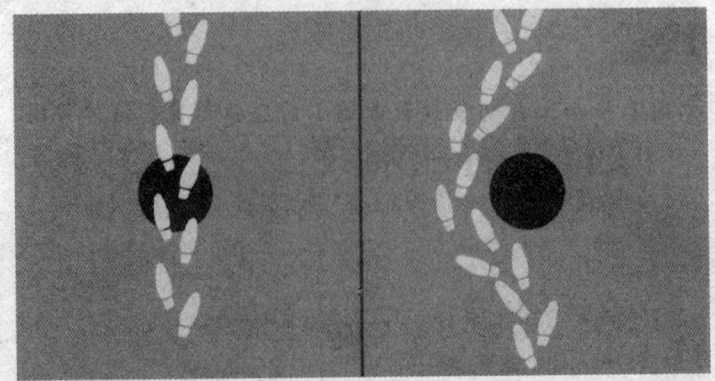

图 1-9 中德文化差异——处理问题

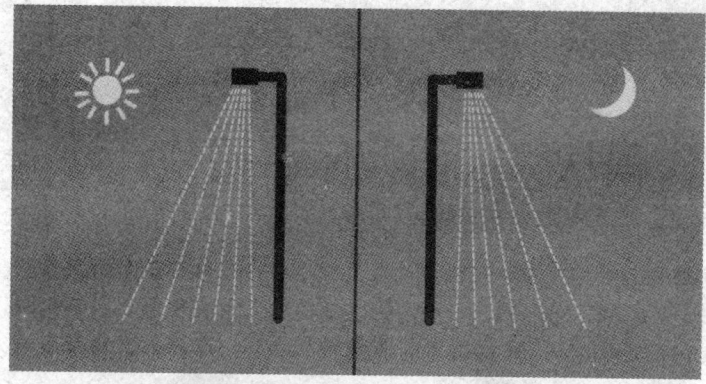

图 1-10 中德文化差异——沐浴时间

图 1-11 中德文化差异——对待新事物

拓展实践

按照不同季节和工作场景设计导游员的整体形象,演练导游服务工作礼仪。

模块二　研究旅游接待计划

▶ **能力目标**

　　了解旅游接待计划的具体内容。
　　理解旅游接待计划对导游工作的重要性。
　　会分析旅游接待计划单，有针对性地进行带团准备。

▶ **工作任务**

任务一　分析旅游行程安排

任务分解

一、分析旅游线路

1. 对全程旅游路线进行分析

　　分析的主要目的，是找到上下站之间安排的参观、游览、娱乐等活动的区别和联系，准备在自己本站的安排上更加突出本地特色，讲解时进行对比讲解。

2. 对本站的旅游线路进行分析

　　通过分析本站每天的活动路线，可以更加合理地分配每天的时间，计划安排好各项活动以及路上所需要的时间。

二、分析交通工具

（1）分析旅游团抵达和离开时所乘交通工具、时间、地点。

（2）了解在本地游览时安排的旅游车、游船等，掌握司机的联系方式、接头地点等。

三、分析了解住宿宾馆情况

对旅游团要下榻的酒店位置做到心中有数，掌握旅游团的住房数、级别以及是否含早餐等。

四、分析了解用餐餐厅

熟悉旅游团用餐地点的具体位置，掌握餐厅的联系方式，团队用餐的人数、标准、日期、有无特殊要求等。

任务二　分析游客构成

任务分解

一、熟悉游客人数、性别、姓名、职业、宗教信仰等

分析旅游团成员时，主要分析客人的年龄、职业、性别、国籍或地域等情况，从中找出与接待此团有关的信息。如年轻人居多与老年人居多的旅游团，在参观游览活动的安排上是截然不同的，两者体力相差很大。而不同国家或地区的人，在生活习惯与脾气秉性上差距也很大。如同为欧洲国家，英国人相对更保守一些，法国人更热情爽朗一些。同是一个国家而地区不同，也会有很大差异，如我国的南方人和北方人的差异就很大，在饮食上南甜北咸、南米北面，在性格上南细北爽等。所以，地陪在接团前要尽可能多地搜集团队成员的信息，分析其特点，根据特点来作接待准备。

表 1-5　旅游团 1 游客名单

序号	姓名	性别	年龄	身份证号
1	张××	男	49	2201011960××××××××
2	乔××	男	55	2201011954××××××××
3	徐××	女	58	2201011951××××××××

续表

序号	姓名	性别	年龄	身份证号
4	朱××	女	58	2201011951×××××××
5	冀××	男	52	2201011957×××××××
6	欧××	男	65	2201011944×××××××
7	何××	女	49	2201011960×××××××
8	夏××	男	54	2201011955×××××××
9	马××	女	59	2201011950×××××××
10	贺××	男	49	2201011960×××××××
11	陈×	女	65	2201011944×××××××
12	任××	女	52	2201011957×××××××
13	奚××	男	65	2201011944×××××××
14	单××	女	53	2201011956×××××××
15	葛×	女	59	2201011950×××××××
16	冯×	男	48	2201011961×××××××
17	张×	男	60	2201011949×××××××
18	苏×	女	69	2201011940×××××××
19	李××	女	64	2201011945×××××××
20	林××	女	51	2201011958×××××××

注：此团为散客团，游客均来自长春。

表1-6　旅游团2游客名单

序号	姓名	性别	年龄	身份证号
1	国××	女	33	4401011976×××××××
2	张××	女	28	4401011981×××××××
3	孙×	女	32	4401011977×××××××
4	程××	女	29	4401011980×××××××
5	刘×	女	40	4401011969×××××××
6	马××	女	26	4401011983×××××××
7	程×	男	42	4401011967×××××××
8	孙××	男	28	4401011981×××××××
9	李×	女	33	4401011976×××××××

续表

序号	姓名	性别	年龄	身份证号
10	彭×	男	39	4401011970××××××
11	李×	男	29	4401011980××××××
12	刘××	女	33	4401011976××××××
13	王×	男	29	4401011980××××××
14	王××	女	29	4401011980××××××
15	刘××	女	41	4401011968××××××
16	宋××	男	32	4401011977××××××
17	王××	男	43	4401011966××××××
18	关×	女	26	4401011983××××××
19	张×	男	32	4401011977××××××
20	张×	女	26	4401011983××××××
21	潘××	女	25	4401011984××××××
22	谭××	女	40	4401011969××××××
23	乔×	女	25	4401011984××××××
24	宋××	女	32	4401011977××××××
25	张××	男	30	4401011979××××××
26	丁××	女	29	4401011980××××××

注：此团游客均为来自广州某高校的教师，程×为副校长。

表1-7 某旅游团3游客名单

序号	姓名	性别	年龄	身份证号
1	庄××	女	22	4103021987××××××
2	刘××	男	28	4103021981××××××
3	崔××	男	37	4103021972××××××
4	孟××	女	47	4103021962××××××
5	刘×	女	22	4103021987××××××
6	邵××	女	35	4103021974××××××
7	周××	女	34	4103021975××××××
8	吕××	男	36	4103021973××××××
9	田×	男	33	4103021976××××××

续表

序号	姓名	性别	年龄	身份证号
10	陈××	男	41	4103021968××××××
11	何××	女	29	4103021980××××××
12	吴××	男	29	4103021980××××××
13	杜××	男	35	4103021974××××××
14	梁××	女	36	4103021973××××××
15	林××	女	22	4103021987××××××
16	郭×	女	21	4103021988××××××
17	孔××	女	34	4103021975××××××
18	陶×	女	41	4103021968××××××
19	张×	男	30	4103021979××××××
20	王××	女	33	4103021976××××××
21	王××	男	32	4103021977××××××
22	宋××	男	25	4103021984××××××
23	田××	男	30	4103021979××××××
24	沙×	男	33	4103021976××××××
25	彭××	女	28	4103021981××××××
26	薛××	男	21	4103021988××××××
27	郑×	女	22	4103021987××××××
28	弃×	男	33	4103021976××××××
29	陈×	女	28	4103021981××××××
30	贾××	男	23	4103021986××××××
31	王××	男	31	4103021978××××××
32	邓××	男	29	4103021980××××××
33	李××	男	29	4103021980××××××
34	郝×	男	37	4103021972××××××
35	史××	女	26	4103021983××××××
36	刘××	女	28	4103021981××××××
37	陈×	女	17	4103021992××××××
38	许××	男	9	4103022000××××××
39	陈××	女	6	4103022003××××××
40	李××	女	10	4103021999××××××

注：此团游客均来自洛阳，许××小朋友在旅游期间将迎来9岁生日。

1. 旅游团团员特点分析

旅游团 1 为来自长春的散客老人团。此团由 9 位男性游客和 11 位女性游客共 20 人组成，男女比例相差不是很大。游客的年龄为 48~69 岁，岁数最大的是苏×女士，岁数最小的是冯×先生。

旅游团 2 为来自广州的教师团。此团由 9 位男性游客和 17 位女性游客共 26 人组成，女士占绝大多数。游客的年龄为 25~43 岁，相差不是非常大。岁数最大的是王××先生，43 岁，岁数最小的是潘××，25 岁。此团没有小孩。该团游客的核心人物是副校长程×。

旅游团 3 为来自洛阳的普通团。此团由 37 位成人游客（19 位男性游客和 18 位女性游客）和 3 位小朋友游客组成。游客年龄为 6~47 岁，跨度很大，各个年龄层的客人都有。在南京旅游期间，许××小朋友将迎来他的 9 岁生日。

2. 导游员在带团过程中应有针对性地进行导游服务

（1）第一个旅游团是来自长春的散客老年团。一般而言，接待老年旅游者，尤其是高龄老人，地陪应多尊重、多关照、多提醒，尤其多注意安全。讲解时声音要大、速度要慢、适当重复。在参观游览时要放慢行进速度，还要多安排休息。平时，对于重要事情要多注意提醒，多注意天气的变化，提醒老人随时增减衣服。了解老年人是否带有老年证，许多景点对有老年证的客人都有减免门票政策。游客来自东北的长春，是典型的北方人，性格比较豪爽，但有时难免会比较急躁，出现问题时，地陪要以沉着、温和、热忱的态度相待。散客团的游客相互之间不太熟悉，可以多开展一些集体参与的活动，增进大家的相互了解，营造和谐的氛围。苏×女士岁数最大，要多注意照顾，多注意观察其身体情况。

（2）第二个旅游团是来自广州的教师团。教师文化素养较高，知识面比较广。接待这样的团队，平时的知识积累非常重要，因为他们游览时，希望听到丰富、正确、生动的讲解。因此，在面对教师团时，要做好充分的知识准备和心理准备，用全面而丰富的知识满足他们的需要，同时要充分自信地展现自己的风采。了解客人是否随身带有教师证或是其他证明材料，有部分景点或航空公司对教师有优惠。

该团游客均来自同一单位，彼此比较熟悉，也因此可能会有团内的小集团出现，地陪在带团过程中要注意平衡各小集团的关系。副校长程×不仅是此团岁数较大的，而且也是最重要的客人，因为他的职务在团队中是最高的，其领导能力是不容置疑的。因此，地陪在带团过程中要格外注意与之保持良好关系。

此团的男女比例差距较大，地陪要多注意占主导地位的女游客的意见。游客来自广州，是典型的南方人，对于南京气候可能会有不同程度的不适应，注意提醒要多喝水增加水分。对于饭菜也可能会觉得口味偏重，地陪要提前与供餐者协商，在饭菜口味上尽量清淡些，也要事先提醒客人，让其提前做好心理准备。

（3）第三个旅游团是来自洛阳的有儿童的团队。旅游团中的小客人也扮演着非常重要的角色，地陪对儿童要注意适度关注：不能过分重视，而引起其他客人的不满；也不能忽视儿童客人的存在，给人造成不够有亲和力、不够亲切的印象。要注意儿童的安全，多提醒其父母在一些特殊地点照看好自己的孩子。多注意天气的变化，提醒他们随时增减衣服。多注意观察儿童，一旦有生病的迹象，立即提醒其父母尽早带他们去医院就诊，千万不能将自己携带的药物给儿童服用。

了解团内儿童的身高，有些项目依据儿童身高的不同予以半票或免票，还要掌握儿童的年龄情况，许多景点可以购买学生票。对于将要在带团期间过生日的小朋友许××，可在午饭或晚饭用餐时当着全团的面祝贺他，并且可以准备一份小礼物来表达心意。

对于来自古都洛阳的客人，地陪在讲解时要多作古都之间的对比，激发游客的兴趣。讲解内容上要通俗易懂，适合大多数人的口味。

二、分析了解购物点

对于不熟悉的购物点要提前了解相关情况，如位置、商品知识等。

三、搞清旅游的支付方式和费用

要搞清旅游的支付方式和费用，比如是现付还是旅行社自动转账等。

特别提示

（1）导游员在接到旅行社的旅游接待计划后，将接待计划通读一遍，检查前后文件是否有矛盾之处，以及旅行、用餐和观光的时间限制。因为导游员和司机知道在哪些地方可能会耽误时间，有一些和现实情况有差异的接待计划，应及时向旅行社提出，可以在团队出发前进一步调整、修改。

（2）导游员在分析游客名单时，最好记住有特征的游客的姓名，在接触游客之后，把资料和现实的特征结合记忆，准确叫出游客的姓名，会使游客觉得亲切、愉悦。

（3）有一些旅行社提供给导游员的接待计划没有列明具体的时间安排，希望导游员运用自己的判断和人际关系合理安排。因此，导游员不可避免地会在实际工作中对旅行社的安排作适当变更，导游员丰富的工作经验在这时显得尤为重要。

项目一 接待准备

关键词

接待计划　　交通　　住宿　　用餐　　购物　　游客构成

知识链接

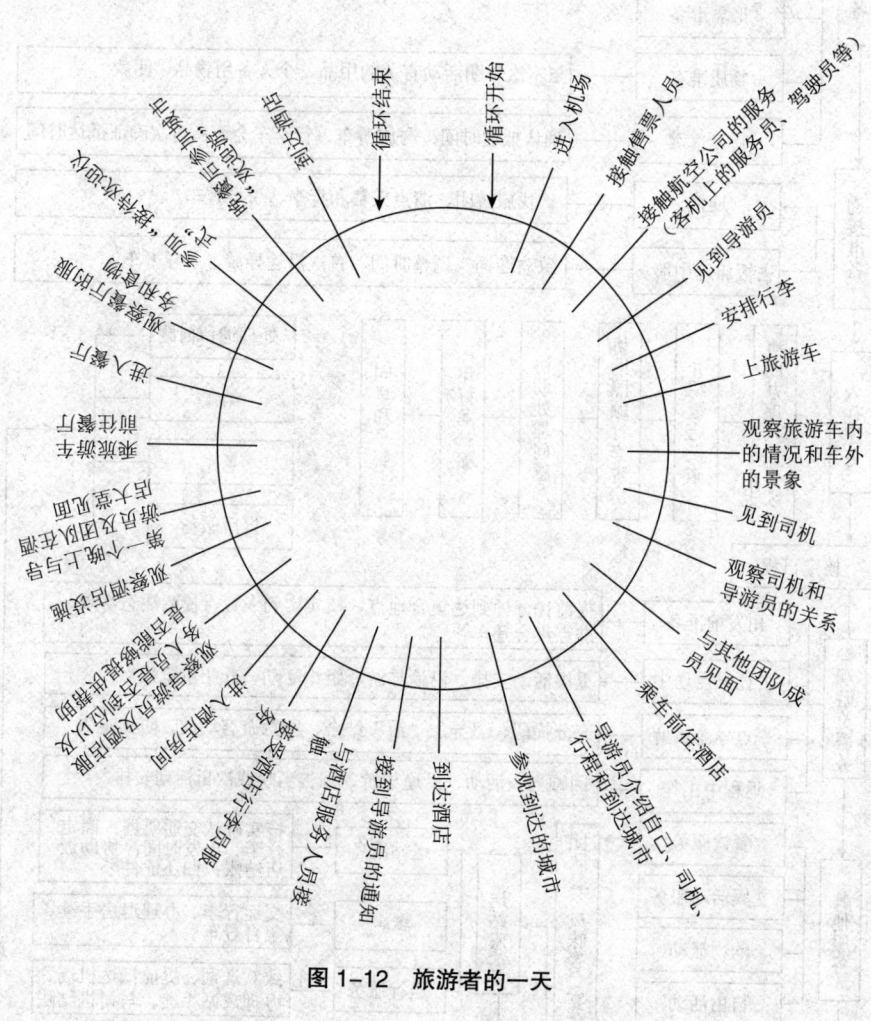

图1-12　旅游者的一天

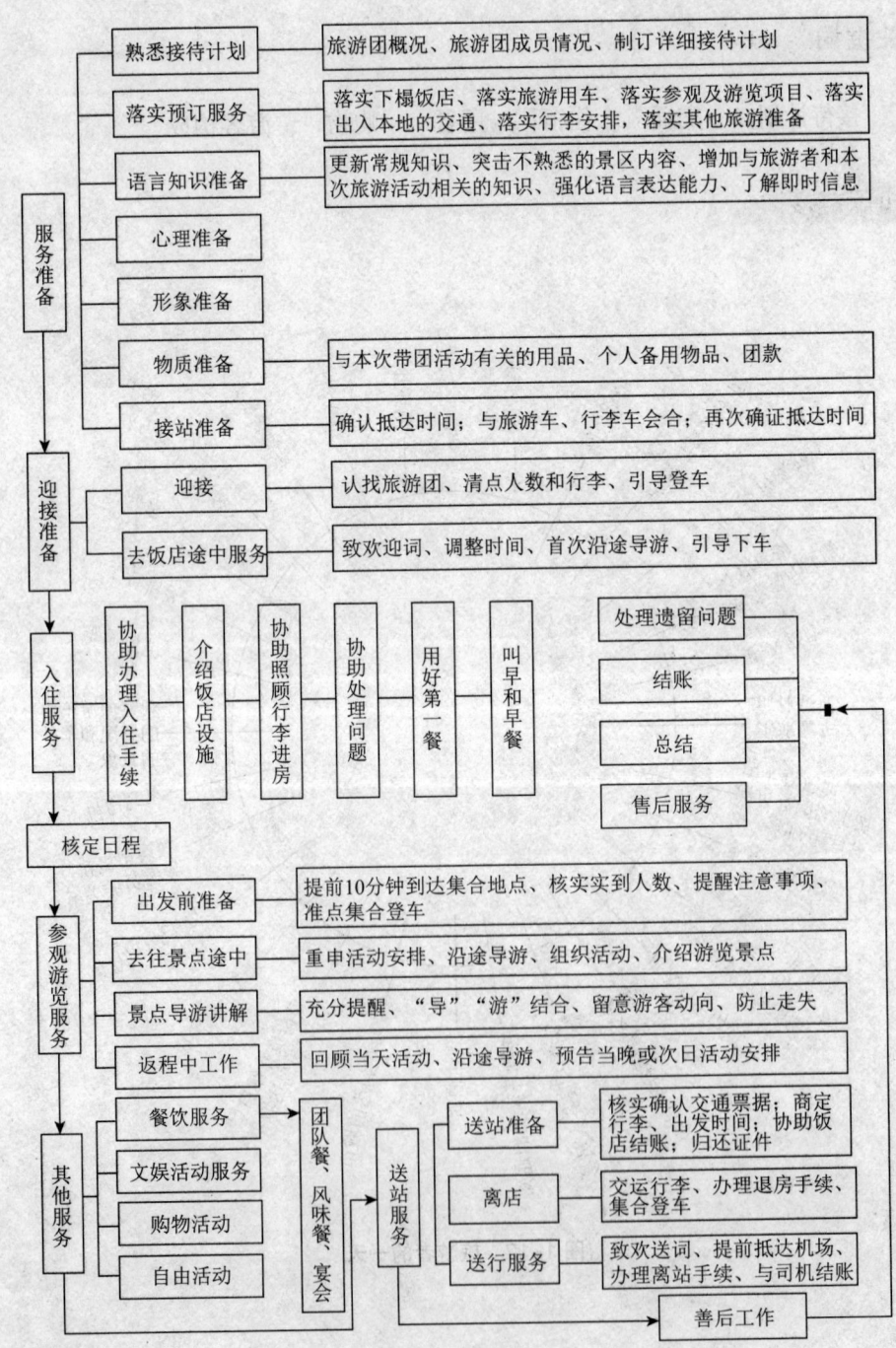

图 1-13 地陪工作

项目一 接待准备

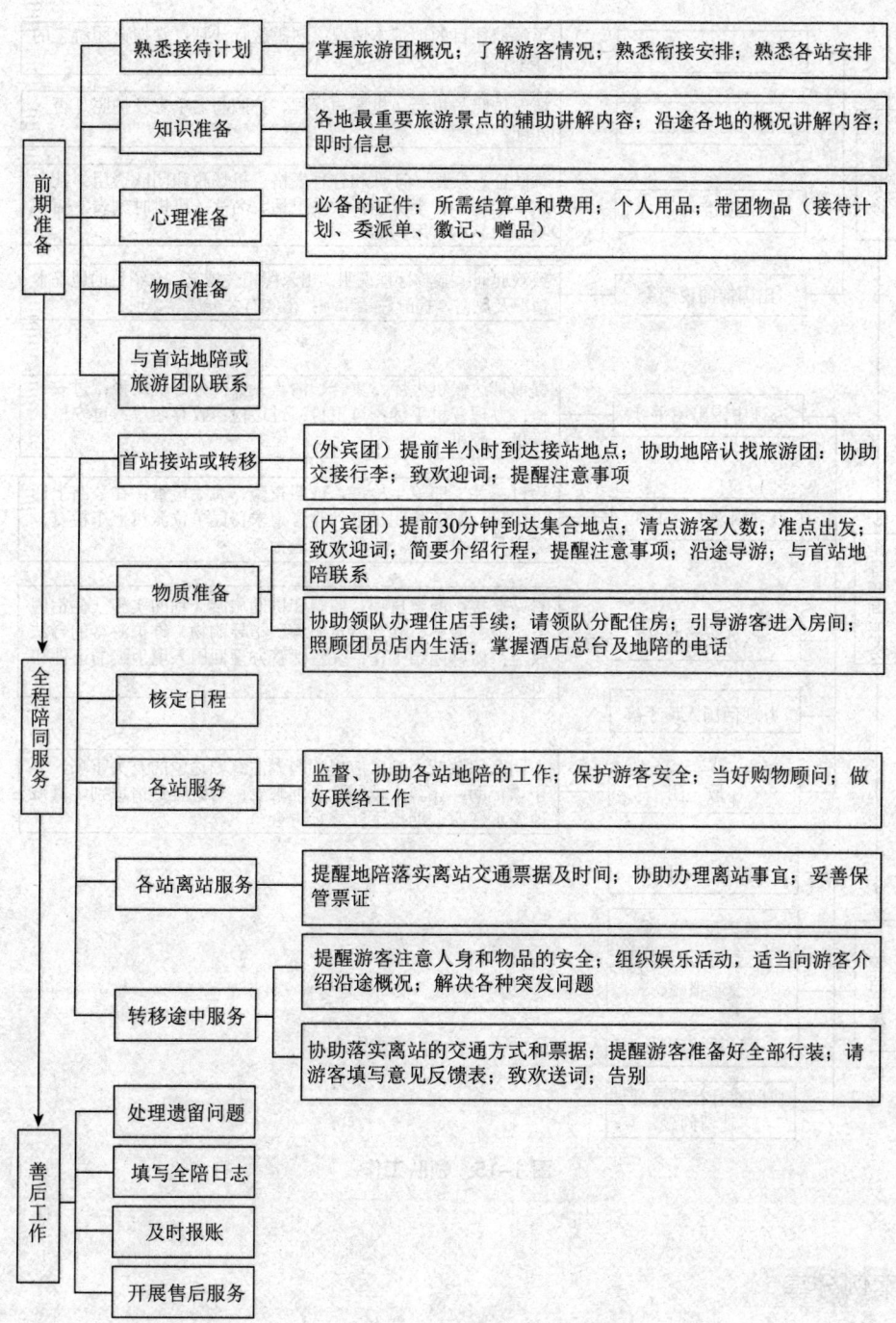

图1-14 全陪工作

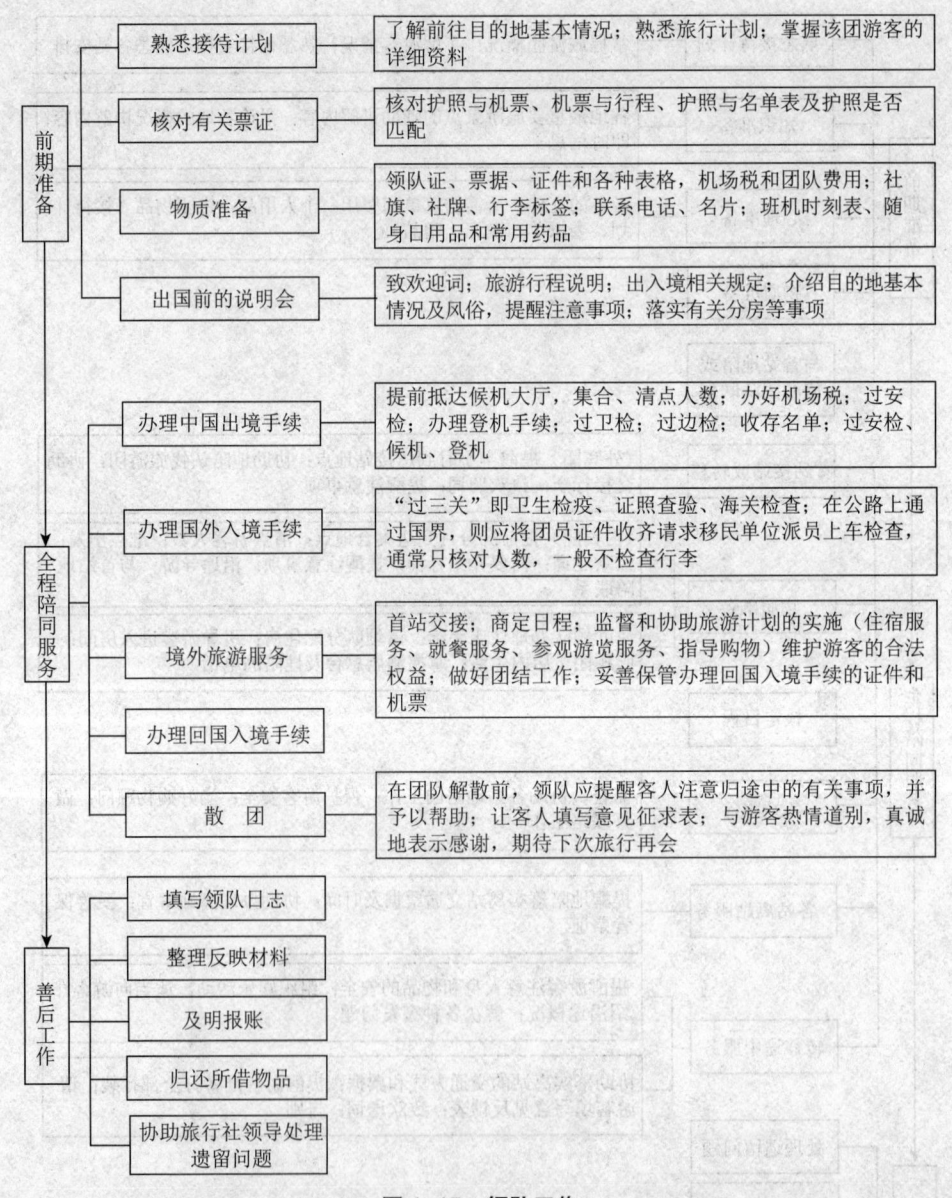

图 1-15 领队工作

案例分享

8月的一天，骄阳似火，天气格外炎热。地陪小王带领一个来自美国的旅游团上午去游览伟大的民主革命先行者孙中山先生的陵墓——中山陵。通过小王的精彩讲解，游客们从中山陵的那么多级台阶上下来后虽然都汗流浃背，但都因收获多而很满意。旅游团按计划于下午2：00吃了午饭，5：20返回了宾馆，正赶上原计划安排的5：30的晚饭，小王为自己时间安排得如此合适而暗暗高兴。可就在此时，原本非常满意的游客们不乐意了，强烈要求先回饭店洗澡，换身衣服再吃晚饭。小王很是为难，客人们的要求也不无道理，上午又热又累，谁愿意带着一身臭汗去吃饭呢？更何况2：00才吃完午饭，5：30谁会饿呢？可是吃饭的时间又是计调安排的，如果往后延，宾馆又不愿意，那么多团队都已经按时间安排好了，如果每个团队都擅自改时间，岂不天下大乱了！

在线思考

北京一旅游团32人于6月2日由北京乘MU××××航班8：50飞抵南京，在南京逗留4天时间。请未来的导游员们设计该团在南京的行程安排。接待安排中要体现南京的古都特色和民国风情。

拓展实践

请大家分别挑选大型、中型、小型旅行社各一家进行调研，调研内容包括：旅行社选址、经营场所布局、接待人员服务水平、最新推荐线路及报价等。写出调研报告，分组进行汇报。

项目二　迎接服务

■ **项目简释**

　　迎接服务，包括了准备和服务两个过程。迎接准备，是导游员在游客未到达当地之前的一系列准备性工作，是做好导游服务工作的前提和保障。迎接服务，是导游员去机场、车站或码头迎接旅游团，与游客初次见面的过程。导游员在做好旅游团的接待准备工作后，从迎接服务开始，工作就进入了实质性阶段。作为旅游接待计划具体实施的第一个环节，导游员在此期间的第一次亮相、开口、出手都将给游客留下深刻的印象，而此印象的好坏将直接影响到以后各个环节是否能正常有序地进行。正所谓"良好的开始就是成功的一半"，在迎接服务中，导游员应做好充分的准备工作，使旅游团得到及时、友好、热情、周到的接待。

■ **能力目标**

　　熟悉迎接准备阶段的具体工作要求，掌握迎接、认找过程中的工作程序及其注意事项。熟知漏接、错接、空接的处理程序，并能做出有效预防。

■ **项目分解**

　　模块一　迎接准备
　　模块二　旅游团认找

项目二 迎接服务 33

模块一　迎接准备

▶ **能力目标**

了解导游工作中必须准备的必备物品，熟悉其使用方式。掌握落实、确认相关项目的内容和方法。

▶ **工作任务**

任务一　工作物品准备

任务分解

一、备齐上团必备的证件和物品

1. 证件

主要有身份证、导游证等。

2. 物品

包括团款、导游旗、扩音器、导游图、交通图、记事本、名片、接站牌、旅行车标志等。

（1）导游旗：导游旗的制作要求颜色鲜艳，字体醒目，能使游客很快识别。一般应印有旅行社的名称和标志，也可打上旅游口号。

持导游旗时，忌乱摇导游旗，也不要折叠、卷曲、乱扔导游旗，或者拖曳着在地上走。

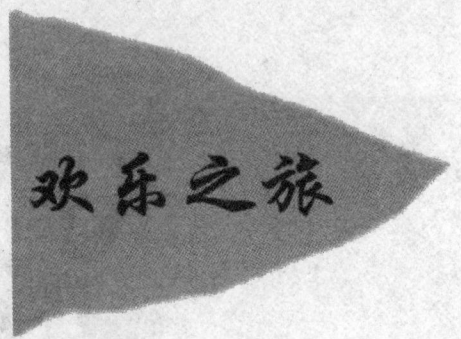

图 2-1　导游旗

（2）扩音器：详细了解扩音器的质量、功能、使用方法，根据讲解场地、游客人数等挑选适合自己需要的扩音器。

室外讲解的扩音器分为手提式、腰挂式两种，旅游大巴内配有车载话筒。

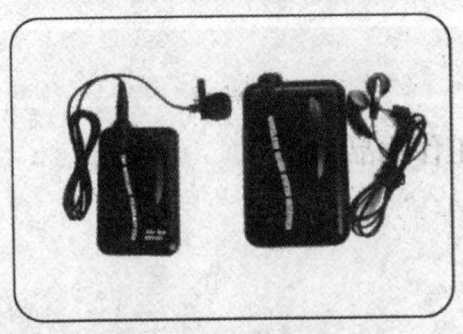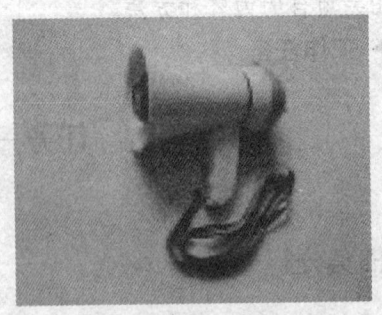

图 2-2　腰挂式无线导游系统　　　　　图 2-3　手提式

（3）导游图、交通图：携带最新的交通图和导游图，方便导游识路。

图 2-4 交通图

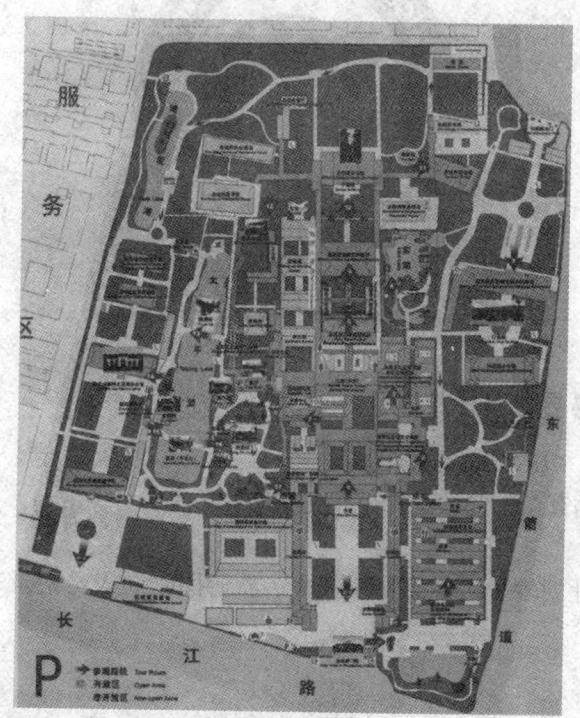

图 2-5 导游图

（4）接站牌：接站牌不仅能够帮助导游员及时接到游客，而且有助于给游客留下强烈的第一印象。

图2-6　接站牌

（5）旅行车标志：在接待大型团队时，最好在旅游车上贴上标志。

图2-7　旅行车标志

二、携带必要的票证和表格

1. 票据

包括门票结算单、餐饮结算单、住宿结算单等。

2. 表格

包括接待计划表、游客意见反馈表、旅游团陪同人员记录表、旅游团费用结算通知书等。

表 2-1　参观门票单

参观点			
团号		人数	
导游		日期	

表 2-2　旅行社参观门票单

参观点			
团号		人数	
导游		日期	

表 2-3　旅行社接待旅游团住宿通知单

团号			下榻饭店		
人数		实抵人数		标准/人·天	
甲房	（间）	进房时间		年　月　日	
乙房	（间）	退房时间		年　月　日	
备注					
接待员		通知日期		年　月　日	

表 2-4　旅游团队接待计划表

　　　　　　　　　　　　　　团接待计划
（　　　　）联字第　　　　号
　　　部、计调部、财务部
由　　　旅行社组织的　　　团一行　　　人，将于　　　月　　　日
乘坐　　　航班（车次）抵　　　，　　　月　　　日乘
航班（车次）离　　　赴　　　。
该团在　　　住　　　饭店，房早餐由　　　订妥。
出境机票（车票）由　　　自理，请代为确认。
请提供　　　等级综合服务。
请安排游　　　（如有其他要求附此处）。
联系人：　　　电话：
名单附后：　　　拟计划单位：
抄送：总经理、副总经理等
　　　　　　　　　　　　　　　　　　　　　年　月　日

表 2-5 旅游团接待通知单

编号

团队名称或姓名			来自国家或地区		语种要求	
抵达时间	月 日	班次/车次	离开时间	月 日	班次/车次	
游客	共 人，夫妇 对，单男 人，单女 人，小孩 人			陪同		
住宿饭店	（自订房含早餐）	游客房间数	三人房 间 双人房 间 单人房 间	陪同	三人房 间 双人房 间 单人房 间	
团队等级		膳食标准及要求				
游览活动	月 日	上午		下午		
	月 日	上午		下午		
	月 日	上午		下午		
	月 日	上午		下午		
用餐安排	月 日	早餐		中餐	晚餐	
	月 日	早餐		中餐	晚餐	
	月 日	早餐		中餐	晚餐	
文娱活动	月 日	时间		地点	内容	
市内用车车号		车型		数量	司机姓名	
游江（湖）时间	月 日 点 分	地点		码头	船号	
备注						

业务员： 年 月 日

表 2-6 旅游服务质量意见反馈表

尊敬的朋友：

　　欢迎您参加旅行社组织的团队出外旅游，希望此次旅程能给您留下难忘的印象。为不断提高我社旅游服务水平的质量，请您协助我们填写此表，留下宝贵意见。谢谢您！欢迎再来旅游！

线路设计　　很好□　好□　一般□　差□ 活动内容　　很好□　好□　一般□　差□ 住宿条件　　很好□　好□　一般□　差□ 餐饮质量　　很好□　好□　一般□　差□ 旅游购物　　很好□　好□　一般□　差□ 交通服务　　很好□　好□　一般□　差□ 导游业务技能　很好□　好□　一般□　差□ 导游服务态度　很好□　好□　一般□　差□ 价格质量相符　很好□　好□　一般□　差□ 总体满意度　　很好□　好□　一般□　差□
是否签订旅游合同　　是□　否□ 有无削减景点、压缩游览时间现象　有□　无□ 有无计划外增加游览点　有□　无□ 增加游览点是否经游客同意　是□　否□ 有无索要小费或私收回扣　有□　无□ 有无擅自终止导游活动　有□　无□ 一天中购物次数　1次□　2次□　3次或以上□
是否同意增加自费项目：   　　　　　　　　　　　　　　　　　　　　　　　游客签名：
游客代表意见与建议：   联系电话： 　　年　月　日　　　　　　　　　　　　　　签名：
领队（全陪）意见：   联系电话： 　　年　月　日　　　　　　　　　　　　　　签名：

表 2-7 旅行社旅游团费用结算表

部门　　　　　　　　　　　　填表人

下团时间　　　　　　　　　　交表时间

接受人　　　　　　　　　　　　　　　　　　　　　编号

组团社名称				计划编号			旅游团名称			
服务范围		旅游等级		总人数	其中：成人	2~11岁	2岁以下	男	女	夫妇
全陪		地陪								对
抵离时间				人　月　日　时　机（车）抵用　餐						
				人　月　日　时　用　餐乘　机（车）离						
住房情况	人　月日— 月　日		国外自订	组团社订		接待社安排	住饭店	间天	全陪床/天	地陪床/天
	人　月日— 月　日		国外自订	组团社订		接待社安排	住饭店	间天	全陪床/天	地陪床/天
逗留时间	早餐		午餐		晚餐		参观、购物地点			
	人数	地点	人数	地点	人数	地点	上午	下午		晚上
计划内加拨款项	超公里									
	参观游览									
	游江游湖									
现付项目			计划外超公里地点　人现付　　元　经手人：　　发票号：							
			其他现付内容　　元　经手人：　　发票号：							
			其他现付内容　　元　经手人：　　发票号：							
收入登记								有关备注事项		
支出										

三、携带联络方式和工具

1. 联系电话

旅行社各个部门、行李员、其他导游员、车队、餐厅、饭店、景区、商店、机场、车站等单位联系、问讯的电话号码。

2. 个人通信工具

手机充电宝、充电器、充足的手机费用。

特别提示

1. 导游员在带团过程中一定要佩戴导游证

根据 2002 年 1 月 1 日起实施的《导游人员管理实施办法》,在导游活动中未佩戴导游证的,在导游年度考核计分中,扣 4 分。

2. 使用接站牌的注意事项

(1)接站牌尽量不使用白纸黑字,虽然比较醒目,但会让游客感到晦气。

(2)接站牌内容接站前尽量不给他人看到,以防他人盗用,欺骗游客。

3. 各种单据上注意要盖旅行社公章。在填写各种结算凭证时,具体数目一定要与该团的实到人数相符,人数、金额要用中文大写。

关键词

导游证　　接站牌　　导游旗　　旅游票据　　旅游表格

知识链接

接站牌的制作

1. 接站牌的选用

接站牌的制作应选择结实耐用的材料,牌上可印有旅游公司明显的识别文字或 logo。

2. 根据接待计划设计接站牌

熟悉接待计划,分清接待的是团队还是散客。

(1)若是团队,写清团名团号,领队或全陪姓名;

(2)若是散客,写上游客姓名。

3. 接站牌书写规范

字迹大而清晰,突出且醒目。

导游旗举法

（1）直举式：小臂前开，与大臂成90度；手握旗杆，旗杆直立。

（2）斜举式：手臂自然弯曲举起旗杆斜靠在同侧肩部，旗子高度以方便游客看清为宜。

扩音器使用注意事项

手臂自然抬起，大小臂约90度，扩音器放在右嘴角下，不要遮住面部，与口部约保持5厘米距离，保证音量在适当范围内能听清，音质体现出导游员的语言特色。若使用车载话筒，还应注意避免以下情形：

（1）试声时忌拍打话筒及向话筒吹气；

（2）忌话筒离开音源过远或过近；

（3）忌硬拉话筒的引线；

（4）忌使用好后不关闭话筒电源；

（5）忌嘴贴住话筒使用。

案例分享

在某地火车出站口，有一位导游员一手拿社旗一手举接站牌，牌子上面写着：接某地×××先生；但是当她所接车次的客人走完，也没见到所接客人，导游员正在纳闷时，×××先生匆匆走来，看见举牌者便急切地问："刚才在车厢门口接我的是你们一起的吗？"接站的导游员说："只有我一人接你啊！"×××先生一听便失望地说："上当了……"

原来，有人在出站口看到接站牌后，便模仿写了个接站牌去车厢处接去了，接完在另外出口出去后便说：我手机没电了，我用你电话叫司机过来，那人边打电话边走来走去，一会儿便没影了。客人的手机在众目睽睽下被骗走了。

在线思考

1. 旅行社拟派小王去火车站接一位从上海来的散客张先生，张先生为××公司经理，乘从上海来的××次列车。接站牌应怎么写？

　　A. 从上海来的××公司张××经理

　　B. 从上海坐××次列车来的××公司张××经理

　　C. 从上海坐××次列车××时间到站的××公司张××经理

　　D. 从上海坐××次列车××时间到站的××公司张经理

2. 小张现接到江苏省中旅的通知，通知其下周一接一个南京一日游团，团员人数在30人左右，请问小张需准备哪些工作物品？

拓展实践

根据老师制订的旅游接待计划，设计接站牌，准备相应的其他工作物品。同学间相互评议，教师进行点评，重点考核工作物品准备的完善性。

任务二　联络确认工作

任务分解

一、联络工作

1. 落实旅游车辆

（1）与车队或旅游汽车公司联系，确认为旅游团提供交通服务车辆的车型（车型是否与旅游团人数相符）、车牌号以及司机的姓名、联系方式。

（2）了解车辆的设施、功能、保险情况（包括第三者责任险）。

（3）若是大型旅游团时，车上应贴编号或醒目的标记。

（4）与司机取得联系，确定接团时间、接头地点。

2. 落实住房

（1）熟悉旅游团所住饭店的名称、位置、概况、服务设施和服务项目，如距市中心的距离、附近有何购物娱乐场所、交通状况等。

（2）向饭店销售部或总服务台核实旅游团游客所住房间的数目、级别、用房时间是否与旅游接待计划相符合、核实房费内是否含早餐等。

（3）向饭店提供旅游团抵店的时间及旅游车车牌号。

3. 落实用餐

与有关餐厅联系，确认旅游团日程上安排的每一次用餐的情况，其中包括：日期、团号、用餐人数、餐饮标准、用餐时间、特殊要求等。

4. 落实行李运送

（1）了解本社的关于配备行李车的具体规定，一般旅行社是否配备行李车是根据旅游团的人数多少而定。

（2）如旅游团需配有行李车，则与旅行社有关人员联系，了解落实为该团提供行李服务的车辆和人员，提前与之联络，使其了解该团抵达时间、地点、住哪一家饭店。

5. 了解景点情况

（1）对不熟悉的景点

需事先了解车辆行驶时间和该景点的概况、开放时间、最佳游览路线、各种设施的位置。

（2）对熟悉的景点

注意了解是否有因临时修路而交通不畅、停止开放或另有接待任务等情况。

6. 与全陪联系

提前与全陪取得联系，具体约定接团的时间、地点。

二、确认工作

1. 确认旅游团所乘交通工具抵达的准确时间

（1）核实计划时间。

（2）核实时刻表时间。

（3）核实问讯时间。

一般情况下应在飞机抵达前的2小时，火车、轮船预定到达时间前1小时向问讯处询问。

2. 与旅游车司机联系

（1）与旅游车司机联系

得知本团所乘的交通工具到达的准确时间以后，应马上与旅游车司机联系，与其商定出发时间、地点，确保提前半小时抵达接站地点。

（2）与司机商定停车位置

地陪应向司机介绍本团的活动日程和时间安排。如需要使用音响设备进行导游讲解，地陪应事先调试音量，以免发生噪声。到达机场（车站、码头）后，应与司机商定旅游车停放位置。

3. 再次核实该团所乘交通工具抵达的准确时间

提前半小时抵达接站地点后，要马上到问讯处再次核实旅游团所乘飞机（火车、轮船）抵达的准确时间。

4. 与行李员联系

在旅游团出站前与行李员取得联系，告知行李送往的地点。

关键词

落实　　确认

知识链接

表 2-8 江浙沪主要火车站、机场问讯电话一览表

省份	站名	问讯电话	省份	站名	问讯电话
江苏省	南京站	025-85822222	浙江省	杭州站	0571-87622362
江苏省	无锡站	0510-82301217	浙江省	金华站	0579-84974232
江苏省	徐州站	0516-95105175	浙江省	宁波站	0574-56163111
江苏省	常州站	0519-85060222	浙江省	绍兴站	0575-87116249
江苏省	南通站	0513-85102330	浙江省	温州站	0577-8389999
江苏省	连云港站	0518-5067250	浙江省	衢州站	0570-2383391
江苏省	扬州站	0514-2686282	上海市	上海站	021-63179090
江苏省	苏州站	0512-1604567 67513131	上海市	虹桥机场	021-52604620
江苏省	镇江站	0511-85351222	上海市	浦东机场	1813218181
江苏省	泰州站	0523-82087772 82847242	江苏省	禄口机场	025-52480488

查询火车到达时间的方法有很多，互联网能很方便地查到某次列车的到达时间。值得注意的是，在确认旅游团的相关信息时，与对方领队或全陪保持联系是非常重要的。

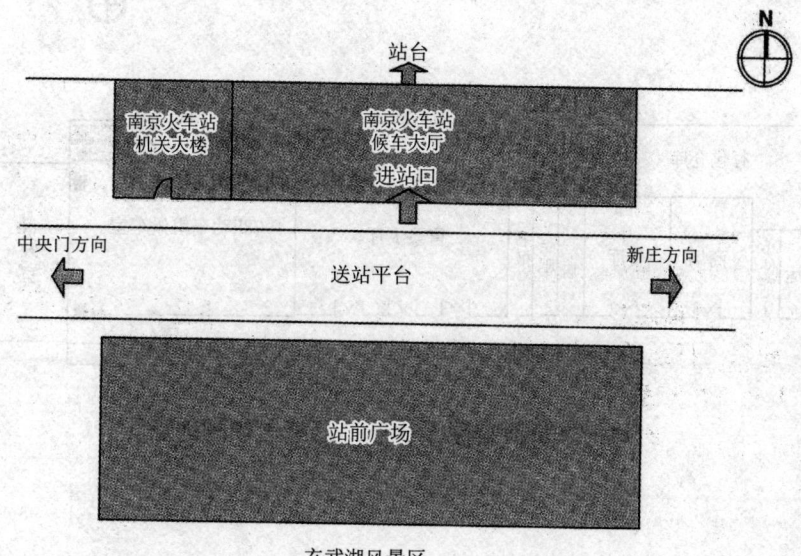

图 2-8 南京火车站区位图

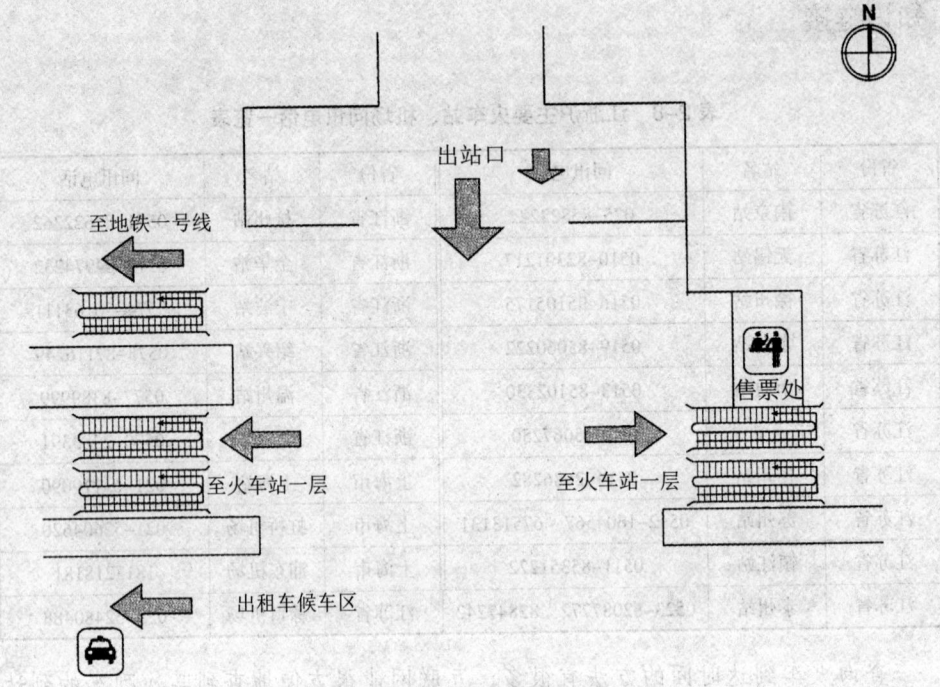

图 2-9　南京火车站出站口图

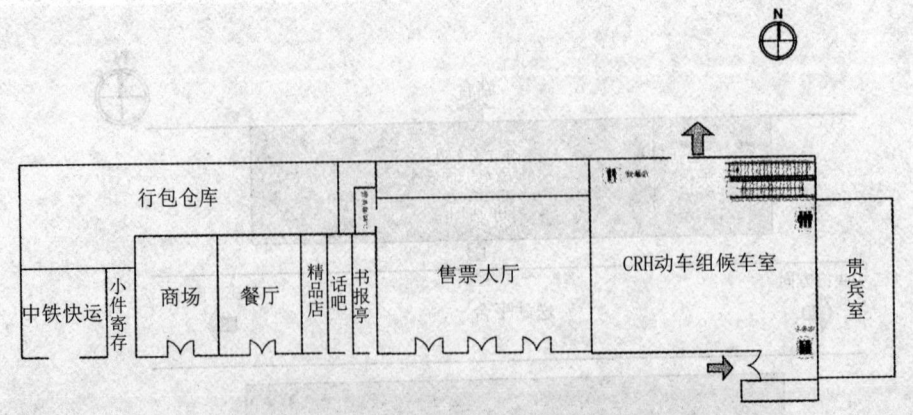

图 2-10　南京火车站一楼平面图

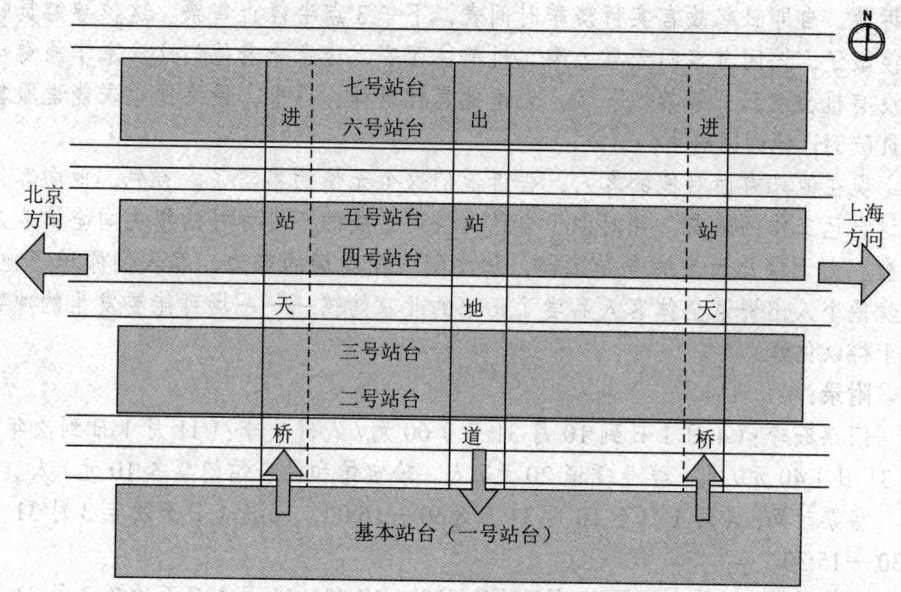

图 2-11 南京火车站站台图

案例分享

新世纪饭店和二十一世纪饭店

张先生做导游已经 20 年了，人很爽快，谈起自己曾经的过失，张导讲了一个有趣的故事："如果有人问你，21 世纪是不是新世纪？你回答是，这是正确的，因为 21 世纪不就是新世纪吗？可我偏偏在这个问题上出了差错。"

"那是 1997 年，我刚参加导游工作不久的事情。一次，我从首都机场接一个日本旅游团队，下榻的饭店是二十一世纪饭店。由于我对饭店的情况不了解，好像没有听说北京有这么个饭店，但是我知道新世纪饭店，于是我想当然地认为新世纪饭店就是二十一世纪饭店。我对自己说，21 世纪不就是新世纪吗？也没有再问司机师傅，就直奔了新世纪饭店。途中领队对我说，怎么这么久还没有到啊？二十一世纪饭店应该离机场很近的。并把他的日程表给我看，我一看，日程表上分明写着这个饭店的位置和电话，这才知道自己错了。"

"这件事，游客虽然没有说什么，但我却从尴尬中吸取了教训。"

故宫淡旺季售票时间

某外语导游员于 11 月 1 日下午 3 点 30 分带团来到故宫的售票处前，正准备买票时，售票口的小窗户"啪嗒"一声关上了。他急忙询问原因，售票人员告诉他，自即日起故宫实行淡季时间表，下午3点半停止售票。这位导游员顿时傻眼了，该团游客明天早上乘飞机前往西安，这意味着他们这次来华旅游已经没有机会看到"紫禁城"了。无论他怎样解释、恳求，最终他也未能说服售票员破例让他的团进去。

现在他只有面对他的客人，告诉他们这个无情的事实了。首先，他向客人检讨自己工作的疏忽，并对由于自己失误而造成的不可弥补的损失向全体客人致歉。由于他几天来的辛勤工作，加之刚才在现场的努力，客人们原谅了他。当晚他个人出资请全体客人品尝了正宗的北京烤鸭——一场可能要发生的冲突终于得以化解。

附录：

门票旺季：（4月1日到10月31日）60元/人，淡季：（11月1日到次年3月31日）40元/人，学生凭证20元/人。珍宝馆和钟表馆门票各10元/人。

售票时间：4月1日至10月31日 8:30—16:00，11月1日至次年3月31日 8:30—15:30

开放时间：4月1日至10月31日 8:30—17:00，11月1日至次年3月31日 8:30—16:30

停止入馆时间：4月1日至10月31日 16:10，11月1日至次年3月31日 15:40

在线思考

1. 导游员的联络和确认工作包括哪些方面，其中哪些对时间有一定要求？
2. 落实接待计划事宜的工作的重要性。

拓展实践

1. 某团一行24人拟于6月16日由北京乘T65火车于9:30到南京站，入住金陵饭店。6月18日乘15:28的火车前往无锡。根据此行程，落实以下事宜：

（1）模拟导游员与旅游车司机的电话联络，落实接待车辆事宜；

（2）模拟导游员与饭店总服务台的对话，落实用房事宜；

（3）模拟导游员与餐厅的对话，落实用餐事宜。

2. 通过问讯或走访，列出本地主要景点的开放时间。

项目二 迎接服务 49

模块二 旅游团认找

▶ **能力目标**

熟悉火车团、飞机团的接待注意事项,掌握认找旅游团的基本方法,熟知漏接、错接、空接的处理程序,并能作出有效预防。

▶ **工作任务**

任务一 站点迎候服务

任务分解

一、站点迎候旅游团

旅游团所乘交通工具抵达后,导游员应在旅游团出站前,持接站牌站在出口醒目的位置热情迎接。

认找旅游团的方法有两种,即"主动式"和"被动式"。主动式的认找方法是:根据出站游客的民族特征、衣着、人数、组团社的徽记等分析判断或上前委婉询问,核实该团的基本信息。被动式的认找方法是:站在醒目的位置,高举接牌,以方便领队、全陪或游客前来联系。

二、认真核实防错接

找到旅游团后,为防止错接,应及时与领队、全陪接洽,核实该团的国别(地区)、组团社名称、领队与全陪姓名、旅行团人数等。如该团无领队和全陪,应与该团成员逐一核对团名、国别(地区)及团员姓名等,无任何出入才能确定是自己应接的旅游团。

特别提示

1. 提前到机场(车站)等候

地陪提前30分钟抵达接站地点。

2. 迎接地点

(1)团队

若乘飞机来,导游员应在国际或国内进港隔离区门外等候;若乘火车来,导游员应在车站出口处等候。

(2)散客

接散客比接团队游客要困难,因为人数少,稍有疏忽,就会出现漏接。因此,在航班、火车抵达时,导游员和司机应站在不同的出口迎候游客。

关键词

迎候旅游团

知识链接

机场和火车站接团的区别

(1)飞机由于受天气情况影响较大,故抵达时间发生变化较多,可能提前,可能晚点,也可能取消,在接团前需注意不断核实。火车相对而言晚点的情况不会很多,一般也不会提前到达。

(2)入境团队一般多乘飞机,因此要注意由于游客人数变更所带来的签证问题,而火车很少涉及补办或注销签证的问题。

(3)机场接团多配备行李车,因此要注意与行李员取得联系并交接行李。而火车站接团,多为国内客人,行李物品不会太多,一般放置在旅游车中即可。

(4)不同的航空公司的航班都有指定的航站楼出口,一般情况下都具有唯一性,方便接团。而火车站有时会有几个出口,如北京西站有北一出口、北二出口和南出站口三个出口，导游员在接站时一定要提前与组团社或全陪、领队联系好，商定走哪个出站口。如果因为客观原因没有联系上，导游员可根据取得的火车票的座位信息，购买站台票到站台迎接客人。

案例分享

旅游团确认不得马虎

某旅游团一行26人从广州飞至西安。旅游团出站后一直不见导游员来迎接，全团只好在出站口等候。15分钟后，只见一年轻姑娘急匆匆地跑到旅游员团前，将导游旗展开，气喘吁吁地与全陪接洽，并不时地道歉。事后，这位导游员向全陪说明了原因：她很早就来到机场等候接团，当游客纷纷出站时，她迎上去向一旅游团询问，你们是来自××的游客吗？你们是从广州来的吗？你们是××旅行社的吗？你们是26人的旅游团吗？问题的回答都是肯定的，于是她就带领客人去登车。当到停车场准备登车时，她发现有一部分游客跟着另一位导游走向了另一部旅游车。经过认真询问，才知道接错了团，这才从停车场跑到出站口，造成了接团的延误。

任务二　清点人数及行李

任务分解

一、核实实到人数

接到旅游团后，立刻与全陪、领队或旅游团负责人核实实到人数，若发现有增加或减少游客的情况，要及时通知接待社的有关接待部门，以免为后续工作带来不便。

二、集中清点行李

（1）请游客将行李集中在指定位置，提醒游客检查其行李是否完好。

（2）与领队、全陪及行李员一起清点行李，核对无误后，与行李员办妥交接手续。

（3）行李随游客所在的旅游车时，导游员核对确认后，协助司机将行李装入行李箱内。

（4）若有行李未到或破损，导游员应协助失主到机场失物登记处或其他有关部门办理行李丢失或赔偿申报手续。

三、集合登车

1. 提醒游客带好手提包裹

游客随身携带的手提包裹,一般都装有身份证、护照、钱物等重要物品。导游员需先提醒游客检查自己随身携带的物品是否带齐,然后再引导游客前往乘车处上车。

2. 协助游客上车

在游客上车时,有时因携带物品较多,行动不是很方便,导游员应站在靠近车头的车门一侧迎接客人上车,必要时助游客一臂之力。

3. 帮助安置行李

游客上车后,帮助游客将行李和随身携带物品摆放在行李架上,协助游客就座。

四、清点人数

游客登车后,礼貌清点人数。确认游客到齐并坐稳后,招呼司机开车。

特别提示

清点人数注意事项

(1)在清点人数时,切忌用手指指点。可用默数的方法,或采用手指辅助记数,即右手自然垂直朝下,以弯曲手指来记数。

(2)车内清点人数时,通常沿着一定方向按顺序清点,注意被点游客与记忆库中的游客信息相符,再以车内座位数与空位间的差数来验证。

(3)清点人数时不能发出声音,特别是不能让游客听到,不可用导游旗来回比画,也不可用手在客人肩上按,更不允许用手在人们头上指指点点。

关键词

核实人数

在线思考

1. 认找旅游团的基本方法和技巧有哪些?
2. 认找旅游团队的程序是什么?

3. 旅行社安排你去接一来自新疆维吾尔自治区的旅游团，请问如何认找该团，在接团时需注意哪些事项？

任务三　错漏空接处理

任务分解

一、错接处理

错接，是指导游人员将其他旅游团（者）当作自己所接的旅游团（者）接走。

一旦发现错接，地陪应立即采取的措施如下。

1. 报告领导

发现错接后马上向接待社有关领导人员报告，查明两个错接团的情况，再作具体处理。

2. 将错就错

如果经调查核实，错接发生在本社的两个旅游团之间，两个导游人员又同是地陪，那么就将错就错，两名地陪将接待计划交换之后就可继续接团。

3. 必须交换

（1）经核查，错接的团是两家接待社的团，就必须交换旅游团。

（2）两个团都属于一个旅行社接待，但两个导游人员中有一名是地陪兼全陪，那么，也应该交换旅游团。

4. 向游客道歉

地陪要实事求是地向游客说明情况，并诚恳地道歉，以求得游客的谅解。

5. 意外情况处理

如发生其他人员（非法导游）将游客带走等意外情况，应马上与饭店联系，看游客是否已住进下榻的饭店。

二、漏接处理

漏接，是指导游人员没有按预定航班（车次、船次）时刻迎接旅游团（者），导致旅游团（者）抵达后，无导游人员迎接的现象。

1. 因主观原因造成的漏接

（1）实事求是地向游客说明情况，诚恳地赔礼道歉，求得谅解。

（2）如果有费用问题（如游客乘出租车到饭店的车费），应主动将费用赔付游客。

（3）提供更加热情周到的服务，高质量地完成计划内的全部活动内容，以求尽快消除因漏接而给游客造成的不愉快情绪。

2.因客观原因造成的漏接

（1）立即与接待社联系，告知现状，查明原因。

（2）耐心向游客作解释工作，消除误解。

（3）尽量采取弥补措施，使游客的损失减少到最低限度。

（4）必要时请接待社领导出面赔礼道歉，或酌情给游客一定的物质补偿。如赠送纪念品、加菜、加酒水等。

三、空接的处理

空接，是指由于某种原因，旅游团（者）推迟抵达接待站，导游人员仍按原计划预定的航班（车次、船次）接站而没有接到旅游团（者）。

（1）导游人员应首先询问机场（车站、码头）有关人员，确认团队所乘交通工具是否抵达或乘坐本班次的旅游团是否都已出站。

（2）应立即与本社相关部门取得联系，查明原因。

（3）若推迟时间不长，应继续留在接站点等候，迎接旅游团；若推迟时间较长，则要按社内有关部门安排，重新落实接团事宜。

（4）若没有接到旅游团，经旅行社有关部门领导同意后返回，返回后，导游人员一定要到所下榻饭店询问团队是否已经自行进住饭店。

关键词

错接　　漏接　　空接

知识链接

错接原因及预防

1.错接原因

造成错接事故的原因，主要在导游人员方面。导游人员接团时没有认真核实团名（编号）、组团社名称、旅游团人数、领队或全陪姓名等。

2.错接的预防

（1）导游人员应提前到达接站地点迎接旅游团。

（2）接团时认真核实。导游人员要认真逐一核实旅游客源地派出方旅行社的名称、旅游目的地组团旅行社的名称、旅游团的代号、人数、领队姓名（无领队的团要核实游客的姓名)、下榻饭店等。

（3）提高警惕，严防社会其他人员非法接走旅游团。

漏接原因及预防

一、漏接的原因

1. 由于主观原因所造成的漏接

（1）工作不细致。没有认真阅读接待计划，对旅游团（者）抵达的日期、时间、地点搞错。

（2）迟到。没有按规定时间提前抵达接站地点。

（3）没看变更记录。只阅读接待计划，没阅读变更记录，仍按原计划接站。

（4）没查对新的航班时刻表。特别是新、旧时刻表交替时，"想当然"仍按旧时刻表的时间接站，因而造成漏接事故。

（5）导游人员举牌接站的地方选择不当。

2. 由于客观原因造成的漏接

（1）上一站接待社将旅游团原定的班次（车次）因故变更而要提前抵达的情况，漏报接待所。

（2）接待社已接到变更通知，但有关人员没有能及时通知该团地陪。

（3）司机迟到，未能按时到达接站地点。

（4）由于交通堵塞或其他预料不到的情况发生，未能及时抵达接站地点。

（5）由于国际航班提前抵达或游客在境外中转站乘其他航班而造成漏接。

二、漏接的预防

1. 认真阅读计划

导游人员接到任务后，应了解旅游团抵达的日期、时间、接站地点（具体是哪个机场、车站、码头）并亲自核对清楚。

2. 核实交通工具到达的准确时间

旅游团抵达的当天，导游人员应与旅行社有关部门联系，弄清班次或车次是否有变更，并及时与机场（车站、码头）联系，核实抵达的确切时间。

3. 提前抵达接站地点

导游人员应与司机商定好出发时间，保证按规定提前半小时到达接站地点。

空接原因及预防

1. 空接事故的原因

（1）接待社没有接到上一站的通知。由于天气原因或某种故障，旅游团（者）仍滞留在上一站或途中。而上一站旅行社并不知道这种临时的变化，没有通知下一站接待社。此时，全陪或领队也无法通知接待社，因此，造成空接。

（2）上一站忘记通知。由于某种原因，上一站旅行社将该团原定的航班或车次发生变更，将推迟抵达的情况。没有通知下一站接待社，造成空接。

（3）没有通知地陪。接到了上一站的变更通知，但接待社有关人员没有及时通知该团地陪，造成空接。

（4）游客本身原因。由于游客本人生病、急事，或其他原因，临时决定取消旅游，没乘飞机或火车前往下一站，但又没及时通知下一站接待社，造成空接。

2. 空接的预防

（1）与上一站保持联系，确定团队准点到站时间。

（2）如遇到恶劣天气等特殊情况，要主动与领队联系，看团队是否按时到达。

案例分享

错接案例

2005年4月的一天，导游员小汪按照旅行社的安排去机场迎接一个20人的旅游团。班机准时抵达。人数、团号、国籍一一对上后，小汪就带着这些游客上车。当车子到达游客入住的饭店门口时，领队突然提出了疑问，说他们要入住的饭店不是这一家。小汪不明白，心想，自己的计划怎么会和领队的不一样呢？当领队拿出计划和自己的对照后，小汪才知道自己接错旅游团了。原来这是公司系列团中的一个，境外旅行社今天有两个团发给小汪所在的旅行社，团号、人数都一样，但有A、B团之分，所住饭店也不一样，幸好都是自己公司接的旅游团。最后，经请示旅行社领导后，此团也就由小汪"将错就错"地带下去。

空接案例

深圳某旅行社导游员小周，打开自己的邮箱后，收到了旅行社发给自己的一份接团计划。这批游客来自新加坡，行程安排是在5日晚上9：32乘飞机到达广州，当晚入住酒店。第二天游览广州后再乘汽车到深圳参观。5日，小周约好司机开旅游车一起到广州去接新加坡游客。当旅游车抵达广州后，小周先与旅游团预订的酒店取得联络，落实住房。考虑到旅游团抵达酒店后，游客马上就会想入房休息，小周还事先准备好了房间号和房卡。当晚，小周与司机一起开车到机场去接团。可是所有的客人都出站了，也没见到新加坡团队的影子。于是，小周立即与旅行社计调部取得联系，询问具体情况。不料，计调的答复却是："不好，这个团昨天通知我取消了，我忘记通知你了。"小周只好立即回到酒店，将此团情况与具体营销人员进行了沟通，虽然酒店方面同意退房，但是按照双方所签订的合同，小周所在的旅行社仍然要承担赔偿责任。

漏接案例

春节将至，××夫妇才决定到衡山、井冈山旅游。因为是旅游旺季，连续致电了几家旅行社，都因客满而遭拒绝。后找到 A 旅行社，这时离出发日期只剩两天。当××夫妇坐火车抵达衡阳时，却久候无人接车。经人指点××夫妇找到当地负责接待的 B 旅行社，但该旅行社却称当天并无 A 旅行社的接团计划。××夫妇无奈，只好自己游玩。回家后即向旅游质量监督管理部门投诉。

在线思考

1. 如何预防错接？错接后如何处理？
2. 如何预防漏接？漏接后如何处理？
3. 如何预防空接？空接后如何处理？

拓展实践

学生分组扮演不同类型的团队游客与导游，模拟到火车站接团的相关事宜。
要求：
（1）准确辨认旅游团；
（2）注意接团的程序；
（3）注意礼貌礼节；
（4）掌握突发事件的处理。

工作评估

表 2-9 工作评估表

项目＼成绩	优	良	中	合格	不合格
工作物品准备					
联络工作					
确认工作					
旅游团认找					
漏接、空接、错接					

项目三　讲解服务

■ **项目简释**

"江山之美，全靠导游一张嘴"，通过导游"嘴"的引导，游客方可探索美、发现美、享受美，故导游服务工作的关键就在于导游员的讲解服务。

导游讲解，是导游员带团游览中的主要业务，是导游员以丰富多彩的社会生活和绚丽多姿的自然美景为题材，以兴趣爱好不同、审美情趣各异的游客为对象，对自己掌握的各类知识进行整理、加工和提炼，用简洁明快的语言进行的一种意境的再创造。

从导游服务的全过程来分析，导游员为游客提供的讲解服务主要分成两个部分，即旅游转移途中的讲解（沿途讲解）和景区（点）的参观游览讲解。

■ **能力目标**

熟悉欢迎词和欢送词的组织和表达，掌握途中讲解、景点讲解的内容和技巧，并能熟练地实地运用。

■ **项目分解**

模块一　沿途讲解
模块二　景点讲解

模块一　沿途讲解

▶ 能力目标

掌握欢迎词、途中导游、欢送词的基本内容，熟悉欢迎词、欢送词的各种组织形式及各自注意事项，能灵活运用各种方法来活跃途中气氛。

▶ 工作任务

任务一　致欢迎词

任务分解

一、问候游客

向游客表示问候，要注意对游客的称呼，一般来说，"各位朋友（团友）"这样的称呼是内宾游客们比较乐于接受的，而来自欧美和东南亚地区的游客们普遍比较喜欢导游员称呼他们为"女士们、先生们"，对于来自东亚地区的游客则可以用"先生、小姐们"的称呼。

二、表示欢迎

代表所在旅行社、本人及司机欢迎游客光临本地。

三、介绍人员

介绍自己的姓名及所属单位，介绍司机。

1. 自我介绍

自我介绍是欢迎词的重点内容之一，目的是让游客记住导游员的姓名，同时还必须告诉游客如何来称呼自己。例如："我的名字叫……大家可以叫我……"，"我姓……各位就叫我……吧"。以上举例是最简要的介绍方式，其实自我介绍部分是导游员可以充分发挥主观能动性的一个部分。可以根据自己姓名含义、性格特征和游客背景，合理地设计自我介绍的内容。

2. 介绍旅行社

介绍旅行社时，在让游客记住旅行社名称的同时，还可简要介绍旅行社的信誉和服务特点。

3. 介绍司机

介绍司机时，除介绍司机的姓名外，要突出司机的驾驶技术，让游客有安全感。

四、预告节目

向游客介绍游览城市的概况及在该地区的行程安排。

五、表示态度

表明自己愿意尽心尽力地为游客提供合理而可能的服务。在表示提供服务的诚挚愿望时，应态度诚恳，不能讲空话。

六、预祝顺利

预祝旅游愉快顺利，同时希望得到各位游客的配合。

特别提示

1. 致欢迎词地点

一般应在到饭店前致欢迎词。是在候机楼（车站、码头），还是在车上，需要根据旅行团人数多少、抵达时间、在机场逗留时间长短等因素确定，不可一概而论。一般情况下应在汽车赴饭店的路上致欢迎词。如遇到领导前往迎接或一个团人数较多不能保证每辆车都有陪同的情况下，这时在机场（车站、码头）致欢迎词较好。

2. 致欢迎词的时间

欢迎词一般在做完迎接的工作，游客放好物品、各自归位、静等片刻后，再开始讲。因为游客新到一地，对周围环境有新奇感，左顾右盼，精神不易集中，讲解效果不好。因此导游员要掌握时机，等大家情绪稳定下来后，再作讲解。

此外，游客经过长途旅行，希望能够稍事休息。因此，欢迎词要求内容简洁，不可拖沓，免得游客厌烦。一般来说，欢迎词的时间要控制在5分钟之内。

3. 致欢迎词时感情表达不宜过于强烈

在致欢迎词之前，导游员的身份尚未得到游客的认同，初次见面，游客虽然对导游员有一定的新鲜感，但双方之间还是比较陌生。过度的热情，甚至慷慨激昂，反而给人以虚假造作之感。

4. 欢迎词应因人而异

欢迎词有6个方面的基本内容。但如果致欢迎词就局限于这些内容未免太单调、枯燥，而且各地的导游员都是如此，那么内容就会显得苍白无力，游客反应就会比较冷淡。在实际导游服务中，欢迎词内容应视旅游团的成员的身份、文化水平、职业、年龄及不同时间、地点等而有所不同。欢迎词切忌死板、沉闷、千篇一律，自然、幽默、独特、具有个性的欢迎词会缩短与游客的距离。另外，欢迎词中若注意修辞，适当采用一些谚语、名言，会收到更好的效果。下面一些谚语，可参考使用，如"千里有缘来相会""百年修得同船渡""有朋自远方来，不亦乐乎"，等等。

关键词

欢迎词

知识链接

自我介绍方法简介

1. 常规介绍法

我姓石，叫石满春。石，是石头的石；春，是春天的春；满，是满意的满。我希望各位在××期间，身体像石头一样结实，心情像春天般温暖。

将名字进行分解，使导游姓名深深铭刻在游客心中，加深了游客对导游的印象，也能使主客关系变得融洽。

2. 幽默介绍法

……查了一下家谱，我正经也是孟子的七十四代孙呢。惭愧的是，我没有孟子那么多的学问、伦理提供给大家，但我觉得我还是比孟子更伟大。您问为什么？那还不是明摆着，孟子他不会说外语呀！他顶多就会说两句地方外语！

而他的七十四代孙不但会说"你哄狗"("日语"一词的汉语发音）还能白话几句"鹦哥利屎"("英语"一词的汉语发音）呢。能跟大家一起交流，难道不比孟子更伟大点吗？受孟子DNA的影响我也算是个"当铺的脑袋，杂货铺的肚"，不谦虚地告诉各位，本人除了不懂的——全懂！除了不会的——全会！

这种调侃式的自我介绍，于诙谐幽默的自我揶揄中又流露出自信，既让游客开怀，又让游客放心。

3. 互动介绍法

"我的名字，大家都非常熟悉，跟大家的一位老乡同名。"看到满车人丈二和尚摸不着头脑，又补充了一下，"就是大家家乡（无锡）一位非常有名的名人！"过了好长时间，还没有人能猜出来。这时，导游员哼了段曲子，游客一听齐声说：《二泉映月》。"这时，导游员说："对啊，我就是阿炳啊，欢迎大家来泰国观光旅行！"

这种互动式的自我介绍，能让游客将导游姓名牢牢记住，又能充分调动游客的积极性，有效调动游客的情绪，对整个行程都将起到有益的作用。

4. 自谦介绍法

"我叫……刚刚从旅游学校毕业，虽然有一定的带团经验，但还属新手，请各位多多关照，多多包涵。"

这种自我介绍方式体现了谦虚的美德，也留有余地，曾盛行一时，但可能会让游客产生一定的不信任感，因此现在使用较少。

自我介绍部分虽然可以出彩，但需注意不可介绍时间太长，不然有喧宾夺主之嫌，扭曲了欢迎词的本义。

还有一种自我介绍的方式——赠送名片。这是一种普遍流行、高雅得体的自我介绍法。在导游活动中，对领队、全陪或人数不多的游客均可使用。递送名片时要用双手，并附带说："认识您很高兴""请多关照"等。

欢迎词的形式

1. 介绍性的欢迎词

介绍性的欢迎词最为常见，一般比较全面，有助于游客了解本次游览概况。

各位来宾、各位朋友：

大家好！大家辛苦了！首先让我代表××旅行社，尤其是我们南京600万人民欢迎各位来我们这里观光游览。我姓周，是××旅行社的导游员，大家就叫我"周导"好了，我希望能像我的名字一样能为大家提供"周到"的服务。这位是我们的司机刘师傅，今明两天就由刘师傅和我为大家提供服务，我们感到非常荣幸！大家在南京可以把两颗心交给我们，一颗心——"放心"交给刘师傅，他的车技相当娴熟，大家尽可放心坐他的车；另一颗心——"开心"就交给"周导"我好了！一路上大家有什么问题、有什么要求就尽量提出，我们将尽力满足。最后，希望大家在南京能玩得开心！吃得满意！住得舒适！谢谢各位！

2. 风趣式的欢迎词

风趣式的欢迎词，能有效地消除游客和导游员初次见面时的生疏感。

各位早上好！我叫张××，是××旅行社的导游员，十分荣幸能为各位服务，大家叫我小张就成。各位都是医生吧？医生是人间最好的职业。我一出生，就对医生有特别的感情，因为我是难产儿，多亏了医生我才得以"死里逃生"。今天的旅游行程是这样为大家安排的，首先游览钟山风景区，然后去参观南京军区总医院。如果还有时间，我想请大家"参观"一个特别节目，就是为我诊断一下，看我为什么老是容易感冒。谢谢！

3. 互动式的欢迎词

互动式的欢迎词，能够加强导游员与游客间的互动，有效地调动游客的兴致和情绪。

导游员：来自北京的朋友们，大家好。首先了解一下，大家都是同一个单位的吗？

游客：是。

导游员：太好了，那么大家互相都很熟悉了？

游客：是。

导游员：好，那请大家再来认识一个陌生人——我，叫郭靖，很遗憾的是我妈从小不让我学武，不然我武功想必不会比《射雕英雄传》里的郭大侠差。呵呵，开个玩笑，我是××旅行社派来专门接待大家的导游员，很高兴认识大家。再了解一下，在我们团里有没有领导同志。

游客：这位是我们的王处长。

导游：王处长，您好。各位先生、女士，这几天，大家无论有什么事，还是一如既往都得听老大的！不过这次活动，老大也得听我的！开个玩笑，我只是为大家尽力服务而已。其实，这车上真正的老大还是我们司机师傅！他掌管着我们全团人的方向啊。我们这位老大姓张，我们私下都喜欢称他为张司令，已经开了十几年的旅游车了，屡屡获奖。愿我们的旅程轻松愉快，考察收获多多。

案例分享

1989年冬季的一天，一个台胞旅行团乘包机取道香港来到了重庆，原定当天上午到达，次日乘船游三峡。由于天气原因，在香港候机室等待了很久，过关检查时已是午夜了。当天重庆的参观游览项目被迫全部取消。导游接待台胞上车后，导游员例行向游客问候、致欢迎词。起初，由于游客心情不佳，人又困乏，反应冷淡。随着导游欢迎词的深入，最终赢得了游客发自内心的掌声，还自发唱起了《我的家乡在大陆上》。原来导游员是这样说的："中国俗话说'好事多磨'嘛，各位昼思夜想了40年，到了家门口却还要等上十几个小时……这是历史的原因造成的……台湾有一首歌，叫《我的家乡在大陆上》，各位唱了40年，今天终于唱回家了……在此，我谨以家乡亲人的名义，祝贺大家终于回——家——了……"

在线思考

1. 欢迎词包括哪些内容，有哪些组织形式？

2. 针对领导团、教师团、学生团、老年团、医生团、律师团等分别编写出不同风格的欢迎词。

3. 欢迎词如何拉近与游客的心理距离，举例说明。

4. 郭德纲的自我介绍开场白是"床前明月光，疑是地上霜，举头望明月，我是郭德纲"。这种自我介绍对我们有何启发？

5. 导游员小张接受旅行社的委派前往机场迎接某旅游团（10人）。在机场完成迎接服务，确认团号和人数后，她面带微笑地对游客说："各位游客们，大家好！欢迎来南京做客，我是陪同大家此次旅游的江苏中旅的导游员。我姓张，叫张立，大家可以叫我小张或张小姐。首先，请允许我代表本旅行社和本人，对各位的到来表示最诚挚的欢迎！这次能够陪同大家一起旅游，我感到十分荣幸！为了能够让大家的旅游活动更加顺利、平安和快乐，我将竭尽所能，也希望大家多多配合，对我们的工作多提宝贵意见。在此，小张先谢谢各位了！"在致完欢迎词后，众人上车前往入住饭店。

分析：请指出小张在这段工作中的不妥之处。

拓展实践

模拟在旅游车上的情景，让每位学生扮演地陪，针对不同类型的游客致欢迎词。

任务二　途中讲解

任务分解

一、首次沿途导游讲解

1. 城市风情介绍

适时地介绍城市的基本概况，以其地理历史文化为基础，介绍城市的地形、气候、政治、经济、历史、文化、风土民情、土特产品等内容。

2. 风光导游

以沿途所见事物为介绍内容，见物讲物，见人说人。讲解时，注意触景生情、点面结合、简明扼要；注意讲解速度和旅游车行进速度相一致；准确地对景物进行指点；适当采用类比的方法，使游客听后更有亲切感。

对于行程中有安排的景点，还可以铺垫一下，制造悬念，吸引游客。

3. 饭店介绍

向游客介绍所下榻饭店的基本情况：饭店名称、位置、行车距离、星级、规模、主要设施及设备的使用方法、入住手续等。该项内容应根据路途距离和时间长短酌情增减，也可在入店时进行介绍。

4. 宣布在当地的活动日程

一般地讲，导游员可在沿途讲解中见缝插针地向游客宣布当地活动日程安排，对一般观光旅游团而言，有时甚至在车上就可确定日程。

5. 宣布集合时间、地点及停车位置

旅游车驶至下榻饭店，导游员在游客下车前向全体成员讲清并请其记住车牌号码、停车位置、集合地点和时间；提醒游客将手提行李和随身物品带下车；向司机交代清楚第二天出发的时间。

如果所接待的团队是境外团，一般来说，还应包括以下几方面的内容：

（1）调整时间。介绍两地间的时差，请游客按北京时间进行调拨。由于时差的困扰，往往给游客带来不少的麻烦，可介绍些克服时差的办法。此外，还要介绍一下当地的天气，请大家注意随时增减衣服。

（2）介绍当地的主要风土人情。介绍当地居民的风俗习惯、礼节礼仪、生活起居和节日节庆活动等。介绍一些特殊的习惯，告诫其入乡随俗，不要做唐突的事情。也要介绍中国人讲究"主随客便""尊老爱幼"的传统。

（3）介绍有关当地的旅行常识。介绍乘坐交通工具的办法、当地的邮电情况、长途或国际电话的使用方法和计费方式等。

告知兑换货币的地方，以及当天的兑换率，并拿出人民币进行实物介绍，让游客认识人民币并了解我国的货币情况。

介绍当地的土特产品、当地的风味菜肴、主要商业中心及营业时间等。

（4）介绍常用汉语。可适当介绍些常用的汉语问候语。

（5）介绍有关旅游地相关规定。注意特别提醒的是市内交通安全规定和外国人应遵守的规定。

以上几个方面，不一定非得要在首次沿途导游中全部讲清、讲全，但一定要灵活掌握，在适当的时候将主要内容都涉及。

二、前往景点途中的导游讲解

1. 问候游客，预报天气

提醒当日游览活动中游客在衣物、鞋袜及雨具等方面的注意事项。

2. 介绍当日的活动安排

具体内容包括：将参观景点的名称、位置、行进所需时间、用餐安排等。

3. 介绍当日国内外重要新闻

具体内容根据游客的实际情况和游览期间的情况灵活选择。

4. 对游览景点作简要概述

讲解要简明扼要，重点突出景点的历史价值和特色，激起游客的游兴，但不需要讲解得太深，引起兴趣即可，可用制造悬念法讲解。

5. 行进中风光导游

途中，导游员根据旅游车的行进线路、行进速度选择窗外的景物引导游客观赏，同时进行引申讲解，介绍当地的自然地理、风土人情、历史典故等内容，加深游客对旅游目的地的了解。

6. 活跃行进过程中的气氛

在途中讲解时，特别是路途较长时，导游员的讲解要注意劳逸结合，在讲解中穿插一些有趣的故事和典故，也可播放一些音乐和视频。

同时，在旅途中，导游员还可设计一些娱乐活动，如唱对歌、猜谜语、绕口令、讲方言、做游戏等。以此增进导游员与游客间的相互了解，调动起游客的参与热情，增加旅游兴致。

7. 抵达景点前的注意事项

即将抵达景点前，要根据前面对景点的讲解，进行有机呼应介绍。提醒游客游览注意事项，介绍游览重点和要点等。

三、返程途中的导游讲解

1. 回顾当天活动

回顾当天参观、游览的内容,回答游客的提问,对景点作相应的补充介绍,运用画龙点睛的方法作适时的总结。

2. 行进中风光导游

旅游车若不从原路返回,导游员需适当讲解沿途风光,要简洁精练,主题突出。

3. 其他安排

根据沿途的情况和路途的长短,可适当安排游客休息和相应娱乐节目。

4. 宣布次日活动安排

预报晚间或次日的活动安排、出发时间、集合地点等。

5. 提醒注意事项

如当天回到饭店较早或晚上无集体活动安排,导游员应考虑游客会外出自由活动,所以要在下车前提醒游客如要外出最好搭伴同行,带上饭店的地址和电话号码,尽量乘出租车前往。

特别提示

途中讲解行为要求

1. 位置

站在车的前部、司机的右后侧,如旅行车辆系小型车辆,导游员应坐在前排,以能见到每一位游客为最适合。

2. 表情

面带微笑,目光正视游客,表情自然。

3. 话筒使用

使用话筒时,切忌向话筒吹气或以手拍打话筒来试音,而应以问好的方式来检查音响效果。

4. 控制音量、节奏

应注意音量适中、节奏快慢得当,使车内每一位游客都能听清楚。

5. 强调

对重要的内容要重复讲解或加以解释。

途中导游语言讲解三原则

由于车辆行驶速度较快,导游员不可能对沿途的风光进行详细讲解,只能择其要者进行简洁精练的介绍。须遵循三个原则：

（1）客观性：尽量讲解游客能够从车窗外直接见到、听到的景物。

（2）选择性：尽量讲解具有标志性、突出性、特色性的景物。

（3）灵活性：尽量讲解游客感兴趣、观赏角度好的景物。

关键词

首次沿途导游　　行进途中讲解

知识链接

途中导游的注意事项

1. 熟悉行进线路、掌握途中景物的分布和景观的变化规律

由于途中游客所处的是一个动态的场所，因此在导游讲解中，导游员要注意尽量做到翔实而准确的指点与说明，对每一个途中可能看到的景物要娴熟于胸，指点景物时一定要提前提醒游客在什么方位可以看到某物或某景。

如西安导游员在去秦始皇陵兵马俑参观途中的导游讲解：①车至灞桥，朗诵"灞柳含烟满面春，年年攀折为行人"的诗句，介绍古人在灞亭设宴惜别送行的亲朋必折柳相送的习俗；②车过华清池，可讲解白居易的《长恨歌》，介绍唐明皇和杨贵妃的故事；③车过渭河大桥，可讲解杜甫的《兵车行》，讲一讲唐代著名的东渭桥、西渭桥和中渭桥，介绍渭河流域亦是中华民族的发源地之一；④车过咸阳，讲解王维的《渭城曲》。

2. 讲解重点明确

途中讲解的主要内容要确定，切勿让游客左顾右盼，莫衷一是，重点要突出，景物要实在，重讲优势，适当掩饰缺陷。在途中导游过程中，要善于借景抒情、借景宣传、借景传文、借景交友，把握好游客的心理需求和讲解的延伸效应。在不同的行进时段、线路，讲解重点要有差异。

3. 注意点线面的有机结合

途中旅行以线为主，但周围的景物分布则是点状的，讲解的衍生特别是风俗介绍等是面上的。因此，导游员在为游客提供途中导游服务时，要根据实际情况如游客的身体、情绪、旅行的速度、周边景物的变化等，有机地组织好自己的口语导游讲解内容，吸引游客的注意力，展示自己的导游风采，获得游客的信任和依赖。

4. 注意游客情绪的调整

在旅途中游客极易疲劳，在途中讲解时导游员要及时调整讲解内容，准备

一些游戏，讲些有趣的笑话或故事来调节气氛。必要时，用"此地无声"法让游客适当休息。

途中活跃气氛的方法

1. 讲故事

讲故事要有5个必备要素，即5w，何时（when）、何地（where）、何人（who）、何事（what）、何故（why）。

在讲故事时，要抓住时机，有的放矢；注意声情并茂，配合相应动作，以引起共鸣；同时要注意停顿，保持冷静。

讲故事的注意事项：

（1）不用模糊的概念。

（2）不用解释性的语句，尽量用描述性的语言。

（3）快速进入主题。

（4）避免使用抽象化的语言。

（5）适当运用各种修辞手法，来加强故事的可听性。

（6）加强与听众眼神的交流，抓住听众的心理。

2. 笑话

讲笑话与讲故事有很多的相似之处。但笑话的讲述要用活泼的语气，同时要表达清晰。

注意事项：

（1）尽量选择在轻松愉快的氛围下进行。

（2）讲笑话前，别作言过其实的肯定，如"我讲出来把你们笑趴下"之类的话。

（3）切莫自己先笑，最好自己不笑。

（4）忌讲黄色笑话和政治笑话。

（5）切勿取笑他人。

3. 唱歌

（1）选择适合自己音域和风格的歌曲。

（2）歌曲选用得体，内容健康、积极、正面。不同地区选用不同歌曲，如到无锡唱《太湖美》、到上海唱《上海滩》、到三亚唱《请到天涯海角来》、到内蒙古唱《天堂》。不同场景选用不同歌曲，如离别时唱《何日君再来》。

（3）掌握好节奏和音准。

4. 猜谜语

（1）谜语出得不要太难。

（2）谜语最好有一定的目的，如通过猜谜语引出旅游地地名、名人或特产等，如：大河解冻——江苏，金银铜铁——无锡等。

（3）游客猜不到的时候要及时给出答案。

5. 绕口令

（1）作绕口令游戏时，游客人数最好在20人之内，人数太多，游客相互间听不清楚。

（2）由简入难，难度逐渐加大，但不要过于复杂或绕口，重在娱乐。

（3）不要请有口吃的游客参加，避免伤害游客的自尊心。

6. 情景小游戏

如脑筋急转弯、我做你猜、击鼓传花、成语接龙等。

（1）一定要根据游客的职业、年龄、性别、文化程度等来选择合适的游戏。

（2）要尽可能地调动全体游客的兴趣，鼓励大家都积极参加，形成良好的互动。

（3）内容要健康、积极向上。

案例分享

北京沿途讲解

中国国际旅行社北京分社优秀导游员于柏林，曾在北京为一个日本旅游团作首次导游。当车行至长安街时，他讲解道："这就是著名的长安街，其笔直长度是42公里，正好是马拉松的长度，是世界上直线距离最长、最宽的大街。听说日本的姬路也有一条笔直的大街，但这长安街又是中国的官厅街，就像东京的水田町一样，两侧有许多中央机关办公楼……"当车行至建国门时，正遇一国宾车队以开道车为先导与他们的车同向行驶，就见缝插针："前有开道车，这是国宾车队，上面坐的都是大人物，我们的车排在他们后面，大家都是第二贵宾……"车过繁华地段时，判断游客对什么感兴趣，什么最有特点就讲什么。例如车过王府井："这是北京的银座，在京期间我将为大家创造一个银座漫步的机会，在这里大家会感觉到首都人民生活的气息……"首次导游用真挚、适时、方法多样的讲解，不断拨动游客的心弦，是提高游兴的好办法。

南京沿途讲解

各位朋友，大家好！现在我们的旅游车正驶出南京火车站广场。南京火车站始建于1968年9月，现在我们看到的是新站，总投资3.5亿元，历时3年，于2005年9月1日作为十运会重点工程项目投入运行。车站用18根桅杆支撑起横向钢梁，像一艘竖起桅杆、拉满风帆的巨型帆船停泊在美丽的玄武湖畔，既具有江南文化特色，又融合现代化气息……（车行一段时间后）好了，转过这个转盘，我们面前的这条宽阔的大马路，就是南京著名的中山路。中山路是为迎接孙中山先生灵柩而建，并由此而得名。1928年，国民政府统一全国后不久，就开始筹备将孙中山先生遗体由北平移至南京，首都建设委员会计划修筑一条迎陵大道，并将朝阳门改名为中山门。中山门，东至中山陵，称为陵园路；西至长江边的中山码头，称为中山路，也就是我们现在常说的"中山大道"。1933年，以鼓楼、新街口为"节点"，中山大道又分为中山北路、中山路、中山东路三段，全长近13公里，是南京第一条柏油马路。现在，中山大道是一道亮丽的民国建筑风景线，中央博物院、励志社等一大批优秀民国建筑尽收眼底。中山大道是一座民国建筑的博物馆。中华人民共和国成立后，新街口以南的中正路改名为中山南路，中山路系构成南京道路的基本框架。有人形象地称中山大道为"民国子午线"……

各位朋友，我们即将下榻的饭店是金陵饭店。它是江苏省首家五星级酒店，也是江苏省首家酒店上市公司。它先后荣获"全国最佳五星级饭店""2002年全国质量管理先进企业""中国饭店业民族品牌先锋""中国最佳商务酒店""中国十大最受欢迎酒店"等称号，并曾多次成功接待党和国家领导人及德国前总理科尔、美国前总统老布什等。"金陵饭店"品牌享誉中外。它地处南京市中心商业区，交通十分便利……朋友们，金陵饭店到了……

在线思考

1. 首次沿途导游包括哪些内容？
2. 在前往景区的途中，由于旅途过长，游客感到乏味，导游该如何处理？
3. 前往景区的途中导游讲解服务与返程导游讲解服务有何异同？
4. "龙行天下"旅行社的VIP游客到达杭州，小仲将游客从机场迎接到旅游车上后，便开始了杭州之行。通常来讲，每个地陪导游员都要在首次沿途讲解中介绍当地的概况和历史沿革等内容。小仲也一样，很想马上就将杭州的美丽景致和当地人民的热情好客全都告诉给客人。但是游客对小仲的"热情"却有些茫然。只见小仲的眼睛始终看着车尾部的车顶，声音虽然很洪亮，但让游客感觉非常不舒服。在介绍到杭州东站广场时，游客都向车窗外张望，但找来找去，看来看去也没有见到广场。原来，东站广场已经过去了，小仲是在作补充介绍。

分析小仲哪些地方做得不对。

拓展实践

模拟从某机场至某酒店的途中讲解。（根据本地情况选择具体地点）
模拟演示行进过程中的才艺表演和娱乐游戏。

任务三　致欢送词

任务分解

一、表示惜别

欢送词中应含有对分别表示惋惜之情、留恋之意，可适当引用一些名言、诗句或歌曲。如王维的《渭城曲》，歌曲《友谊地久天长》《何日君再来》等。

二、总结回顾

与游客一起回顾这段时间的旅游行程，对游览景点进行归纳、总结，共同回忆行程中的点点滴滴，使游客将短暂的感官感受升华为美好的回忆。

根据时间长短，向游客简单介绍此次游览中未去的景点，为游客再来做好铺垫。

三、感谢合作

感谢游客在旅游中对导游、旅行社工作给予的支持、合作、帮助和谅解。

四、征求意见

导游员认为自己的工作还有不足之处，希望游客能够谅解并给予意见上的帮助，从而促使自己不断提高，接待一次比一次好。

五、期盼重归

要表达对游客的情谊和自己的热情，希望游客成为回头客。

六、预祝平安

导游员应祝愿游客离开此地后的旅程一路顺风、旅途平安、旅行愉快。

特别提示

欢送词要因人而异、因时而异、因事而异、切不可千篇一律。

1. 总结不能少

总结时要有主有次，多讲旅途中发生的欢快事件，少讲遗憾之处。例如，运气特别好地看到了非常不容易见到的什么，碰到了少见的奇观，有了什么愉快的经历等，并对总结内容提炼升华，让游客有意犹未尽之感。

但，讲述时要注意观察行车情况，测算好行车时间，充分把握讲解速度和内容。不要喋喋不休，在快到达机场（车站、码头）时，要提醒游客整理行李。

2. 热情不能减

整个行程下来，导游员和游客已有一定的了解和情谊，不能因为送团在即，就减少了人情味，要做到热情不减。一般来说，要先跟游客聊天，寒暄几句，然后切入到总结，自然转到热情地送别。

3. 送别不能早

导游员在话别游客之后，应该等"飞机上天，轮船离岸，火车出站，挥手告别"，再离现场。"仓促挥手，扭头就走"，会给游客留下"是职业导游，不是有感情的导游"，是"人一走，茶就凉"的导游。

关键词

欢送词

知识链接

欢送词的形式

1. 感谢式欢送词

各位朋友，本次旅程还有 10 分钟就要结束了，此刻是要和大家说再见的时候了，我真的舍不得说那两个字！几天里，我们大家从相识到相知最后成了朋友。我或许不是大家遇见的最好的导游，但是大家却是我目前为止遇见过的最好的客人，和大家在一起的这段时光很愉快，感谢大家对我工作的配合和支持。我知道我有的地方还做得不够好，希望大家在最后的几分钟里给我提出宝贵的意见和建议。这样我会在以后的工作中提供更周到的服务。

最后祝愿大家一路平安、万事如意。中国有句古话，叫"两山不能相遇，两人总能相逢"，我期盼着在不久的将来，在江苏或者是你们那里能和大家相会，我期盼着，再见各位。

2. 抒情式欢送词

各位朋友，短短的南京两日游马上就要结束了，在临别之际，我送大家四个字吧。

首先第一个字是缘，缘分的缘。俗话说"五百年的回眸换来了今天的擦身而过"，那么和诸位的两天共处，算算也是有几千、几万年的缘分了。

第二个字是原，原谅的原。在这几天的服务中，作为导游，我还有做得不到位的地方，请大家多多包涵。

第三个字是圆，圆满的圆。此次行程圆满结束多亏了大家对我工作的支持和配合，在此我要对各位道声谢谢啦。

第四个字是源，财源的源。祝大家工作顺利，财源犹如滔滔江水连绵不绝。

现在就要分手了，虽然舍不得，但还是不得不说再见了，再次感谢大家对我工作的配合和支持，期望我们有缘再相会！

3. 唱歌式欢送词

各位亲爱的贵宾们，我们的旅游车现在已经行驶在机场高速公路上了。"好花不常开，好景不长在，今天离别后，何日君再来"。邓丽君的这首《何日君再来》是我们常常唱起的一首歌，但我相信，我们之间的友谊之花会常开，南京的美景会常在。今天离别后，各位有机会还请常来。

案例分享

各位朋友，时间过得真快，短短的×天已经过去了。在此，我不得不为大家送行，心中真的是有许多的眷念。无奈，天下没有不散的筵席，也没有永远在一起的朋友，但愿我们还有再见的机会。

各位朋友在××地参观了……有的朋友还购买了不少土特产，真可谓收获多多。相信在各位朋友的经历中，从此将增添一段新的记忆，但愿它留给大家的印象是美好的。

承蒙各位朋友的支持，此次的接待工作非常顺利，心情也非常高兴，在此，我向大家表示衷心的感谢！但不知大家的心情是否愉快？对我们的工作是否满意？（答：满意！）好，如果是这样，我们就更高兴了！如果我们的服务有不周之处，一方面请大家多多包涵，另一方面还望大家提出来，现在也好，回去写信也好，以便我们不断改进，提高服务质量。

有道是"有缘千里来相会"，既然我们是千里相会，那就是缘分！所以在分手之际，我再次希望大家不要忘记，在××，有你们一个永远的家——××旅行社；不要忘记，在这个家里有我——一个与你们有缘又可以永远信赖的朋友。今后如果再来，或有亲友、同事来，请提前打个招呼，我们一定热情接待。

最后，预祝各位朋友在今后的人生旅途中万事顺意，前程无量！

在线思考

1. 欢送词包括哪些内容，常用的欢送词组织形式有哪些？

2. 欢送词如何反映游客的旅游过程？针对旅途中出现的问题，致辞时需注意什么？

3. "朋友们，大家即将离开青岛，青岛留给我们一样令人难忘的东西，它不在我们的包里和口袋里，而在我们身上，请想一想，它是什么？"

大家在思考……

"它就是我们青岛的阳光晒黑了的皮肤，我们留下了热情，而把青岛的夏天让您带走了。"

这段文字对我们创作欢送词有什么启发？

4. 某英国旅游团中国之行的最后一站为广州。导游员小李在旅游团赴机场的途中说了以下一段话："女士们、先生们，这次中国之行我们先后游览了西安、本地、上海、桂林及广州，大家玩得尽兴吗？俗话说：天下没有不散的筵席。转眼间朋友们即将踏上归程，虽然我们相处的时间不长，但彼此间已结下了深厚的友谊。这一回我们是'新知'，下一次就应该是'故友'了。期盼各位能再次光临中国，再来我市旅游，届时也希望我能再次成为大家的导游。在此分别之际，我为大家唱一首歌，歌名为《朋友》，愿我们永远是朋友！（唱歌）……女士们、先生们，机场到了。我因为马上要赶往海口接另外一个旅游团，就先和大家告别了，现在请下车。"

引导下车后，导游员与旅游团成员一一握手告别，便踏上旅游车赶往海口。分析导游员的做法的不妥之处。

拓展实践

针对不同类型的游客，请大家致欢送词。

模块二　景区讲解

▶ 能力目标

熟悉景区讲解的步骤及注意事项，掌握并能合理运用各种讲解技巧。在讲解中，能引导游客正确观景审美。

▶ 工作任务

任务一　景区讲解服务

任务分解

一、交代游览注意事项

1. 集合时间地点

抵达景区时，在下车前导游员应提醒游客将贵重物品随身携带，并请其记住旅游车的颜色、标志、车号、停车地点和开车时间。遇有下车和上车不在同一地点时，导游员更应提醒游客注意。

2. 游览安排

进入景区后，在景区平面示意图前，要向游客讲明游览路线、所需时间、集合的时间和地点等。

3. 景区注意事项

向游客讲明游览参观过程中的有关注意事项。如禁止吸烟、不能摄影等。强调以上事项时要让每一位游客都听清楚，理解正确。

二、游览中的导游讲解

抵达景区后，导游员的主要工作是带领本团游客沿着游览线路对所见景物进行精彩的导游讲解。讲解的内容要因人而异、繁简适度，内容包括该景区的历史沿革、特色、地位、价值等方面。讲解时，语言应使游客听得清楚，而且要生动、优美、富有表现力，不仅使游客增长知识而且能得到美的享受。

在导游讲解的同时，导游员还应结合有关景物或展品宣传环境保护、生态平衡或文物保护等方面的知识，并解答游客的问询。

三、注意游客的安全

在游览中，导游员应做到讲解与引导游览相结合，适当集中与分散相结合，劳逸适度并应特别关照老弱病残的游客。注意游客的安全，在景区的每一次移动都要清点人数，游览中应多加注意并提醒游客提高警惕防止小偷行窃，对有人强行向旅游团兜售物品的行为应提前向旅游者做好提醒工作。

特别提示

景区讲解时的距离和站位

1. 距离

导游员在讲解时与游客的距离保持在70~90厘米为最佳，如果使用话筒讲解可控制在1米左右。保持这种距离的好处在于，导游员较为省力，其唾液不会飞溅到游客身上，而且可随时调整与游客之间的讲解距离。

2. 站位

由于游客在听导游员讲解时是处于一种较为自由的站立方式，因此，导游员要想取得较好的讲解效果，必须有一个较好的站位，"抢占"有利地形。

导游员与游客之间的站位主要有三种形式：

（1）扇形式，即导游员站立在"扇"的底部，而游客的站位呈散开的扇形。类似这种形式，导游员一般要背靠景点讲解。

（2）圆点式，即导游站在游客中间，而游客围在导游员的四周。

（3）面对式，即在游客相对少的情况下，导游员采用面对面讲解的形式。

景区讲解"四要四忌"原则

1. "四要"原则

一要精选内容，分清主次，突出主题。

二要虚实结合，形神兼备，生动有趣。既注重挖掘文化背景和内涵，又要紧扣眼前景物。

三要有疏有密，有张有弛，有停顿有空白，留下让人想象和玩味的空间和余地。

四要接收听者的反馈，灵活调整，总结改进。

2. "四忌"原则

一忌面面俱到，平均用力，主次不分。

二忌只顾知识，不讲趣味，落入枯燥的数据和史料罗列之中。

三忌大吹神话典故，不着边际，不顾眼前景物。

四忌随意编造，出语低俗，哗众取宠。

关键词

景区讲解

知识链接

景区讲解内容准备

1. 历史背景

景区何时所建，当时的历史条件、社会状况如何。

2. 景区用途

为何而建。

3. 景区特色

景区的独到之处、建筑结构、布局有何特点。

4. 景区地位

在国际国内的地位，是否为世界遗产、重点文物保护单位等。

5. 景区价值

历史价值、文物价值、旅游价值、欣赏价值。

6. 名人评论

名人名流参观后有何评论，从这些评论中得到的启迪，以此加深对景区的理解。

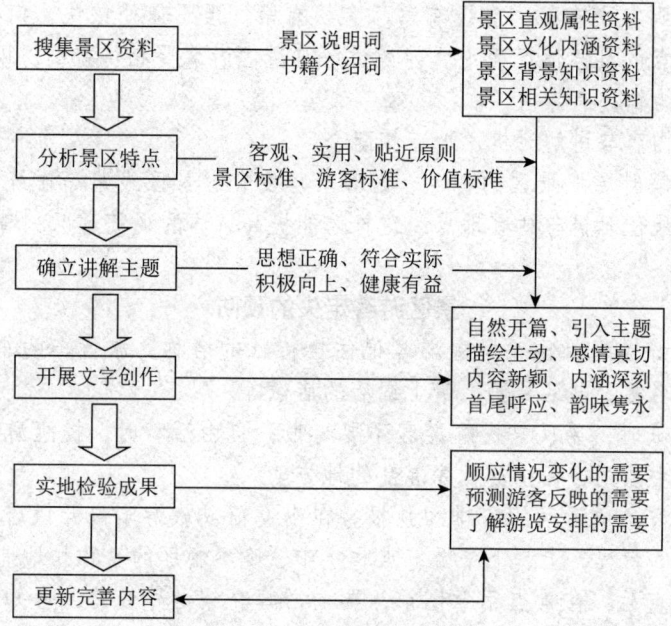

图3-1 景区讲解要素

景区导游讲解注意事项

1. 景区讲解要精彩

在景区讲解中,导游员要根据不同的对象和他们的文化层次,因人而异地选择好讲解内容,讲解时应做到景物介绍与知识讲解相结合,有效地运用各种导游技巧,使景区讲解出彩。

2. 讲解时不能忽视游客的反应

遇到游客不愿意听,导游员要控制自己的情绪,并分析原因,对症下药。要适时调整讲解内容,既要突出重点,又不啰唆,努力将导游词讲得有新意和特色,以提高游客的兴趣。

3. 讲解时遇游客打扰要冷静

游客打扰讲解一般由两个原因,一是自己知识量较丰富,有炫耀的成分;二是对导游员所讲内容持不同的看法。针对其一,可暂时让游客作为一名"讲解员",但切记不能让游客反客为主,需牢记自己才是旅游团的主心骨;针对其二,导游员可在求同存异的基础上,友好地与游客进行交流和探讨,切勿起争执。

4. 讲解与游览相配合

导游讲解时,要注意讲解的节奏。行路时少讲些,讲快些,观赏时多讲些,讲慢些。做到有张有弛，有缓有急，有松有紧。至于何处该快，何处该慢，则要根据游览点的具体情况而定。导游讲解与游客游览要相得益彰，以讲解为主，以游客赏景为辅，有导有游。

5. 讲解内容与讲解时机、地点相配合

导游讲解时要把景区的特色、游客心理变化、景区线路等作统筹考虑，把握好讲解的最佳时机与适宜地点，这样才能提高游客的观赏意识，增强游兴。

景区游客走失的预防

（1）做好提醒工作。提醒游客记住接待社的名称，旅行车的车号和标志，下榻饭店的名称、电话号码，带上饭店的店徽等。

团体游览时，要反复提醒游客不要走散；自由活动时，提醒游客不要走得太远；不要去热闹、拥挤、秩序混乱的地方。

（2）做好各项活动的安排和预报。在出发前或旅游车离开饭店后，要向游客报告一天的行程，上、下午游览点和吃中、晚餐餐厅的名称和地址。

到游览点后，在景点示意图前，要向游客介绍游览线路，告知旅游车的停车地点，强调集合时间和地点，再次提醒旅游车的特征和车号。

（3）时刻和游客在一起，经常清点人数。

（4）地陪、全陪和领队应密切配合，全陪和领队要主动负责做好旅游团的断后工作。

（5）导游员要以高超的导游技巧和丰富的讲解内容吸引游客。

景区游览活动中游客走失的处理方式

1. 了解情况，迅速寻找

一旦发现游客走失，导游员应立即向其他游客、景区工作人员和其他人员了解情况，分析走失者可能在何时、何处走失，并迅速组织分头寻找，请全陪、领队留下照顾其他游客。

2. 向有关部门报告

若一时找不到，导游员应立即向游览地派出所或管理部门报告，请求他们帮助寻找。

3. 打电话与饭店联系

在寻找过程中，导游员可与饭店的前台、楼层联系，请他们注意走失者是否已经回到饭店。

4. 向旅行社报告

经过认真寻找，仍未找到走失者，导游员应打电话向旅行社报告，并请求帮助，必要时可报案。

5. 继续组织游览

导游员不能因个别游客走失，放弃整个旅游团的游程，而应带领其他游客继续游览。

6. 做好善后工作

找到走失的游客后，导游员首先应安慰游客，然后分析走失原因，如果责任在导游，则应向走失客人赔礼道歉；如果责任在游客本人，则应向其婉转地提出善意的批评，讲清利害关系，提醒游客注意，以后不再重犯。

7. 事后写出书面报告

若属严重走失事故，导游员要写出书面报告，详述游客走失的经过、寻找经过、走失原因、善后处理情况、游客的反应等。从中吸取教训，以防此类事故今后再次发生。

在线思考

1. 从"看景不如听景"这句俗话，探讨导游景点讲解的重要性。

2. 一个炎热的夏天，上海××旅行社的导游员带领着一群兴致勃勃的游客参观龙华古寺。在宝塔下，她站在背光处滔滔不绝地讲解着。开始时，游客们津津有味地听着，10分钟后，游客走掉了1/3，15分钟后，游客又走掉一半，当她讲解20分钟后，身旁的游客已经寥寥无几。这时，有几位游客在一旁的遮阴处大声地喊起来："导游，差不多了，有人要中暑了。"这则案例说明导游员在讲解时要注意什么？

3. 导游员王小姐在陪同一对老年夫妇游览故宫时工作认真负责，在两个半小时内向游客详细讲解了午门，三大殿、乾清宫和珍宝馆。老人提出了一些有关故宫的问题，王小姐说："时间很紧，现在先游览，回饭店后我一定详细回答你的问题。"游客建议她休息，她都谢绝了。虽然很累，但她很高兴，认为自己出色地完成了导游讲解任务。然而，出乎她意料的是那对老年夫妇不仅不表扬她，反而写信给旅行社领导批评了她。她很委屈，但领导了解情况后说老年游客批评得对。

（1）为什么说老年游客批评得对？
（2）应该怎样接待老年散客？

拓展实践

整理出南京中山陵、明孝陵、灵谷寺、总统府、雨花台、中华门、夫子庙的景点讲解词。

任务二　景区讲解技巧

任务分解

1. 概述法
对景区进行简要的概述，系统地讲解。
2. 分段讲解法
（1）将一大点分成前后衔接的若干部分，边走边讲。
（2）一般按照参观游览的顺序进行。
3. 突出重点法
（1）找出景区的代表性景观。
（2）找出该景区与其他景区的不同之处。
（3）根据游客构成的不同，找出他们的兴趣点。
4. 问答法
（1）可依据的景物应趣味性较强，答案也尽量地出人意料。
（2）向客人提出的问题不应太难，免得客人感到尴尬。
问答法主要有：①自问自答法（为了吸引游客的注意力）；②我问客答法（诱导游客回答）；③客问我答法（满足游客的好奇心）；④客问客答法（调动游客积极性）。
5. 虚实结合法
找出有典故、传说的景物，适时地将其结合起来。
6. 触景生情法
（1）找出可以借题发挥的景观、可以借景生情的情景。
（2）自然、正确、切题地发挥。
7. 制造悬念法
（1）找出游客不熟悉但有一定文化底蕴或神秘色彩的景物。
（2）语言讲解要有技巧，要能引起游客游玩的兴趣。
8. 类比法
（1）找出可以与景物类比（相似、相异）的内容。
（2）找出相同时代的类比物。
类比法主要有：
①同类相似类比；②同类相异类比；③时代之比；④换算。

9. 画龙点睛法

整体掌握景点、景物的特征，词句要提炼精确。

表 3-1 导游讲解常用技巧一览表

讲解方法	主要特点	适用的讲解对象或时间	注意事项	举例
概述法	用简洁明了的语言，对一个参观游览项目作系统讲解	一般用于到达景点后，开始游览前，在景点入口处的"景点示意图"前	游客游兴正浓，导游员应掌握好时间，不宜过长，并适当配合手势和表情	一般包括景点的历史沿革、坐落位置、布局、规模、浏览路线、公共设施等
分段讲解法	将一处景点分为前后衔接的若干部分来分别讲解，边看边讲，衔接得体，疏密相同	适用于规模较大、内容庞杂、段落清晰、游览过程完整的景点	"眼前有景，口中说景"，即讲解不宜太超前或滞后	如雨花台，从北大门进去后游览主景区烈士陵园区，除此之外，还可将名胜古迹区、雨花石文化区、雨花茶文化区、游乐活动区和生态密林区等五个区域分段讲解
突出重点法	在讲解过程中，对内容进行主次划分，突出景点的主要方面，对次要方面略讲或忽略不讲，避免面面俱到，而是突出某一方面的讲解方法	涉及的知识宽泛，讲解内容庞杂或游客的兴趣爱好较单一的景点	（1）突出大景点中具有代表性的景观（2）突出景点的特征及与众不同之处（3）突出旅游者感兴趣的内容（4）突出该景点之最	北京故宫是世界上规模最大的宫殿建筑群，长城是世界上最伟大的古代人类建筑工程，天安门广场是世界上最大的城市中心广场
触景生情法	利用所见景物借题发挥，制造意境，引人入胜，使游客产生联想，陶冶情操	在游览途中或车船行进过程中遇到让游客产生新意的事物及情景	不能仅仅就事论事地介绍景物，而要借题发挥，引人入胜；讲解内容与所见景物和谐统一，情景交融	如车行至钟山风景区，可联想到孙权、朱元璋、孙中山等历史人物的丰功伟绩
虚实结合法	将典故、传说与景物介绍有机结合，编织成故事情节，拓展讲解的空间和深度	富有神话传说、传奇故事的自然及人文景观	切忌胡编乱造、无中生有，另外不能用得太多、太滥，在文化层次较高的游客面前要重"实"轻"虚"	如三峡风光中有"神女峰"的故事；杭州西湖有"西湖明珠自天降，龙飞凤舞到钱塘"的美丽传说等

续表

讲解方法		主要特点	适用的讲解对象或时间	注意事项	举例
问答法	自问自答	在讲解过程中为避免自己唱独角戏，用先讲后问、问后再答的方法调动游客的积极性，巧妙地抓住游客的注意力，让他们主动参与，以达到活跃气氛、提高游兴的目的	游客在游览中感觉疲劳或注意力较分散时	不能笑话游客的问题或答案简单幼稚，也不要让自己的提问令人为难而导致尴尬；同时注意以讲解为主，避免问题太多、太杂的冲击	如在讲解颐和园中的谐趣园时，可以提问：谐趣园中有几趣？这个问题一般游客回答不上来，可以自问自答地点出八处：时趣、水趣、桥趣、书趣、楼趣、画趣、廊趣、仿趣。这样，游客对这个园子的印象就会生动、直观多了
	我问客答				
	客问我答				
	客问客答				
制造悬念法		在讲解过程时提出令人感兴趣的话题，但又故意引而不发，激起游客急于知道答案的欲望，使其产生悬念，俗称"卖关子"	讲述的故事或事物发展的结果与游客所想有较大反差或游兴不太高时	不要故弄玄虚，哗众取宠，结果让游客索然无味；不要过多运用，用多反而效果不好	如游览苏州园林的"月到风来亭"，亭后装一大镜。导游可提道：每当夜晚，皓月当空，在这里可以看到三个月亮。引起游客好奇心：天上一月，池中一月，怎么会有第三个月亮？谜底：第三个月亮在镜中
类比法		在讲解时以熟喻生，即用游客熟悉的事物与眼前陌生的事物相比较，达到类比旁通的手法	事物的时间、年代、价值、地位等所处的环境背景与游客的环境差异较大，令其感到抽象的景观事物	应熟悉游客的背景，正确、熟练地运用；切忌作不相宜的比较	如将北京的王府井比作日本东京的银座、美国纽约的第五大道、法国巴黎的香榭丽舍大街
画龙点睛法		用凝练的词句概括所游览景点的独特之处，使游客领略其中的奥妙，留下鲜明的印象	可用于总结语，也可以用于引导语，贵在突出景观的精髓	概括前应有较详尽的介绍，以免游客感觉突兀或遗憾；不能为了突出特点而信口开河、夸大其词	南京可用"古、大、重、绿"四字来形容。古——历史悠久，六朝古都；大——最大的河、最大的桥、最长的城墙；重——历史、地理方面举足轻重；绿——树木繁多

特别提示

讲解的语音、语调、语速、停顿

1. 语音：音量适宜

导游员讲解时，应注意音量的控制，以游客能听清为准。在游览过程中，音量大小往往受到游客人数、讲解内容和所处环境的影响，导游员应根据具体情况适当进行调节。音量过大，游客会产生烦躁情绪；音量过小，游客听起来吃力且给人感觉缺乏信心。

2. 语调：高低有序

过于平淡的语调，吸引不了游客，有可能就变成了"催眠曲"。讲解时，要通过抑扬顿挫、起伏多变的声调和语调，表现和传达情感，激发游客的游兴。

3. 语速：快慢相宜

导游讲解中，较为理想的语速应该在每分钟200字左右，游客听起来不快不慢，导游讲解也易做到口齿清楚。

讲解过程中，要注意游客的反应和理解能力，根据具体情况决定节奏的快慢。一般情况下，浅显快于艰深、描述快于阐述、议论快于抒情、激烈快于轻松、活泼快于持重。对中青年游客，语速可稍快，对老年游客语速可放慢。重要或要特别强调的内容，语速可适当放慢一些，以加深游客的印象，而对那些不太重要的或众所周知的事情，则要适当加快讲解速度，以免浪费时间。

4. 停顿：长短合理

讲解过程中还要学会停顿与连接，以便集中游客的注意力，增强导游语言的节奏感。一般来说，停顿应占到讲解过程的35%~40%。

讲解时配合相应的态势语

1. 首语

包括点头和摇头。

2. 表情语

面部表情要给游客一种平滑、自然的感觉，主要表现出来的是微笑，要得体、自然。

3. 目光语

导游员常用的目光语应是"正视"，让游客从中感到自信、坦诚、亲切和友好。另外，一般连续注视游客的时间应在1~2秒钟以内，以免引起游客的厌恶和误解。

4. 姿态语

导游员在讲解时多采用站姿，要求是头正、肩平、胸挺、背直。

若在旅游车内讲解，应注意面对游客，可适当倚靠司机身后的护栏，也可用一只手扶着椅背或护栏杆；若在景点站立讲解，应双脚稍微分开（两脚距离不超过肩宽），将身体重心放在双脚上，上身挺直双臂自然下垂，双手相握置于身前以示"谦恭"或双手置于身后以示"轻松"。

5.手势语

手势语包括情意手势、指示手势和象形手势。

（1）情感手势：表现情感的形象化、具体化手势。

（2）指示手势：指示具体讲解对象。

（3）象形手势：模拟物体大小、形状等。

导游员讲解时，在什么情况下用何手势，都应视讲解的内容而定。在手势的运用上必须注意：一要简洁易懂，二要协调合拍，三要富有变化，四要节制使用，五要避免使用游客忌讳的手势。

关键词

讲解技巧

知识链接

导游讲解语言的基本原则

1. 正确性原则

语言、语调、语法、用词恰当正确，多用敬语和谦语。内容要有根有据，正确无误。切忌信口开河，任意夸大。

2. 清楚性原则

简洁明了，表达清楚，层次分明，逻辑性强。浅显易懂，按口语化要求，缩短句子，或适当停顿，改变书面用词和句式。

3. 生动性原则

在语言准确清楚的前提下，要鲜明、生动、形象，言之有神，切忌死板、老套，平铺直叙。语言要流畅，用词要恰当。运用好修辞方法，来美化自己的语言，做到有声有色，活灵活现。多使用形象化的语言，增加趣味性。

4. 灵活性原则

导游讲解过程是一种带有不确定性的过程，要求导游员具备语言的应变能力。在不同的时间、空间、气象、对象、场合和情绪下，导游讲解时必须灵活地、有针对性地实施各项讲解任务。

导游讲解语言的具体要求

1. 言之有物

内容充实，有说服力，不讲空话套话。

2. 言之有据

摆事实，讲道理，以理服人。

3. 言之有理

有根有据，不胡编乱造，弄虚作假。

4. 言之有情

语言友好，富有人性味，使游客感到亲切、温暖。

5. 言之有礼

语言文雅，谦虚敬人，礼貌待人。

6. 言之有神

语言形象，声音传神，引人入胜。

7. 言之有趣

说话生动、幽默、风趣。

8. 言之有喻

适当比喻，生动易懂，印象深刻。

自然景观讲解的注意事项

（1）抓住自然景观特点综合讲解。

（2）抓住自然景观所包含的美的因素讲解。

（3）抓住自然景观所包含的文化内涵讲解。

（4）抓住自然景观所包含的象征意义讲解。

人文景观讲解注意事项

（1）抓住人文景观主要特点，突出其重要的特性进行讲解。

（2）抓住人文景观主要内容，突出其重点的内容进行讲解。

（3）抓住人文景观的历史特征，讲解中突出时代特征。

（4）抓住人文景观文化内涵，了解景观不同的类型，有针对性地讲解。

（5）抓住人文景观的审美特征、突出景物的思想特征。

案例分享

从不同角度对黄山导游讲解

1. 从地质角度导游

位置：黄山位于安徽省的南部，跨越四县——歙县、黟县、太平县（今黄山区）和修宁县。黄山在秦朝（公元前221—206年）时叫黟山，在公元747年（唐朝天宝六年）时才有黄山这个名字。

成因：一亿多年前的地球地壳运动使得黄山崛起于地面，后来历经第四纪冰川的侵蚀作用，慢慢地就变成了今天这个样子。黄山宏伟、庄严、风光迷人，为著名的风景区。

景观特点：黄山是一个奇迹，在154平方千米的面积上群峰耸立，许多山峰的名字都名如其形，"莲花""光明顶""天都"是其中最主要的三个，都高达1800米以上。这些山峰都是花岗岩体，垂直节理发育良好。侵蚀和断裂促使这些岩石变成巨大的石柱，形成了高峰和深谷。天阴时，这些高山隐现在雾霭中，如虚幻一般；天晴时，则尽展其威严与壮丽。

2. 按山地景观在旅游业中所起的作用导游

因此，自古以来就一直有许多游客来到黄山，探求其神秘、惊叹其美景。人们渐渐地总结出黄山的四大特征和吸引力：奇松、怪石、云海和温泉。其实，黄山上也到处可见花岗岩，尤其是在以下几个景区：温泉、玉屏楼、西海、北海、云谷寺和松谷庵。

黄山作为一座中国的名山，在以安徽一线为主题的旅游线路中起着画龙点睛的作用，是整个旅游讲解的重点所在。

3. 从文化的角度导游

黄山看起来清新、年轻，但却有着悠久的历史，古代的书籍、诗歌、绘画和雕刻都是很好的证明。李白并非歌颂黄山的唯一的诗人，唐代诗人贾岛和杜荀鹤也曾来此吟诗作赋。在唐以后的各个朝代中不断有人游览黄山，在诗中表达他们的赞美之情。明朝伟大的地理学家和旅行家徐霞客，专门写了两本关于黄山的游记。清朝的西安派大画家渐江和石涛，在身后留下了许多幅关于黄山的画。已经去世的地理学家李四光，在其专著《安徽黄山上的第四纪冰川现象》中，总结了他个人对黄山的考察成果。一代又一代人的题词随处可见："千姿百态黄山云""刺天峰""清凉世界""奇美"和"独具魅力的风景"，这仅仅是其中的几个而已。这些诗一般的词汇配上优美的书法，不仅仅是装饰品，他们本身就是一道迷人风景。

4. 从美学特征的角度导游

黄山的颜色和形态，随四季的更替而不断变化。春天，盛开的鲜花色彩缤纷，点缀着四处的山坡；夏天，您可以看到青绿的山峰一座连一座，泉水在欢乐地汩汩流着；秋天，整个黄山变成红、紫相间的世界，正是枫树火红的季节；冬天，千峰万壑却变成了一个冰与雾的世界，到处银装素裹。

在线思考

1. 谈谈对基本讲解方法的认识，注意各种方法的使用环境、使用对象的差异。

2. 下列两段导游词分别使用了哪些导游讲解方法？

3. 很多新入行的导游员经常产生这样的苦恼：自己辛辛苦苦的讲解不但得不到游客的赞赏，有时在自己卖力讲解时，还会出现游客离队或昏昏欲睡的状况。有的游客甚至幽默地称导游的讲解是"世界上最好的催眠曲"。针对这样的情况，你该怎么办？

案例 1

这里就是世界闻名的故宫博物院，一般大家都简称它为故宫，顾名思义就是昔日的皇家宫殿。自1911年清朝末代皇帝溥仪被迫退位，上溯至1420年明朝第三代永乐皇帝迁都于此，先后有明朝的14位、清朝的10位，共24位皇帝在这座金碧辉煌的宫城里统治中国长达5个世纪之久。时至今日，这里不仅在中国，在世界也是规模最大、保存最完整的古代皇家宫殿建筑。由于它集中体现了我国古代建筑艺术的优秀传统和独特风格，所以在建筑史上具有十分重要的地位，是建筑艺术上的经典之作，1987年已被联合国教科文组织评定为世界文化遗产，是中国最早的世界遗产单位之一。

故宫又叫紫禁城，有没有哪位游客知道为什么呢？（有游客回答），王先生说的"紫微居中"是说法之一……另一种说法就是"紫气东来"。传说老子出函谷关，关令尹喜见有紫气从东来，知道将有圣人过关。果然老子骑着青牛前来，尹喜便请他写下了道德经。后人以"紫气东来"表示祥瑞。帝王之家当然希望出现祥瑞天象，那么用"紫"字来命名也就顺理成章了……

案例 2

各位朋友：我们的车刚经过苍松夹道的九里松，现已到灵隐风景区了。

灵隐景区背靠北高峰，占地约36.9公顷。整个景区由灵隐寺、飞来峰等组成，还流传着"济公抢新娘""康熙皇帝错题云林寺"等传说。我们在参观游览飞来峰石窟造像前，要先钻一下青林洞，摸一下"济公床"，看玉乳洞、理公塔、龙泓洞，找一找"一线天"，然后再观看飞来峰石窟造像中最大的一龛大肚弥勒像。经过壑雷寺和冷泉亭后，便是隐藏在清泉秀峰之间的灵隐寺。灵隐寺的主体建筑分为三进：天王殿、大雄宝殿、药师殿。灵隐寺是杭州的旅游热点，游人很多，请诸位跟随我，注意不要走丢。游览后，不仅能使你感到"灵山、灵峰、灵水、灵鹫、灵隐"的秀丽山水，使你欣赏到宋元石窟造像的精湛艺术，更使你为"西湖第一名胜"灵隐寺的雄伟而赞叹。

拓展实践

分组模拟南京七大景点的实地讲解，注意各类讲解技巧的运用。

任务三　引导游客审美

任务分解

一、传递正确的审美信息

游客来到旅游目的地，由于对其旅游景观，特别是人文景观的社会、艺术背景不了解，审美情趣会受到很大的影响，往往不知其美在何处，从何着手欣赏。作为游客观景赏美的向导，导游员首先应把正确的审美信息传递给游客，帮助游客在观赏旅游景观时，感觉、理解、领悟其中的奥妙和内在的美。

二、分析游客的审美感受

游客在欣赏不同的景观时会获得不同的审美感受，但有时游客在观赏同一审美对象时，其审美感受也不尽相同，甚至表现出不同的美感层次。导游员应根据游客的个性特征，分析他们的审美感受，有针对性地进行导游讲解，使具有不同美感层次的游客都能获得审美愉悦和精神享受。

三、激发游客的想象思维

旅游审美是以审美对象为依据，经过积极的思维活动，调动已有的知识和经验，进行美的再创造的过程。一些旅游景观，尤其是人文景观的导游讲解，需要导游员制造意境，进行美的再创造，才能激起游客的游兴。

四、注意调节游客的情绪

旅游期间，游客往往处于既兴奋又紧张的状态中。紧张感容易使人疲劳，影响游兴；而兴奋感却促使他们去探求、寻觅美。因此，在旅游中，导游员要善于观察游客的情绪，并适时运用补偿法、转移注意法、分析法等消除游客的消极情绪。

五、灵活掌握观景赏美的方法

1. 动静结合法

任何风景都不是单一的、孤立的、不变的画面形象，而是活泼的、生动的、多变的、连续的整体。游客漫步于景物之中，步移景异，从而获得空间进程的流动美，这就是动态观赏。然而，在某一特定空间，观赏者停留片刻，选择最佳位置驻足观赏，通过感觉、联想来欣赏美、体验美感，这就是静态观赏。

何时动态观赏，何时静态观赏，导游员应根据不同的景观和不同的时空条件，灵活运用。

2. 观赏距离和观赏角度

距离和角度是两个不可或缺的观景赏美因素。自然美景千姿百态，变幻无穷，一些景观只有从一定的空间距离和特定的角度去看，才能领略其风姿。导游员带团游览时要善于引导游客从最佳距离、最佳角度去观赏风景，使其获得美感。

除空间距离外，游客观景赏美还应把握心理距离。心理距离，是指人与物之间暂时建立的一种相对超然的审美关系。在审美过程中，游客只有真正从心理上超脱日常生活中功利的、伦理的、社会的考虑，摆脱私心杂念，超然物外，才能真正获得审美的愉悦，否则就不可能获得美感。

3. 观赏时机

观赏美景要掌握好时机，即掌握好季节、时间和气象的变化，导游员要尽量带领游客在最佳的时机观赏美景。

4. 观赏节奏

观景赏美是为了让游客愉悦身心、获得享受，如果观赏速度太快，不仅使游客筋疲力尽达不到观赏目的，还会损害他们的身心健康，甚至会影响旅游活动的顺利进行，因此导游员要注意调节观赏节奏。

（1）有张有弛，劳逸结合；

（2）有急有缓，快慢相宜；

（3）有讲有停，导、游结合。

关键词

旅游审美

知识链接

自然景观审美

1. 形式美

（1）视觉美——独特的形体，不同的线条，缤纷的色彩等。

（2）听觉美——风声，雨声，涛声，瀑布声，鸟鸣虫唱，狮吼猿鸣等。

（3）嗅觉美——花香树味等。

（4）触觉美——清凉的泉水、细滑的石头、柔软的皮毛等。

（5）味觉美——植物果实、山林特产等。

2. 文化美

（1）自然景观名称中的文化。如九华山、黄山、华山、神女峰、仙人洞等。

（2）自然景观中的故事和传说。如黄河壶口瀑布的大禹治水。

3. 象征美

寓意或隐喻。借用自然景物寄托人们的思想，为自然景物赋予更多的人文色彩，是象征美的主要因素。如牡丹象征富贵，莲花象征纯洁等。

人文景观审美

1. 协调美

人文景观的美不是孤单的、单纯的，它与其他景观的有机配合、与自身的各种景观形式的合理协调，构成了丰富多彩的表现形态，形成了与众不同的艺术魅力。如岳阳楼与洞庭湖相映生辉。

2. 统一美

（1）整体的统一。如北京故宫以中轴线为主的系列建筑，体现了皇权至高无上；上海外滩各式风格建筑的集中，体现了"万国建筑博览"的风采。

（2）形式与内容的统一。如古建筑各种样式的屋顶所反映的等级观念。

3. 艺术美

（1）景观的造型美。如亭子的多样式。

（2）景观的装饰美。如建筑中的彩画、木雕、石雕等。

（3）景观的表现美。如大足石窟中的石刻。

4. 创造美

（1）适应环境。如新疆坎儿井、黄土高原的窑洞、万里长城等等。

（2）突出个性。如悬空寺，赵州桥。

（3）追求美化。如古代帝王建筑中的台基——须弥宝座。

（4）攀比心理。如减柱法[①]的使用。

案例分享

泰山、黄山谁更美

某团队去泰山游览，团队中有游客去过黄山，在车上唠叨"五岳归来不看山，黄山归来不看岳"。导游该如何进行审美引导。

[①] 减柱法是中国古代建筑中的一种木架构筑方式，将建筑中的部分金柱（内柱）移去，使得室内空间更为宽敞（建筑最外侧靠近屋檐的一排称为檐柱，四角的柱子称为角柱，檐柱以内凡不在屋脊位置的都是金柱）。

点评：

随着我国经济的迅速发展，人们的生活水平日益提高，很多游客游览过我国很多的大好河山，游客游览的地方多了，所见所闻多了，自然会对景区进行一定的比较。但由于游客经验不够丰富、充分，对于景区的评价，一般比较片面，所作出的评价也有对有错。

在知识能力上，导游员作为游客的审美引导者，应具备足够的审美能力，能够对游客提出的审美观点进行深入的分析、详细的比较。

在语言表达上，导游员既要尊重游客的某些观点，也要考虑到整个团队的旅游心理，让游客觉得不枉此行。

解决方式：

导游员在知识上要分析泰山和黄山的各自的优点。

泰山的美，是一种雄伟之美，气势磅礴；黄山的美，更多的是一种秀美，山峰拔地而起。黄山四绝：怪石、云海、温泉、奇松；泰山独负"五岳之尊"盛誉，千年不衰。泰山巍峨雄伟，峻拔壮观，有拔地通天之势。泰山古代地理位置十分重要，是军事要地，邻近灿烂的齐鲁文化发源地，儒家思想发源地，古代大批杰出政治家、军事家、思想家诞生地。泰山自古便被视为是社稷稳定、政权巩固、国家昌盛、民族团结的象征，故历代帝王争相尊崇之。历代文人名士也纷至沓来，都为之留下了不朽之作。突出泰山的优点：是著名的中华文化山，中华民族的精神象征，华夏历史文化的缩影。

导游语言上要表示理解。

分析古人对山岳的评价"五岳归来不看山，黄山归来不看岳"的含义，对游客能有这样的观点表示理解和赞许；同时突出每座山都有它的特别之处，都有各自引以为豪的长处，我们的旅游就是欣赏它们的优势。

在线思考

1. 导游员如何正确引导游客观景审美，可从哪些方面引导？
2. 举例说明自然景观美的三个层次。
3. "横看成岭侧成峰，远近高低各不同。不识庐山真面目，只缘身在此山中。"分析该诗中包含的审美方式。

拓展实践

观看有关自然或人文景观的视频或图片，根据这些信息，以引导游客审美为目的，进行景点模拟讲解。

工作评估

表 3-2 模拟导游讲解评分表

项目	细节要求	分值	得分	评语
欢迎词（5分）	完整性	3		
	创新性	2		
语言能力（25分）	普通话程度	3		
	语言自然流畅	4		
	音质优美	2		
	音量适宜	2		
	语速语调把握得体	3		
	有逻辑性	4		
	生动幽默	4		
	态势语运用恰当	3		
景点讲解（30分）	正确	5		
	全面	5		
	切题	5		
	发挥	5		
	重点突出	5		
	导游讲解方法运用	5		
欢送词（5分）	完整性	3		
	创新性	2		
仪容、礼仪（5分）	服务态度	2		
	仪表仪容	1		
	礼貌礼节	2		
应变能力（15分）	冷静	4		
	思维清晰	5		
	行动迅速	6		
才艺表演（10分）	内容健康向上	3		
	艺术感染力	3		
	营造效果	4		
总体印象（5分）		5		
总分		100		

表 3-3　导游考试现场口试评分比例

项目及总分	内容	分值
语言与仪态（30分）	仪容仪表	5
	语音语调	5
	表达能力	15
	言行举止	5
景点讲解（40分）	城市概况	10
	景点讲解	20
	回答提问	10
综合能力（30分）	导游规范	12
	应变能力	12
	综合知识	6

导游水平、技巧、艺术自测法

根据世界著名的伦敦旅游局现场考核导游的十余种方法和我国导游需要提高的具体情况，总结了20条，供导游员们进行自测时参考。

这20条可分为三部分，前7条是讲规范，着重检查自己基本水平；中间6条是测导游员技巧的；最后7条，是讲导游艺术全面提高的。

（1）声音的可闻度，即你的导游声音，无论在车上，或在景区、景点，大家是否都能听见。

（2）语音、语调有无变化，即声音有无节奏感，是否有抑、扬、顿、挫，有无关感。

（3）讲话用词是否准确。

（4）持麦克风的方式是否得当，声音经麦克风是否失真，是否清晰。

（5）出发时是否清点人数，清点方式是否得当，能否将今日要游览的项目和注意事项预告给游客。

（6）导游员所提供的材料，特别是数据，是否准确可靠，有无出处。

（7）衣着是否整洁，证件、标志是否展示，能否给游客一种"训练有素""专业人员"之感。

（8）市容导游选择的讲解点是否得当，选"景"和讲"情"是否有内在联系。

（9）对景点的文化内涵、育人作用，揭示的是否恰到好处。

（10）用语可接受程度，是否用游客经常用的、容易理解的，而又喜闻乐见的语言。

（11）游览车上所讲内容和车外所见景物有无内在的逻辑关系。

（12）导游员讲解时，是否一直面对游客，并适度地运用体态语言。

（13）导游员讲解时，是否面带笑容，声音悦耳，使游客产生愉快经历之感。

（14）导游员讲解时是否运用导游的艺术语言，游客听后有无美感，语言是否具有生动、形象、富有表现力、口头语言四大特色。

（15）导游员所用知识和信息是否平衡，即旅游团内各成员（涉及各专业）所关心的知识和信息是否都有所提供。

（16）导游员能否引起兴趣，言谈有无游客可接受的幽默感，讲解时，是否游客都在听。

（17）导游语言艺术可否达到"言之有理""言之有据""言之有物""言之有情""言之有趣""言之有神""言之有礼"和"言之有喻"。

（18）导游词是否有"针对性"，导游艺术和方法能否"运用而又无形"。

（19）外语讲解是否清楚、准确、流畅，"达""雅"是否有时代感。海外导游内容，能否同国内情况对比进行。

（20）每接一团是否发"征求意见表"，游客满意率可否达90%以上。

（资料来源：王连义. 导游技巧与艺术. 北京：旅游教育出版社，2002.）

项目四 生活服务

■ **项目简释**

对游客的生活服务体现在旅游过程的方方面面,是导游员服务过程中非常关键的部分,也是人性化服务的重要体现。本项目就旅游活动中的住店、用餐、娱乐、购物、交通、急救护理六大项服务进行了具体的任务分解,从办理相应手续到服务的艺术性、延伸性,该项目展示了一整套的服务规范及方法技巧。

■ **能力目标**

能正确进行住店、用餐、娱乐、购物、交通、急救护理六项服务流程的规范操作,对于上述六项生活服务中易发多发的问题,能在第一时间进行正确有效的处理,把握住生活服务的细节。

■ **项目分解**

模块一　住店服务
模块二　用餐服务
模块三　娱乐服务
模块四　购物服务
模块五　交通服务
模块六　急救护理服务

模块一　住店服务

▶ **能力目标**

　　了解酒店的基本设施和等级标准，能熟练办理酒店入住手续，对于游客在住宿环节经常出现的问题，能及时有效地正确处理。

▶ **工作任务**

任务一　入住手续办理

任务分解

一、引导游客进入酒店

　　旅游车抵达酒店后，导游员提醒游客带齐自己的随身物品下车，并将游客安排在酒店的免费休息区域内休息。

二、收齐证件，办理入住手续

　　（1）地陪请领队或全陪收齐游客办理入住登记的证件，地陪向酒店前台说明预订的旅行社名称、团号和房间数，办理好入住手续，领取房卡，取出事先准备好的分房表，依次对应填写房号，请领队或全陪分发房卡。地陪要掌握领队、全陪以及游客的房间号,并将自己的房号、联系方式告诉他们,以方便联系。

(2)提醒前台服务人员关闭团队房间内电话的长途功能,有游客需要可个别开通,房内的小酒吧内的物品可撤走。

(3)和领队或全陪商量第二天的叫早时间。

(4)在前台处取饭店卡片发放给游客,卡片上印有酒店的名称、位置和电话,背面一般还有简易地图。

三、介绍酒店基本设施,并讲清注意事项

(1)导游员要向游客介绍酒店的基本设施:包括餐厅设施、会议设施、休闲设施、服务设施。尤其酒店的服务设施要重点介绍,不同星级的酒店服务设施分别有:商务中心、票务服务、DDD电话、IDD电话、洗衣服务、照顾儿童的服务、鲜花店、出租车服务等。

(2)要交代的注意事项有:提醒游客贵重物品交与前台保管,提醒房内收费项目(如小酒吧、长途电话),酒店的安全通道位置,进入房间的安全注意事项。房间内的安全注意事项包括:检查房内设施物品是否完备无损;洗澡前垫好地巾,防止地滑跌倒;睡觉前注意关紧门窗,以防治安事故的发生;不要在床上吸烟,防止火灾等。

四、督促行李员运送行李入房

如果是在酒店大堂将行李交给游客,地陪应注意查点行李件数,并注意有无破损,待游客确认无误后,再引导游客带着行李进房。

如果行李是后送到酒店,地陪应在行李到达后和领队、全陪一起清点行李,并督促行李员分送行李入房。

任务二 酒店房间故障处理

游客进入房间后,并不意味着导游员工作的结束,负责任的导游员要随时保持关注。以下是经常出现的问题:

(1)门锁打不开或房卡不好用;

(2)卫生间的浴室没有热水或水龙头漏水;

(3)房间不干净,或某些物品漏换。

任务分解

(1)及时和酒店前台联系,迅速解决问题。

（2）向游客说明情况，表示歉意。导游员应注意千万不能和游客一起抱怨酒店，客观上激化矛盾。

任务三　酒店内丢失行李处理

任务分解

一、安慰游客，告知自己会尽力寻找，让游客放心。

二、立即和领队或全陪一起找到饭店大堂经理，了解具体负责分送本团行李的行李员，并询问是否还有其他旅游团同时入住了该酒店。

三、找到行李员并与其一同查找，看是否将行李错送到了本团的其他游客或其他团队游客的房间。

四、如果实在查找不到，地陪一方面要协助客人购买一些已经丢失的生活必需品并提醒客人保存好发票，另一方面与饭店有关部门联系索赔的问题。

工作评估

表 4-1　住店服务工作评估表

工作	要求	分数	得分
导游程序（25分）	导游证	5	
	程序规范	10	
	应变得当	10	
语言表达能力（25分）	音量	5	
	语调	5	
	流畅	10	
	生动	5	
仪容仪表（20分）	微笑	10	
	亲切	5	
	体态	5	
团队合作（30分）	协作	10	
	创新	10	
	人性化服务	10	

特别提示

1. 办理入住手续，过程并不复杂，但地陪一定要仔细核实每个环节。

2. 游客进入房间后，地陪如果不住在酒店，要在大堂多等一会儿，以便出现问题后可以及时解决。

3. 导游员要提前了解团队游客的特点，遇到问题，尤其是生活习惯方面的问题，善于运用内部资源，尽快化解矛盾。

关键词

入住手续　　房间故障　　行李丢失

知识链接

介绍饭店情况时应注意的问题

1. 介绍酒店及其服务项目

（1）酒店的基本情况、建筑年代、面积、房间数以及接待能力和服务水平。

（2）电话总机号码，市内或长途电话的拨打方法，商务中心、外币兑换处等营业时间。

（3）房卡的保管和使用方法，洗衣及付费办法。

（4）提醒游客注意使用房间内电视时有些频道或节目是收费的。

（5）饭店内就医位置、如何就医以及付费办法。

2. 导游员介绍时要突出下榻酒店的特点

（1）老酒店，可以介绍它"历史悠久，服务规范，名品名店，是身份的象征"。

（2）新酒店，可以介绍它"设备齐全，装修考究，虽不知名，但住起来实惠、舒适"。

（3）身处闹市的酒店，可以介绍它"交通方便，商铺集中，夜生活丰富，是自由活动的好去处"。

（4）身处僻静的酒店，可以介绍它"闹中取静，环境幽雅，空气清新，是休闲度假的最好选择"。

案例分享

酒店星级不达标 遭遇罢游

某年秋季的一天，重庆的胡××导游员接待了一个香港旅游团。用过午餐回到车上后，游客不让司机开车，以"罢游"来抗议改住小天鹅大酒店，气氛很紧张。原计划安排游客入住的是扬子江假日酒店，但是由于他们在扬子江酒店的预订没有确认，已经没有足够房间，旅行社不得不将客人安排在小天鹅大酒店。领队告诉客人，小天鹅大酒店的星级低于扬子江假日酒店，因此，游客非常不满。

胡××导游员打电话到旅行社请示后，上车向游客解释：他很欢迎大家到重庆来，也十分希望游客住的舒适满意，小天鹅大酒店的星级虽然比扬子江假日酒店的星级低，但是设施设备非常新，也很好，可否把日程稍作改动，先去饭店看看是否满意，觉得好就入住，如不满意，保证当晚换房。由于胡导言之有理，态度诚恳，车上的气氛终于缓和下来，领队也没有再说什么，大家随即去了小天鹅大酒店。

到饭店后，胡导特意嘱咐酒店服务人员要热情周到。登记入住后，没有游客显得不满，很顺利地解决了问题。晚上，旅行社相关领导出面为游客安排了一顿丰盛的晚餐。

在线思考

请同学们通过网络查找5家国内外知名的酒店品牌，了解这些酒店的品牌特色。

拓展实践

请大家分别挑选南京市五星级饭店、四星级饭店和三星级饭店各一家进行现场考察，并对其基本设施加以介绍。

模块二　用餐服务

▶ **能力目标**

熟悉团队餐和风味餐服务的流程，引导游客深入了解旅游地的饮食文化，及时处理好用餐过程中出现的问题。

▶ **工作任务**

任务一　团队餐服务

任务分解

一、提前落实相关事宜

地陪要提前落实本团当天的用餐，对用餐地点、时间、人数、标准、形式及游客特殊要求等逐一核实、确认。

二、引导客人进入餐厅

进入餐厅后，告知迎宾人员团队的团号、旅行社名称以及用餐人数等信息；引导游客进入用餐区域并介绍餐厅的有关设施，尤其是洗手间的位置。

地陪要告知领队和司机用餐地点和出发时间，与游客说明用餐的具体时间。

三、引导客人入座

事先了解团队用餐位置，游客就座后清点人数，告知游客用餐标准所含范围及自理项目。

四、巡视团队用餐情况

在用餐过程中，导游员要巡视旅游团用餐情况1次至2次，解答游客在用餐中提出的问题，监督检查餐厅是否按照标准提供服务并解决出现的问题。

五、餐后餐厅结账

用餐后，导游员应严格按照实际用餐人数、用餐标准、饮用酒水数量等如实填写餐饮费用结算单，与供餐单位结账。

表4-2　旅行社餐饮结算单

No：036779

旅行社名称	北京青年旅行社	国内部导游员签字			
团号	BQL-GS2005-05-38	团队人数	38人	用餐标准	15元/人
客人人数	36大2小	餐费小计		烤鸭	3只×50元
地方陪同	1人	餐费小计	5元/人	涮羊肉	
司机	1人	餐费小计	5元/人	小吃	
全陪	1人	餐费小计	5元/人	炸酱面	
领队		餐费小计		风味	
餐费合计：(36人×15元/人)+(2人×7.5元/人)+(3人×5元/人)+150=720元					

任务二　风味餐服务

任务分解

团队风味餐的服务流程和团队正餐的服务流程大抵相似，但因为风味餐体现的是当地的饮食文化，在用餐前和用餐过程中对风味餐要作重点介绍。

介绍风味餐的特色：

对于当地风味餐的特色介绍主要包括风味餐的口味特点、具体做法、吃法上的讲究等。

如：以下是对西安牛羊肉泡馍的介绍。

到西安不吃牛羊肉泡馍似乎是白来一趟。关中人吃饭讲究实惠，肉是大块的肉，馍是硬邦邦的死面托托馍，碗是能盛6两8两的大老碗。刚端上来的羊肉泡馍很烫，呼呼地直冒热气，吃时用筷子从贴碗的四周往嘴边拨，边拨边吃。

羊肉泡馍的做法主要分煮肉、烙馍、熬汤、掰馍和煮馍。肉要煮得又酥又烂。馍要烙得又硬又黄，还要遇水不化、百煮不烂。汤用牛羊肉骨髓熬成。馍要掰得越碎越匀越好，然后将馍、肉、粉丝、葱、盐、味精等调料加入，在炒瓢内旺火爆煮。

根据羊肉泡馍加汤的多少不同，分为干泡（汤少）和水围城（汤多）。这两种泡馍有干有汤，又热又香。

任务三　用餐故障处理

任务分解

一、退餐

退餐，是指旅游团取消预先安排好的用餐计划，不去预订的餐厅用餐了。导游员处理的方式如下：

（1）导游员要根据退餐的影响大小，及时向旅行社汇报和请示。

（2）及时通知餐厅，讲明不得已退餐的原因，表达歉意。

二、换餐

换餐，是由退餐引起的问题，导游员要关注换餐的原因；安排好换餐的细节，保证游客的用餐质量；导游员要关注游客换餐的后续反应，对换餐后的用餐品种和标准要做到让游客满意。

三、加餐

一部分游客为了品尝当地特色，会在三餐之外，提出加餐。由于加餐不属于正常接待计划以内的安排，任何的加餐都要提醒游客费用自理。导游员在不影响正常游程的前提下，应尽量为提出加餐的游客提供方便，可以协助安排，同时要注意提醒安全。

工作评估

表 4-3 用餐服务工作评估表

工作	要求	分数	得分
导游程序（25分）	导游证	5	
	程序规范	10	
	应变得当	10	
语言表达能力（25分）	音量	5	
	语调	5	
	流畅	10	
	生动	5	
仪容仪表（20分）	微笑	10	
	亲切	5	
	体态	5	
团队合作（30分）	协作	10	
	创新	10	
	人性化服务	10	

特别提示

（1）导游员带领游客抵达用餐地点前，要及时和餐厅电话落实确认用餐的相关事宜，包括：用餐的时间、地点、人数、标准、形式、游客的饮食习惯及特殊要求等，避免发生失误。

（2）导游员除了照顾好游客的用餐外，也不要忽略导游服务集体的其他成员，如司机、全陪、领队。

（3）在开餐后，导游员要注意巡视用餐的过程，及时解决出现的问题。

关键词

团队餐　　风味餐　　用餐故障

知识链接

秦淮八绝

夫子庙秦淮风味小吃，是我国四大小吃群之一。夫子庙地区茶楼饭店，街边小吃，比比皆是，形成独具秦淮传统特色的饮食集中地。经过多年的努力，夫子庙地区有七家点心店制作的小吃，因工艺精细、造型美观、选料考究、风味独特而著称，经专家鉴定南京秦淮区风味小吃研究会于1987年9月正式命名这八套秦淮风味名点小吃为"秦淮八绝"。

金陵小吃，历史悠久，品种繁多，自六朝时期流传至今，多达80多个品种。名点小吃有荤有素，甜咸俱有，形态各异，尤其是以秦淮八绝（八道点心）叫绝。前国家副主席荣毅仁在夫子庙品尝秦淮风味小吃后，题写横幅："小吃好吃"，亦作"吃好吃小"。

第一绝：永和园的黄桥烧饼和开洋干丝；
第二绝：蒋有记的牛肉汤和牛肉锅贴；
第三绝：六凤居的豆腐涝和葱油饼；
第四绝：奇芳阁的鸭油酥烧饼和什锦菜包；
第五绝：奇芳阁的麻油素千丝和鸡丝浇面；
第六绝：莲湖糕团店的桂花夹心小元宵和五色小糕；
第七绝：瞻园面馆熏鱼银丝面和薄皮包饺；
第八绝：魁光阁的五香豆和五香蛋。

案例分享

带领旅游团队用好第一餐

"各位接站的顾客请注意，由上海飞往沈阳的CJ6304航班，将于北京时间18:50准时到达机场，请接机的朋友做好迎接准备"。接站的导游员小吴从机场广播室传出的声音获悉，上海一行18位游客即将到达机场了。小吴打开了随身包，将导游旗的旗杆拔了出来，平整了一下导游旗，做好了接团前的准备。15分钟后，游客们在小吴的带领下上了旅游车。几个小时的长途飞行，使许多游客显得比较疲倦。小吴看了一下手表，已经7:00多了。他问道："大家在飞机上是不是已经用过晚餐了？"大家说："吃是吃了，可是飞机餐一点也不好吃。我们想来沈阳吃顿正餐，导游有没有安排啊？"小吴在接团前仔细看过接团计划单，在行程中，旅行社特地为刚下飞机的客人安排了晚餐，于是，便说："大家请放心，我们旅行社早已考虑到大家可能会在飞机上吃不好晚餐，所以，现在我们就到沈阳最有特色的'老边饺子馆'去吃晚餐。东北人有一句话，叫'站着不如倒着，好吃不如饺子'。沈阳的'老边饺子'在全国可是很有名气的，中央电视台的满汉全席比赛——饺子宴，'老边饺子'拿回好几个金奖呢，一会儿，准保让大家吃得满意，大家看怎么样？"

小吴的一席话，将全团游客的热情一下子调动了起来，许多人还在车上讲着自己在家包饺子的心得。一路轻松，当车子停到饭店门口，小吴第一个从车上下来，一路小跑进了餐厅。原来，他想马上去趟洗手间。客人进到大厅里面，看不见小吴，也不知道该往哪里走，正在焦急等待时，小吴非常抱歉地跑了回来，将客人引领到提前预订好的餐位上。从上海一同到沈阳的全陪张小姐和司机师傅一直跟着团队客人，不知道自己该坐在哪里好。小吴忙着给客人斟茶倒水，两个人没好意思上前打扰。此时，服务员过来询问，两个人是否需要帮助。二人讲明身份后，服务员将他们引领到陪同桌坐下。由于过了用餐高峰，餐厅里的客人不是很多，后厨上菜也很快，也许是这里的饺子确实独树一帜，上海游客品尝后连连称赞。

在线思考

导游员小李接待了一个外地旅游团，团队抵达时，该团的游客表示，想品尝一下南京最有特色的老店的特色菜点，希望小李能安排一下。可到了该去的时候，他们又突然改变了主意。作为小李，应如何处理？

拓展实践

请大家分组模拟给一群外国游客介绍中国的饮食文化和中国的四大菜系，并教这些外国游客如何使用筷子。

模块三 娱乐服务

▶ **能力目标**

文娱活动是"旅游六要素"的重要组成部分。我国历史悠久，文化底蕴深厚，民族众多，民俗文化浓郁，文娱活动也丰富多彩。文娱活动大多是游客自费的项目，导游员应做好适当引导。在该模块中，导游员要了解目前国内表演型娱乐项目的市场发展情况，会规范地进行旅游娱乐活动服务。

▶ **工作任务**

观看文艺演出服务

任务分解

一、事先和领队或者全陪协商，征得领队或全陪的支持，统筹安排。

二、向游客推荐最具价值、最有代表性的本地文娱活动。

（1）严格遵守自愿消费的原则，若游客不感兴趣，不得强求。

（2）严禁带游客参加格调低下的、不健康的文娱活动。

三、观看文艺演出前，向游客作适当介绍，并告知演出时间、地点、形式、价格等情况。

四、随时注意安全，在大型娱乐场所提醒游客不要走散，注意周围的环境和安全出口的位置，以便发生意外事故时能及时带领游客安全撤离。

工作评估

表4-4 娱乐服务工作评估表

工作	要求	分数	得分
导游程序（25分）	导游证	5	
	程序规范	10	
	应变得当	10	
语言表达能力（25分）	音量	5	
	语调	5	
	流畅	10	
	生动	5	
仪容仪表（20分）	微笑	10	
	亲切	5	
	体态	5	
团队合作（30分）	协作	10	
	创新	10	
	人性化服务	10	

特别提示

导游员在安排娱乐活动之前一定要把工作做得细致到位，落实演出的具体地点、时间、有无票等情况，避免游客先盼望后失望，引起一些不愉快，最终费力不讨好。

关键词

推荐　　提醒

知识链接

一些值得向游客推荐的旅游当地的文艺演出。

宋城千古情——"给我一天，还你千年"

1996年5月18日开园的杭州宋城景区，位于西湖风景区西南面的杭州之江国家旅游度假区内，北依五云山，南濒钱塘江。它是由宋城集团投资兴建的中国最大的宋文化主题公园，年游客量达 270 万人次，是国家 AAAA 级景区、首批"国家文化产业示范基地"。宋城是反映两宋文化内涵的杭州第一个主题公园，它依据宋代杰出画家张择端的《清明上河图》画卷，再现了宋代都市的繁华景象。

"宋城千古情"是宋城景区倾力打造的一台立体全景式大型歌舞，被称为"旅游与文化结合典范之作"。该剧以杭州的历史典故、神话传说为基点，融合世界歌舞、杂技艺术于一体，运用了现代高科技手段营造如梦似幻的意境，给人以强烈的视觉震撼，堪与法国巴黎红磨坊和美国拉斯维加斯 O 秀相媲美。这台大型歌舞，汇集了 300 多位演员，耗资过亿元。自 1996 年问世以来，已成为杭州标志性文化品牌，每年吸引 200 多万中外游客观看，收入 2 亿元，创造杭州夜间旅游市场奇迹。

张艺谋的印象系列
印象·刘三姐

世界上第一部全新概念的山水实景演出"印象·刘三姐"，演出以"印象·刘三姐"为总题，以方圆两公里的漓江水域为舞台，以 12 座山峰和广袤天穹为背景，大写意地将刘三姐的经典山歌、民族风情、漓江渔火等元素创新组合，不着痕迹地融入山水，还原于自然，成功诠释了人与自然的和谐关系，创造出天人合一的境界，被称为"与上帝合作之杰作"。演出把广西举世闻名的两大旅游、文化资源——桂林山水、阳朔漓江夜景和"刘三姐"的传说进行巧妙地嫁接和有机的融合，让自然风光与人文景观交相辉映。演出立足于广西，与广西的音乐资源、自然风光、民俗风情完美地结合。全场演出 70 多分钟，演出人员超过 700 人，其中 2/3 是当地渔民等非专业演员，整个演出如梦如诗、气势恢宏。

印象·丽江

"印象·丽江"，是继"印象·刘三姐"之后推出的又一部大型实景演出，总投资达 2.5 亿元，在海拔 3100 米，世界上海拔最高的实景演出剧场——云南丽江玉龙雪山的甘海子蓝月谷剧场上演。上篇为"雪山印象"，下篇为"古城印象"。"印象·雪山"以雪山为背景，汲天地之灵气，取自然之大成，以民俗文化为载体，用大手笔的写意，在海拔 3100 米的世界上最高的演出场地，让生命的真实与震撼，如此地贴近每一个人。来自 10 个少数民族的铿锵汉子，来自 16 个乡下村庄的普通农民，500 多个有着黝黑皮肤的非专业演员，用他们最原生态的动作，用他们最质朴的歌声，用他们最滚烫的汗水，与天地共舞，与自然同声，带给你心灵的绝对震撼。"印象·雪山"大型实景演出克服了白天演出的诸多弊端，在经过近百次的修改之后，终于将白天的劣势转为优势，让每一个身临其境的观者都能无比真实地感受到一种从未体验过的情感。演出全长1个小时，启用了最先进的造水工程和烟雾效果工程，与自然交相辉映，营造出令人赞叹的视觉效果。

印象·西湖

"印象·西湖"，是以真山真水作舞美的大型实景演出。该项目的演出地点在岳湖景区：南至赵公堤，北至岳湖楼，西至曲院风荷包括西湖会所，东至苏堤。整个演出，是在岳湖水域中构建的一个菱形的升降式舞台上，演员以自然的山水、景观为自然舞台进行表演的；在岳湖楼南边建设的是可容纳2000人的、升降式可收缩的观众座席，这样既不破坏白天的旅游景点，演出时又能为观众提供阶梯形看台；在湖面演出区域内（水下、水上）配备特有的灯光和激光照射，以满足舞台及背景的需要。"印象·西湖"演出的内容将紧紧围绕一个"水"字，以水来体现西湖的精髓与韵味，运用高科技手段来展现雨中西湖和西湖之雨的景象，从一个侧面反映西湖的神奇和自然。同时"印象·西湖"着重于挖掘杭州的古老民间传说、神话，依托实景剧场反映当地传统文化，体现杭州的自然特色、历史底蕴和民间文化沉淀。

案例分享

二人转表演

从广州远道而来参加沈阳世博会的董先生及公司的6位同事，在结束了沈阳世博园的展出工作后，报名参加了沈阳青年旅行社组织的沈阳二日游活动。为了树立沈阳的城市形象，沈阳市政府及相关部门为组织和接待好游客做了很多方面的改善，使董先生一行非常满意。地陪小谭在车上还教广州来的游客讲东北话，使旅游车上一直充满欢声笑语。第一天晚餐过后，董先生问导游员小谭："听说东北民谚有'宁舍一顿饭，不舍二人转'的说法，可见这二人转有多'稀罕人'，以前也听说过二人转'说、学、逗、唱'的魅力，特别是看了赵本山的小品和表演后，感觉东北地方戏还是非常有特色的。你们沈阳有二人转吗？"小谭笑着回答说："这您可问对了，赵本山建立的'刘老根大舞台'就在沈阳，如果大家想去看的话，最方便不过了，相信您看了之后一定不会后悔。不过，今天是周末，大概现在买票有点来不及了。您也许不知道，在'刘老根大舞台'看演出，尤其是周末，根本买不到票，平时还得提前预订呢！在世博会期间，一张200元的门票都暴涨到500元，可见二人转的受欢迎程度了！"

听完了小谭对二人转的介绍，大家决定让他帮忙买票，第二天晚上去看二人转，后天返程。这时，小谭提醒董先生："董先生，明天晚上我们行程安排是逛夜景，要取消吗？"董先生在征求大家的意见后告诉小谭明天原定活动取消，只看"刘老根大舞台"。看来，东北的民间艺术还是深受游客欢迎的。

第二天晚上，小谭拿着提前订好的门票，带领游客看了一场精彩的二人转演出。演出结束后，董先生说这次来东北，不虚此行！真可谓，"吃好、喝好、玩好、'转'好"！

扮演地道的"票友"

某年9月的一天晚上，北京的导游员小张带一个法国旅游团到前门饭店的梨园剧场看京剧。刚开始演《三岔口》《闹天宫》等小折子戏，小张便简单给大家介绍了一下剧情，客人们看得津津有味。一会儿又上演《白蛇传》中的片段，小张就把故事情节向附近的游客介绍了一番。又告诉他们，以前扮演剧中主要"旦"角儿的演员都是男子。游客们听后非常吃惊，互相转告。接着，小张又根据剧中人物和人物的关系、主要故事情节和关键唱腔进行了讲解。借助字幕，游客们基本上了解了剧情。演出过程中，有些旅游团纷纷离去，但小张的旅游团却一直看完了戏，游客们兴致一直很浓，终场时，他们像地道的"票友"那样，用热烈的掌声和欢呼声向演员们表示感谢，演员也多次谢幕。在回饭店的路上，那些法国游客非常兴奋，有的在讨论刚才的剧情，有的请小张讲解故事的发展和结尾，并纷纷赞扬中国的京剧艺术。

在线思考

南京曾经推出过大型音乐舞蹈诗画《神韵金陵》的表演，水上实景演出《夜泊秦淮》，但均做得不算成功，请大家查阅相关资料，试分析南京旅游文化演出失败的原因。

拓展实践

一群外地游客在南京旅游，按照旅行社接待计划的安排，该团队将于第二天晚上去江苏省昆剧院兰苑剧场观看昆曲表演，作为导游的你应怎样做好这项活动的介绍及服务？

模块四　购物服务

▶ 能力目标

导游员作为旅游业的灵魂,在旅游促销中起着举足轻重的作用。旅游购物促销以诚信为本,以优质服务、商品知识为基础,以旅游心理学、购物促销技巧、语言魅力为手段,去感染、影响和调动游客的购物积极性以达到促销的目的。该模块中要求学生掌握购物服务的基本流程,对于购物服务中经常发生的问题会正确应对。

▶ 工作任务

任务一　进店准备

任务分解

一、知识准备

既然是购物促销,当然就应该了解商品知识。导游员在平时应注意搜集、学习旅游商品的基本知识,包括其属性、鉴别方法等。导游员还可以到旅游定点商店反复听、学导购人员对商品的介绍,观察游客的喜好,揣摩游客的购物心理,整理自己的购物促销宣传词。

如介绍南京特产——金箔：

金箔，是将金片捶打成厚度不超过 0.1 微米的薄片，用作建筑、器物、佛教塑像装饰及名贵中成药的配方。金陵金箔历史悠久，最早可追溯到南朝，当时的文献中已有生产金银箔及设置锦署的记载。元朝时，开始大量生产金箔，到了明清，有了更进一步的发展。1975 年，在太平门外徐达五世孙徐傅墓中出土的金丝补服，即为 400 多年前金陵金丝的物证。

南京东郊龙潭镇及江宁区花园乡等一带，是金陵金箔、金线生产的集散地，农户均有"打箔""制线"的手艺，且世代相传。金陵金箔生产工艺独特，技术要求很高，从古到今，一直为手工捶制，是我国特种传统工艺。加工金箔有十多道工序，黄金经过化条、拍叶、落开子、炕炕、做捻子、打箔、出具、切箔等精细加工，金条便被捶打成薄如蝉翼的金箔，1100 张金箔堆在一起还不到 0.1 厘米厚。南京金箔质量高，因而享誉四方。

二、物质准备

可以借助商品的宣传资料、导游随身携带或穿戴的某些商品，巧妙地进行铺垫。

图 4-1　南京特产云锦——云锦手机袋

图 4-2　台湾特产珊瑚——红珊瑚手链

三、地点选择

导游员选择的商店必须是旅游行政管理部门挂牌的定点购物场所，因为这些定点购物商店一定程度上意味着规范、可靠及保障。导游员还要提前熟悉旅游购物商店的地点。

《旅游法》实施之后，各大旅行社对于游客进店环节都极为慎重。《旅游法》第三十五条规定，旅行社组织、接待旅游者，不得指定具体购物场所，不得安排另行付费旅游项目。但是，经双方协商一致或者旅游者要求，且不影响其他旅游者行程的除外。因此，导游在征得游客同意的前提下，签订好相关的进店协议后，可以带领游客进店购物。

四、安排合适的进店时间

进店时间正确与否会直接影响购物效果，从心理学角度看，大多数游客旅游的首要目的是游览景点，所以绝不能将进店安排为每天的第一项活动；同样，也不能安排连续进店，否则会引起游客的反感。当游客精疲力竭时不要安排进店，一般来说，进店应该安排在至少游览了一个大景点之后或者安排在午饭前后或晚饭之前。许多导游员有意识地将早上和下午的游览结束时间控制在离开餐还有50分钟的时候，此时既完成了观景任务，离午饭、晚饭时间又还早，应是进店的最佳时间。

进入购物店前向游客讲清在商店中停留的时间，并说明购物时的一些注意事项。

任务二　进入旅游购物商店

任务分解

一、实事求是，当好购物参谋

一般进入购物商店后，会有商店的导购人员介绍相关商品。有些游客在购买之前会询问导游员的意见。对于这种情况，导游员要注意摆正自己的位置和说话的角度，就商品本身的情况做出客观的说明，就事论事，实话实说。同时要引导游客自己观察，请游客自行选购，自主决定是否购买。

导游员在购物时间即将结束时，要注意控制团队在商店逗留的时间，观察仍旧逗留在商店内的游客，并及时提醒游客加快购物速度。

二、完成旅行社安排的购物签单任务

导游员在离店前要到收银台索取加盖有定点商店公章的购物金额确认单，

定点商店会根据购物单上所填的购物总额与旅行社结算佣金。导游员要注意与最后一位游客同步上车,最多晚到两三分钟,再晚可能会引起游客的猜疑和误会。

三、协助处理购物中易出现的问题

1. 要求购买古玩

（1）古玩商品只能到正规国营文物商店购买；
（2）买好之后，要提醒游客保存好发票；
（3）提醒游客不要将物品上的火漆印去掉，以备海关查验；
（4）提醒游客不要到地摊上或其他商店购买古玩，因为海关只允许带有国营文物商店发票并盖有火漆印的文物、古董出境。

2. 要求代为托运

（1）导游员应委婉拒绝；
（2）实在推脱不掉，导游员要汇报旅行社领导；
（3）如果接受了游客的委托，办理好托运手续后，将发票、托运单及托运费收据寄给委托人的同时要保留上述单据的复印件，以备查验。

3. 要求退换商品

（1）对于游客提出的商品退换要求首先要认真分析，如属无理要求，可以委婉拒绝；
（2）当游客提出必须要退换商品时，导游员必须协助解决，并与旅游商店联系。

工作评估

表 4-5 购物服务工作评估表

工作	要求	分数	得分
导游程序（25分）	导游证	5	
	程序规范	10	
	应变得当	10	
语言表达能力（25分）	音量	5	
	语调	5	
	流畅	10	
	生动	5	

续表

工作	要求	分数	得分
仪容仪表（20分）	微笑	10	
	亲切	5	
	体态	5	
团队合作（30分）	协作	10	
	创新	10	
	人性化服务	10	

特别提示

（1）旅游活动包括"食、住、行、游、购、娱"六个环节。其中，游客的"食、住、行"属于基本的需求，是有一定量的。购物消费属于非基本需求，游客购买旅游商品的消费潜力是可无限挖掘的。故此，旅游购物消费的弹性最大。据近年来的统计数据显示：旅游业发达国家或地区的旅游商品收入占旅游总收入的40%~60%，而我国旅游商品的销售收入近几年却徘徊在20%左右，这严重影响了我国旅游业的经济效益，成为制约旅游市场发展的瓶颈。

（2）旅游者购物过程的心理活动可以归纳为：环视—兴趣—联想—欲望—比较研究—信任—讲价—购买—满意几个环节。

（3）导游员一定要处理好购物与游览的关系。

对于游客来说，购物和旅游观光是相互补充的，没有恰当的购物安排，游客的购物欲望得不到满足，旅游活动是不圆满的。游客对旅游购物产生不满意主要原因在于两方面，一是购物商店，二是旅行社和导游的工作。最突出的问题在于，原本作为游览活动组成部分的购物安排，被导游员人为地突出出来，显得很不协调、很不自然。

（4）组团旅行社必须确保商场的品质。通常情况下，购物商场由地接社来选择和决定，组团旅行社对这些商场出售商品的质量心中无数，这样的做法无疑为日后的纠纷埋下隐患。因此，组团社必须把诚信经营意识化为具体行动，在确定商场前，必须对购物商场的经营资质、商品质量、商品价格、服务态度等情况进行排查摸底，从源头上保证购物商场的品质。

（5）组团社、全陪（领队）督促地接社安排商场时质量必须得到保障。尽管旅游团购物商场的确定是组团社和地接社协商的结果，并不在全陪（领队）的职责范围之内，但全陪（领队）的重要作用之一，就是监督旅游行程的具体实施，全陪（领队）有义务要求地接社、地陪为旅游团提供的商场经营合法、商品质量合乎有关标准，商场不得出售假冒伪劣商品。

（6）对游客的某些购物行为要进行必要的劝阻。

（7）在特殊情况下，导游员应介入游客的购物活动，对游客的不明智的选择予以劝阻。比如应劝阻游客在小摊上购买"古玩"，应劝阻游客购买质价明显不相符的商品等。

（8）要维护游客的合法权益。

（9）游客如果发现商品的质量问题或者发现销售过程中有问题，向商家提出退货、索赔的要求，导游员要维护游客的合法权益，为游客提供帮助。

（10）要做好必要的提醒。

（11）当外国游客购买中国贵重物品特别是文物时，导游员要提醒游客保存好发票，告知中国海关和文物部门对于文物购买和出境等方面的相应规定。同样，外国游客购买金银制品、中草药材等的时候，导游员都要提醒游客中国的相关规定。

关键词

购物心理　购物时间　保障　提醒

知识链接

南京云锦

南京云锦，是我国优秀传统文化的杰出代表，因其绚丽多姿，美如天上云霞而得名，已有近千年的历史。

在古代丝织物中"锦"是代表最高技术水平的织物。而南京云锦则集历代织锦工艺艺术之大成，位于中国古代三大名锦之首，元、明、清三朝均为皇家御用贡品，因其丰富的文化和科技内涵，被专家称作是中国古代织锦工艺史上最后一座里程碑，公认为"东方瑰宝""中华一绝"。亦是中华民族和全世界最珍贵的历史文化遗产之一。

作为中国最高贵的织锦，中国丝绸最高技艺标志的南京云锦，鼎盛时曾拥有3万多台织机，近30万人以此和相关产业为生，是当时南京最大的手工产业。云锦在中国的历史上具有一定的地位和社会影响，它不仅是南京人的骄傲，也是全人类文明的骄傲。

被古人称作"寸锦寸金"的云锦，是用5.6米长、4米高、1.4米宽的大花楼木质提花机，由上下两人配合操作生产出来的。它的生产工序用目前流行的电脑语言来解释较为形象，充分体现了我们祖先的聪明才智。"挑花结本"，相当于软件设计,它用古老的绳索绳记事的方法,把花纹图案色彩转变成程序语言,再上机进行织造。此工艺技术要求很高,实际上是一种以线为材料,进行储存纹样程序的创作设计过程。这种设计不仅要把纹样按织物的具体规格要求,计算到"分寸秒忽",将纹样在每一根线上的细腻变化表现出来,还要按纹样图案的规律,把繁杂的色彩进行最大限度的同类合并,编成一本能上机织造,让织手读懂的程序语言花本。机上面坐着的人,称作"拽花工",只要按过线顺序提拽即可,相当于在敲电脑键盘;机下面坐着的人,称"织手",他使用"通经断纬"的技术(纬线由不定数的彩绒段拼接而成),挖花盘织,妆金敷彩,就能织出五彩缤纷的云锦来,他面前的织造面即相当于电脑显示屏。这种工艺,至今尚不能被自动化机器所替代。

云锦的织造工艺高超精细,除前面介绍的"挑花结本""通经继纬"以外,夹金织银也是云锦的一大特点。织物显得雍容华贵,金碧辉煌,满足了皇家御用品的需要。正因为长期是宫廷用品,在制作中不惜工本代价,才使云锦后来居上,达到织锦工艺登峰造极的地步。云锦主要有"织金"(用黄金打成箔,切成丝,捻成线织就)、"库锦""库缎""妆花"四大类品种,用于皇帝龙袍、皇后凤衣、霞帔、嫔妃的丽装靓服、宫廷装饰,及坐垫、褥垫、靠垫、枕、被等实用品。云锦有时还作为朝廷礼品,馈赠外国君主和使臣以及赏赐大臣和有功之人。

南京云锦自宋代由彩锦演变而来,到了元代,蒙古族入主中原,统治者习惯用真金装点官服,加之当时国土扩张,黄金开采量增大,使以织金夹银为主要特征的云锦脱颖而出,后来居上,成为最珍贵、工艺水平最高的丝织品种。它不但受到封建帝王和豪门贵族的宠爱,也受到蒙古、藏、维吾尔等少数民族人民的喜爱。此后,元、明、清三朝都指定云锦为皇室御用贡品。历代统治者相继在南京设立官办织造局,专门管理云锦的生产并垄断了云锦的销售。这在客观上又进一步推动了云锦的发展和繁荣。清康熙、雍正年间,南京云锦生产达到高峰,秦淮河一带机户云集,机杼声彻夜不绝,云锦产量空前。红楼梦作者曹雪芹,祖上三代四人曾任清代江宁织造达65年之久。

十大名茶主要特征和鉴别方法

西湖龙井、铁观音、碧螺春、信阳毛尖、都匀毛尖、黄山毛峰、六安瓜片、祁门红茶、武夷岩茶、君山银针并称我国十大名茶,芳名远播,成为品茗上选。然而,近年来十大名茶也出现了很多假冒产品。以下介绍这些名茶的主要特征和识假方法。

1. 西湖龙井,产于浙江杭州西湖地区。茶叶为扁形,叶细嫩,条形整齐,宽度一致,为绿黄色,手感光滑,一芽一叶或二叶;芽长于叶,一般长3厘米以下,芽叶均匀成朵,不带夹蒂、碎片,小巧玲珑。龙井茶,味道清香。假冒龙井茶,则多是青草味,夹蒂较多,手感不光滑。

2. 碧螺春,产于江苏吴中区太湖的洞庭山碧螺峰。银芽显露,一芽一叶,茶叶总长度为1.5厘米,每500克有5.8万~7万个芽头,芽为白豪卷曲形,叶为卷曲青绿色,叶底幼嫩,均匀明亮。假的为一芽二叶,芽叶长度不齐,呈黄色。

3. 信阳毛尖,产于河南信阳车云山。其外形条索紧细、圆、光、直,银绿隐翠,内质香气新鲜,叶底嫩绿匀整,青黑色,一般一芽一叶或一芽二叶。假的为卷曲形,叶片发黄。

4. 君山银针,产于湖南岳阳君山。由未展开的肥嫩芽头制成,芽头肥壮挺直、匀齐,满披茸毛,色泽金黄光亮,香气清鲜,茶色浅黄,味甜爽,冲泡看起来芽尖冲向水面,悬空竖立,然后徐徐下沉至杯底,形如群笋出土,又像银刀直立。假银针,为青草味,泡后银针不能竖立。

5. 六安瓜片,产于安徽六安和金寨两县(今六安市)的齐云山。其外形平展,每一片不带芽和茎梗,叶呈绿色光润,微向上重叠,形似瓜子,内质香气清高,水色碧绿,滋味回甜,叶底厚实明亮。假的则味道较苦,色比较黄。

6. 黄山毛峰,产于安徽歙县黄山(今黄山市)。其外形细嫩稍卷曲,芽肥壮、匀齐,有锋毫,形状有点像"雀舌",叶呈金黄色;色泽嫩绿油润,香气清鲜,水色清澈、杏黄、明亮,味醇厚、回甘,叶底芽叶成朵,厚实鲜艳。假毛峰茶呈土黄,味苦,叶底不成朵。

7. 祁门红茶,产于安徽祁门县。茶颜色为棕红色,切成0.6~0.8厘米,味道浓厚,强烈醇和、鲜爽。假茶一般带有人工色素,味苦涩、淡薄,条叶形状不齐。

8. 都匀毛尖,产于贵州都匀。茶叶嫩绿匀齐,细小短薄,一芽一叶初展,形似雀舌,长2~2.5厘米,外形条索紧细、卷曲,毫毛显露,色泽绿润、内质香气清嫩、新鲜、回甘,水色清澈,叶底嫩绿匀齐。假茶叶底不匀,味苦。

9. 铁观音,产于福建安溪县。叶体沉重如铁,形美如观音,多呈螺旋形,色泽砂绿,光润,绿蒂,具有天然兰花香,汤色清澈金黄,味醇厚甜美,入口微苦,立即转甜,耐冲泡,叶底开展,青绿红边,肥厚明亮,每颗茶都带茶枝。假茶叶形长而薄,条索较粗,无青翠红边,叶泡三遍后便无香味。

10. 武夷岩茶,产于福建崇安县(今武夷山市)。外形条索肥壮、紧结、匀整,带扭曲条形,俗称"蜻蜓头",叶背起蛙皮状砂粒,俗称蛤蟆背,内质香气馥郁、隽永,滋味醇厚回苦,润滑爽口,汤色橙黄,清澈艳丽,叶底匀亮,边缘朱红或起红点,中央叶肉黄绿色,叶脉浅黄色,耐泡。可泡6~8次以上。假茶开始味淡,欠韵味,色泽枯暗。

表 4-6　江苏特色地方特产

城市	特色地产
南京	雨花石、金陵金箔、云锦、南京剪纸、雨花茶、南京板鸭、南京盐水鸭
苏州	黄天源糕团、采芝斋蜜饯、炒血糯、桂花焐熟藕、奥灶面、正仪青团子、万三蹄
无锡	无锡排骨、大浮杨梅、阳山水蜜桃、无锡泥人、清水油面筋、太湖珍珠、紫砂陶瓷
常州	大麻糕、萝卜干、竹箦风鹅、溧阳白芹、封缸酒、横山桥百叶、常州梳篦、留青竹刻
镇江	镇江香醋、肴肉、锅盖面、蟹黄汤包
扬州	扬州漆器、扬州玉器、扬州酱菜、高邮双黄鸭蛋
南通	董糖、白蒲茶干、如皋火腿、如皋白萝卜、文蛤、吕四海蜇、王氏保赤丸、季德胜蛇药
连云港	连云港葛藤粉、紫菜、水晶、汤沟酒、王子啤酒、凯威干白
徐州	鼋汁狗肉、冬桃、富士苹果、家园玫瑰鲜花汁、银杏、小孩酥糖、沛公家酒系列、《汉画像石》系列邮品、曹氏香包
淮安	淮安茶馓、淮安博里农民画、今世缘酒、高沟捆蹄、金湖荷藕、"白马湖"鸡头菜
盐城	东台鱼汤面、杨五香肠、阜宁大糕、伍佑醉螺、大纵湖醉蟹
泰州	蟹黄汤包、蟹黄粉皮
宿迁	乾隆老汤黄狗猪头肉、五香大头菜、乾隆贡酥、车轮饼

案例分享

进店时间有选择

一桂林旅游团游览完漓江后,旅游车停留在水晶店前,因时逢盛夏,经过一天的奔波,游客们已经是又累又饿,尽管时间才是下午 5:30。游客们还是拒绝进店,声称要赶回去洗澡,地陪二话没说,叫司机开车回饭店。第二天,这个团须乘下午 2:30 的飞机,而早上仅剩一溶洞未游览。地陪将溶洞控制在 10:30 游览完。上车后,地陪让司机把车开到附近江边停下,然后对大家说:"现在有三种选择:一是开车到餐厅去等一个小时;二是大家下车原地在江边照相,等待一小时再去餐厅;三是开车到我们昨天没去的水晶店,既满足昨天感到遗憾的两位团友的购买水晶的欲望,其他人也可以顺便去开开眼界,看看什么叫水晶洞,听听鉴别真假水晶的方法。"结果许多团友都大喊:"去水晶店!"

购物讲解让人"烦"

各位团员:"到三亚来,最重要的是留下与大海有关的记忆,所以你一定得带些价廉物美的海洋纪念品。其他的东西像椰雕之类，建议还是在海口买，那里卖的会比三亚便宜很多。三亚三面环海，有许多平缓的滩涂，贝壳、海螺之类的东西非常多，当地工匠用它们制成许多美丽的工艺品。三亚还有发达的珍珠养殖业，生产的南珠极负盛名。三亚的北面，是羊栏水晶矿，这种晶莹的石头是给恋人最好的礼物，我看车上的男性游客较多，一定要带给您女朋友或妻子一些啊！不然，回去没法交代……"

一段冗长的讲解，让许多游客都心烦地闭上了眼睛在那儿养神。三亚某地接社导游员卖力地在车上足足讲了32分钟，连水都没喝一口，这功夫也真让人佩服，景点讲解时倒没见他如此卖力呀。一些本无倦意的游客看看周围，也闭上眼睛，"闹中取静吧！"

美国伯克利加州大学格赖斯教授以为，人们谈话之所以能顺利进行，是因为谈话双方能够遵守"四个准则"。即谈话内容涉及的信息充分而不多余，谈话内容真实可靠，话语与话题有关，表述清楚、简洁明了。导游员在景观讲解中，能很好地把握上述"四个准则"，就能有效防止本案例中游客闭眼"睡觉"局面的出现。

在线思考

请介绍本地旅游特产的种类以及它们各自的特色、历史、制作工艺等，并谈一谈本地旅游特产在开发中存在哪些问题。

拓展实践

请未来的导游员们分组进行茶叶、丝绸、珍珠、紫砂陶艺等华东线旅游特产的购物引导。

模块五　交通服务

▶ **能力目标**

熟悉导游在汽车服务中的工作流程，能和司机在工作中建立友好协作的关系。本模块的交通服务重在介绍旅游交通工具类型中的汽车服务这一类别，航空和火车类型的团队服务在其他模块中再具体分解。

▶ **工作任务**

任务一　旅游大巴服务

任务分解

一、提前与司机熟悉

导游员可以提前一些时间到达约定的地点，借此机会提前熟悉司机，并就旅游行程安排、行车路线、旅游节奏、时间安排等相关问题和司机进行讨论。尤其对于不熟悉线路的司机，可以商讨最佳的行车路线，最大限度地节约行程中的时间，有个轻松愉快的合作。

二、检查车厢的整体清洁程度

干净整洁的乘车环境，对于一次美好旅程来说显得尤为重要。导游员应告诉游客保持车厢清洁，不要把垃圾扔在座位周围，必要时导游员可自备垃圾袋，在车内发放。

三、检查车内设施

车内设施应完备、无损，如坐椅、车载麦克风、车内灭火器、安全锤等。

四、迎接游客

在旅游者上下车时，导游人员要后上先下，恭候在车门一侧，向游客问好，有需要帮助的游客，协助其上下车。上车后，导游人员安排游客就座，并有礼貌地清点人数。不能用手指直接指着人清点，应用默数的方式进行。等待全体旅游者坐稳后，才能让司机启动车辆。

五、多做提醒工作

1. 提醒游客

提醒游客，汽车在行进过程中不要把头手肘伸出窗外、不要随意在车厢内走动；开车前检查游客行李架上的物品是否安全存放，以免发生砸伤头部的事故。

2. 提醒司机安全驾驶

在行车过程中要监控车辆的行车速度，提醒司机为了行车的安全不要超速驾驶，尤其雨天路滑的时候，保持高度的警惕；当汽车行驶在高速公路上时，导游员不要睡觉，要保持清醒，关注车辆的行驶情况。

3. 导游员坐在坐椅上时一定要系好安全带

导游员要有安全意识，尤其坐在导游专座时，一定要系好安全带。

任务二　旅游交通事故处理

任务分解

一、立即组织抢救

发生交通事故，出现伤亡时，导游员要第一时间组织抢救，尤其是重伤者，必要的急救措施显得尤为关键。

二、保护现场，立即报案

事故发生后，导游员要沉着冷静，安排司机或者其他导游服务人员保护好事故现场。立即拨打122交通报警电话。

三、迅速将伤者送往就近医院，并与旅行社联系

将伤者送往就近医院后，马上和旅行社取得联系，听取旅行社领导的意见。

四、做好旅游团游客的安抚工作

交通事故发生以后，导游员要做好游客的情绪安抚工作，继续组织好下面的参观游览活动，将损失降低到最小的程度。事故原因查清后，向游客说明情况。

五、事后写出事故报告

将事故的原因和经过、抢救经过、治疗情况、事故责任的处理、旅游者的情绪和反应等详细记录下来，写出事故报告。

工作评估

表4-7　交通服务工作评估表

工作	要求	分数	得分
导游程序（25分）	导游证	5	
	程序规范	10	
	应变得当	10	
语言表达能力（25分）	音量	5	
	语调	5	
	流畅	10	
	生动	5	
仪容仪表（20分）	微笑	10	
	亲切	5	
	体态	5	
团队合作（30分）	协作	10	
	创新	10	
	人性化服务	10	

特别提示

1. 与司机合作应注意的问题

导游人员与旅游车司机的合作十分重要,司机熟悉线路、经验丰富,导游人员与司机配合得好,是导游服务工作得以顺利进行的重要保证。

(1)导游人员要尊重司机,在生活上多关心司机。

(2)导游人员要协助司机做好安全行车工作,如帮助司机更换轮胎,安装或卸下防滑链,或帮助司机进行小修理;保持旅游车挡风玻璃和车窗的清洁;不要与司机在行车途中闲聊;遇有险情,由司机保护车辆和游客,导游人员去求援。

(3)与司机研究日程安排,征求司机对日程的意见。导游人员注意倾听司机的意见是使司机积极参与导游服务工作的好方法。

(4)旅游线路有变化时,导游人员应提前告诉司机。

2. 车载话筒使用注意事项

调试车载话筒的音量时,不要用手拍话筒,也不要用口吹话筒,以免引起客人的不快。

通过话筒听到震耳欲聋的讲解、模糊不清的声音或有回音的声音是最令人不舒服的事情。在这种情况下,大多数游客宁愿导游员放下话筒,什么都不讲。

导游员应当在游客到达之前在司机的帮助下,检查话筒的音量和音质。当游客已经落座,车子出发之前,导游员还应再检查一下声音,并且请游客如有听不到或听起来不舒服的情况就告诉他,也应当鼓励游客在声音出现问题时马上告诉他。

在使用话筒时,导游员要控制自己的自然音量,否则会令游客难以忍受。

在车上讲解时,导游员要微笑着面对全体旅游者,应注意自己的位置和声音,尽可能使全体团员都能听到。不应始终把眼睛盯着一个地方或看着车顶。

关键词

卫生　设施　司机　安全

知识链接

2015年旅游安全事件分析

1. 涉旅自然灾害安全形势复杂严峻,发生频次和伤亡人数增加

2015年,我国自然灾害与旅游安全形势复杂性和严峻性仍然突出,旅游安

全事故明显偏多。自然灾害引起的旅游安全事故发生频次及造成的游客死伤人数均有所增加。2015年，我国自然灾害以洪涝、干旱和台风灾害为主，地震、山体崩塌、滑坡、泥石流和森林火灾等也均有不同程度发生。2015年我国涉旅自然灾害安全事件的主要特点是：①时间分布呈集中性、空间分布呈差异性；②台风、暴雨、暴风雪等原生灾害影响范围广；③洪水、滑坡、泥石流等次生灾害危害性大；④游客伤亡群体以散客为主。影响2015年我国涉旅自然灾害安全的主要影响因素有：①自然灾害的不可预知性；②特殊景区景点的区位安全防范与救援问题；③景区基础设施与应急体系不完善；④散客群体缺乏安全意识与自救能力等因素。

2. 涉旅事故灾难形势严峻，事故数量和伤亡人数上升

2015年，我国涉旅事故灾难总体形势严峻，事故数量与造成的伤亡都大幅上升，但涉旅事故灾难形势总体可控。2015年，我国涉旅事故灾难事件的主要特点是：①旅游交通事故、涉水溺亡事故、登山探险事故是主要事故类型，重大事故灾难时有发生；②4—10月是事故灾难多发期，以华东地区发生次数最多；③安全意识淡薄和风险防范能力偏低是主要原因。2015年，我国涉旅事故灾难的主要影响因素有：①人为因素是造成事故灾难的主要原因；②管理因素导致了大量涉旅事故灾难；③不可控因素广泛存在。

3. 涉旅公共卫生安全形势稳定，防范意识整体增强

与2014年相比，2015年涉旅食物中毒事件数量和等级程度基本持衡，涉旅传染病疫情防范效果较为理想，涉旅其他公共卫生事件伤亡人数基本持衡，涉旅公共卫生事件防范意识整体增强，涉旅公共卫生安全总体形势相对稳定。2015年，我国涉旅公共卫生事件呈现以下特征：①政府涉旅公共卫生监管力度明显加大，但法规政策仍待健全；②旅游企业公共卫生环境有所改善，但业界自律性仍有待提高；③游客公共卫生防范意识普遍增强，但突发性事件防不胜防；④涉旅公共卫生潜在事件危机凸显，但相应管控防护对策尚在探索中。2016年我国涉旅公共卫生安全事件的主要趋势包括：①旅游厕所革命，涉旅公共卫生将从微观环境落实到位；②老年团旅游市场火爆，老龄游客公共卫生服务有待提升；③自由行盛行，涉旅公共卫生个人预防和救护亟须到位；④出境游热，跨境涉旅公共卫生监管防控体系亟待完善；⑤旅游大众化，推广普及旅游公共卫生宣传教育迫在眉睫。

4. 涉旅社会安全总体不容乐观，安全管控依然严峻

2015年，我国涉旅社会安全总体形势不容乐观，安全管控依然严峻。2015年，我国涉旅社会安全事件呈现以下特征：①安全事件涉及面广，防控工作依然困难；②重大事件时有发生，社会关注与日俱增；③政府部门多头管理，管控机构尚不明晰；④涉旅社会安全事件主要发生在4月、5月、7月、8月和10月，

其中 8 月安全事件发生最多；⑤涉旅社会安全事件主要发生在华东、华南和西南地区，其中华东地区安全事件发生数量最多。2015 年，我国涉旅社会安全事件发生的主要原因有：①旅游者安全意识薄弱；②从业人员意识不强、工作疏忽；③设施设备存在风险；④管控机构不明确、多头管理，管控效果不佳等。

（摘自"中国旅游安全报告（2016）精读"2016 年 8 月 5 日 10:13 来源：中国皮书网 http://ex.cssn.cn/zk/zk_zkbg/201608/t20160805_3151378_2.shtml）

案例分享

安全保障义务

一对母女随旅游团外出旅游。因路况不佳，在乘坐大巴时，导游员提醒游客将随身行李集中放在车身下面的行李箱中。但有一名游客以箱内有现金及贵重物品为由，坚持将箱子放在行李架上，致使在车子颠簸时，箱子从行李架上坠落，掉在小女孩的头上，造成女孩头部受伤。返回所住城市后，母亲便向法院提起诉讼，状告当地旅行社委托的外地旅行社导游员没有警示、负起责任，最终容许游客将箱子放在行李架上，致使发生箱子从行李架上坠落、砸伤游客的事件。

在线思考

导游员在旅游过程中如何应对突发的车祸，对于受伤比较严重的有开放性伤口的游客，应如何做急救处理？

拓展实践

通过网络查询、电话咨询等方式调查目前市场上的旅游大巴类型，并任意挑一条国内短线旅游线路，咨询一下旅游汽车服务的价格，写出调研报告。

模块六　急救护理服务

▶ **能力目标**

了解基本的急救护理知识，对旅游中易发多发的紧急事故能在第一时间内采取正确有效的救助措施。

▶ **工作任务**

任务一　火灾事件处理

任务分解

旅游中的火灾事故最常出现在游客入住的酒店，应多留心、多观察、有意识地注意学习和搜集应对的专业知识。

一、预防工作

1. 做好火灾防范安全教育及提醒义务

提醒游客不要乱扔烟头、火柴梗，或躺卧在沙发上、床上吸烟。严禁将易燃易爆物品带入酒店，如有此类物品应交给总台或安全保卫部门。在客房内严禁使用明火和大功率电器设备，离开房间时一定要切断电源。牢记火警电话（119）和酒店内部报警电话，掌握领队和游者的房间号及联系方式。

2. 导游员在进入酒店后，要立即熟悉酒店楼层的太平门、安全出口、安全楼梯的位置及安全转移的路线，并及时向旅游者详细介绍。

3. 及时提醒游客关注酒店客房门背后的"逃生路线图"

它一般是一张印有本楼层平面示意的图纸，本房间的位置和房号清晰地做出标志，同时有一个箭头（通常是红色）自房间的位置沿走廊指向最近的疏散部位。逃生路线图是客房设计之中必备的，它不起眼，只在关键时刻起作用，在发生火灾等意外事件的时候，熟悉它的人会比较容易迅速地找到出路。

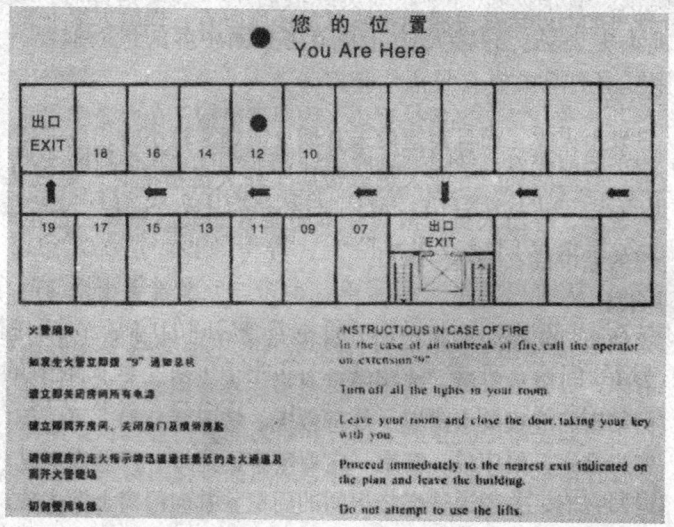

图 4-3　逃生路线图

4. 留意门上、墙下绿色指示牌

这种装置能够在关键时刻帮助人们，它是一些绿色长方形、画着人奔跑形态的指示牌。在火灾发生时，为了避免更大的意外，正常的照明用电会被切断，这些接有应急照明的绿牌子会显得异常明亮。按照它们的引导，无论在走廊、餐厅还是会议室等公共空间里，都能以最便捷的路线找到出口。公共部分的大房间里，这个牌子通常在门的上方，表明从这里出去；到了走廊里，它通常在墙的下方，因为发生火灾时，有毒气体在上方，人们应该俯身或匍匐前进，指示牌位于距地面几十厘米的高度刚好方便看到。

图 4-4　紧急出口牌

二、紧急处理火灾事件

1. 及早通知

采取各种可能的办法及早通知领队及全体旅游者，提醒大家不要乘电梯，不得跳楼。

2. 安全疏散

酒店一旦发生火灾，而且走道尚未有烟火或烟雾较小时，应迅速引导游客从安全通道疏散。有消防部门专业人员或饭店工作人员指挥时，要服从统一指挥，迅速撤离火灾现场，导游人员一般应在本团游客的最后撤离。逃生时要匍匐前进，并用浸湿的毛巾或衣服捂住鼻口。

3. 引导自救

走道烟火较大，无法向外疏散时，导游员要镇定地判断火情，引导大家自救。若身上着火，可就地打滚，或用厚重衣物压灭火苗。大火封门时，可用浸湿的衣服、被褥堵塞门缝或泼水降温、等待救援。情况紧急时，可以用床单、窗帘拧成绳，从窗户逃生，但床单、窗帘一定要牢牢固定好，严防高空跌落。如果楼层较高，应退回室内，关闭通往燃烧房间的门窗，并向门窗上泼水或用湿被堵住进烟的门窗，延缓火势发展。同时打开未受烟火威胁的窗户，用力敲击响器，摇动色彩鲜艳的衣物呼救，发出求救信号，等待救援，切不可盲目跳楼。

4. 协助处理善后事宜

（1）及时集合

导游人员脱离火灾现场后，应设法将本团游客成员集合在一起；做好调查工作：旅游者负伤情况，是否有人死亡、失踪；立即组织抢救，重伤者马上送医院。并将现场情况及时向领导报告，听取指示。

（2）稳定情绪

采取各种措施安定游客的情绪，设法使旅游活动继续进行。根据旅行社领导的指示，帮助旅游者解决因火灾造成的生活方面的困难。

（3）做好善后

协助领导处理好善后事宜，若有失踪者，要继续寻找；如果游客负伤、死亡，按有关规定处理；协助办理证明、索赔等事宜。

5. 写出详尽的书面报告

将本次事故发生的情况及游客的伤亡情况写出详尽的书面报告。

任务二　食物中毒事件处理

> 任务分解

一、预防工作

（1）对于容易发生食物中毒的季节和环节必须高度注意，并及时向供餐部门和游客作出提醒。

比如，夏季的食物由于储存等原因，极容易发生变质；在一些海滨城市，品尝海鲜容易发生肠胃不适；一些流动的摊贩上的食物，很难保证品质等。

（2）要反复强调饮食卫生的重要性，提醒游客不要随便吃不经常吃的异地食品、喝不洁之水，同时要特别注意时令水果、山珍、野味、海鲜等的食品卫生。

二、应对食物中毒事件

（1）出现集体食物中毒时，不要慌乱，也不要延误时间，应立即拨打120急救电话，切不可向游客随意提供药物。

（2）导游员应对游客反复多次催吐，直至呕吐物变清为止。

（3）封存患者所食用的物品或呕吐物，以备查验，分清责任。

（4）送医院救治，要求医生开具"诊断证明"，写明中毒原因。

（5）若旅游团多人集体中毒，必须立即报告卫生防疫部门，同时报告旅行社管理部门，追究供餐单位的责任。

（6）患病游客可能会因病放弃某些旅游活动，应注意相应的退费问题，前提是根据游客与旅行社签署的旅游合同。

任务三　中暑事件处理

> 任务分解

一、预防工作

（1）合理安排作息时间，合理安排和调整旅游行程线路，尽量避免让游客在烈日下曝晒。

（2）游客出现头痛、心慌时，应立即安排他到阴凉处休息、饮水。

（3）提醒旅游者要多喝淡盐水或饮料，以补充体内水分，要少量多次地喝。

（4）建议游客出游时最好穿白色、浅色或素色衣服，戴太阳镜、太阳帽，使用防晒霜等防晒物品。

（5）提醒游客准备防中暑药。

二、应对中暑

（1）迅速将病人移到阴凉、通风、干燥的地方，如走廊、树荫下。

（2）让病人仰卧，解开衣扣，脱去或松开衣服。如衣服被汗水湿透，应更换干衣服，同时打开电扇或空调，以尽快散热。

（3）用冷水毛巾冷敷头部、腋下以及腹股沟等处，或用30%酒精擦身降温，或冷水浸浴15~30分钟。使体温尽快冷却至38℃以下。

（4）意识清醒的病人或经过降温清醒的病人可饮服绿豆汤、淡盐水等解暑，还可服用人丹或藿香正气水。

（5）对昏迷者可按压人中穴，并立即送医院。

（6）对于重症中暑病人，要立即拨打120急救电话，请医务人员紧急救治。

任务四 晕车事件处理

任务分解

晕车的防治工作

（1）提醒游客不要在乘车前吃得太饱，尽可能提早吃些易消化的食物，不要吃油腻食品。

（2）提醒有晕车史的游客尽量找摇荡得不那么厉害的座位，如前两三排座位，眼望前方，听听收音机或做些轻松的事，使精神不致过分集中。

（3）提醒易晕车的游客上汽车后靠窗坐，坐在临窗通风的位置上，窗外微风可以减轻症状，并将眼睛闭起来，保持平静和平稳的呼吸，因为车窗一闪而过的物体能加重病态感受。

（4）建议游客有恶心症状时，可以将腰带束紧，减少腹腔内脏的振荡，这样也能使恶心症状减轻。

（5）提醒游客将衣服松开，行车途中注意休息，有机会多吸些新鲜空气。

（6）提醒游客可以准备一些必要的防晕车物品，同时在太阳穴涂些风油精或清凉油，也能使症状减轻。

（7）提醒游客如需服用抗晕车的药品如乘晕宁、苯海拉明片等，最迟应在乘车前30分钟服用，否则是没有功效的。

任务五　马蜂蜇伤事件处理

> 任务分解

马蜂学名胡蜂，俗称马蜂、黄蜂，毒性很大，其蜇针的毒液含有磷脂酶、透明质酸酶和一种被称为抗原5的蛋白，被马蜂蜇伤后应及时处理。

（1）马蜂毒呈弱碱性，可用食醋或1%醋酸或无极膏擦洗伤处。

（2）伤口残留的毒刺可用针或镊子挑出，但不要挤压，以免剩余的毒素进入体内，然后再用拔火罐吸出毒汁，减少毒素的吸收。

（3）用冰块敷在蜂蜇处，可以减轻疼痛和肿胀。如果疼痛剧烈可以服用一些止痛药物。

（4）如果蜇伤疼痛有蔓延的趋势，可能有过敏反应，可以服用一些抗过敏药物，如苯海拉明、扑尔敏（氯苯那敏）等抗过敏药物。

（5）密切观察半小时左右，如果发现有呼吸困难、呼吸声音变粗、带有喘息声音，哪怕只有一点也要立即送最近的医院去急救。

任务六　毒蛇咬伤事件处理

> 任务分解

一、观察伤口类型

若为两排细密的齿痕形伤口则为无毒蛇咬伤，圆洞形伤口则为有毒蛇咬伤。如果无法准确判断，一律按有毒蛇咬伤处理。

二、捆扎

迅速用布条、手帕或就地取材在伤肢近端2~10厘米处扎紧，阻止和延缓蛇毒的吸收和扩散，但要注意每隔30分钟放松1~2分钟。缚扎的解除应在局部进行有效的扩创排毒、敷药和口服有效蛇药后半小时左右。如果伤者已被蛇咬伤超过12小时，则不宜缚扎。

三、冲洗

立即用生理盐水、肥皂水等冲洗伤口，以便将伤口及皮肤上黏附的蛇毒洗去，如果在野外没有以上液体时，则用清水冲洗。

四、切开伤口

将伤口冲洗、消毒后，沿伤口牙痕作纵"十"字形切开（咬伤未超过1小时者方可进行），长约1~2厘米，深达皮下，注意避开神经和血管，然后立即用双手自近心端向远心端，由四周向伤口反复推挤，以推挤出毒血，用火罐或吸吮法更为有效（为避免中毒，施救者可在口部套上一塑料袋）。

五、送就近医院救治

将被咬者送往就近医院治疗。沿途要注意提醒游客尽量减少运动量，受伤部位保持下垂，以免蛇毒入侵其他脏器。

任务七 心肺复苏术

心肺复苏适用于由急性心肌梗塞、脑卒中（中风）、严重创伤、电击伤、溺水、挤压伤、踩踏伤、中毒等多种原因引起的呼吸、心跳骤停的伤病员。

任务分解

一、判断意识

先判断伤病员情况，轻拍伤病员肩膀，高声呼喊："喂，你怎么了！"

二、高声呼救

高声呼救求助，如："快来人啊！有人晕倒了！快拨打急救电话！"

三、放置伤病员

将伤病员翻成仰卧姿势，放在坚硬的平面上。

四、打开呼吸道

成人：用仰头举颏法打开呼吸道，使下颌角与耳垂连线垂直于地面呈90°。

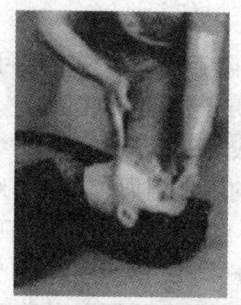 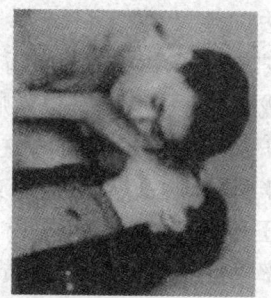

图 4-5 仰头举颏法　　　　图 4-6 判断呼吸

五、判断呼吸

一看，看胸部有无起伏；
二听，听有无呼吸声；
三感觉，感觉有无呼出气流拂面。

六、人工呼吸

救护员将放在伤病员前额的手的拇指、食指捏紧伤病员的鼻翼，吸一口气，用双唇包严伤病员口唇，缓慢持续将气体吹入。

吹气时间为 1 秒钟以上。

吹气量 700~1100 毫升（吹气时，病人胸部隆起即可，避免过度通气），吹气频率为 12 次/分钟（每 5 秒钟吹一次）。正常成人的呼吸频率为 12~16 次/分钟。

七、胸外心脏按压

按压部位：胸部正中两乳水平连线。

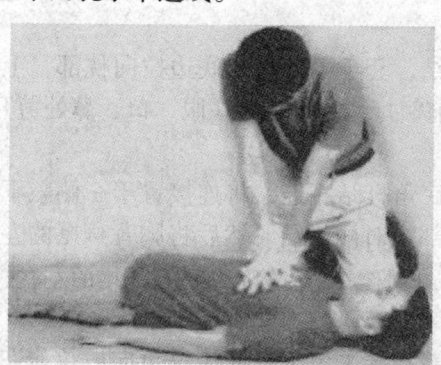

图 4-7 胸外心脏按压

按压方法：

（1）救护员用一手中指沿伤病员一侧肋弓向上滑行至两侧肋弓交界处，食指、中指并拢排列，另一手掌根紧贴食指置于伤病员胸部。

（2）救护员双手掌根同向重叠，十指相扣，掌心翘起，手指离开胸壁，双臂伸直，上半身前倾，以髋关节为支点，垂直向下、用力、有节奏地按压30次。

（3）按压与放松的时间相等，下压深度4~5厘米，放松时保证胸壁完全复位，按压频率100次/分钟。正常成人脉搏每分钟60~100次。

重要提示：按压与通气之比为30∶2，做5个循环后可以观察一下伤病员的呼吸和脉搏。

心肺复苏有效指征：伤病员面色、口唇由苍白、青紫变红润；恢复自主呼吸及脉搏搏动；眼球活动，手足抽动，呻吟。

任务八　包扎技术

包扎术直接影响伤病员的生命安全和健康恢复。导游员要掌握正确的包扎方法。常用的包扎材料有三角巾和绷带，也可以用其他材料代替。

任务分解

一、三角巾包扎法

1. 头部包扎

将三角巾的底边折叠两层约二指宽，放于前额齐眉以上，顶角拉向后颅部，三角巾的两底角经两耳上方，拉向枕后，先作一个半结，压紧顶角，将顶角塞进结里，然后再将左右底角拉到前额打结。

2. 面部包扎

三角巾顶处打一结，套于下颌部，底边拉向枕部，上提两底角，拉紧并交叉压住底边，再绕至前额打结。包完后在眼、口、鼻处剪开小孔。

3. 胸背部包扎

取燕尾巾两条，底角打结相连，将连接置于一侧腋下的季肋部，另外两个燕尾底边角围绕胸背部在对侧打结。然后将胸背燕尾的左右两角分别拉向两肩部打结。

4. 膝关节包扎

三角巾顶角向上盖在膝关节上，底边反折向后拉，左右交叉后再向前拉到关节上方，压住顶角结。

5. 手、足包扎

手（足）心向下放在三角巾上，手指（足趾）指向三角巾顶角，两底角拉向手（足）背，左右交叉压住顶角绕手腕（踝部）打结。

二、绷带包扎

1. 环形包扎法

在肢体某一部位环绕数周，每一周重叠盖住前一周。常用于手、腕、足、颈、额等处以及在包扎的开始和末端固定时用。

2. 螺旋包扎法

包扎时，做单纯螺旋上升，每一周压盖住前一周的1/2，多用于肢体和躯干等处。

3. 8字形包扎法

本法是一圈向上、一圈向下的包扎，每周在正面和前一周相交，并压盖住前一周的1/2。多用于肘、膝、踝、肩、髋等关节处。

三、包扎时应注意

（1）动作要迅速准确，不能加重伤员的疼痛、出血和污染伤口。

（2）包扎不宜太紧，以免影响血液循环；包扎太松会使敷料脱落或移动。

（3）最好用消毒的敷料覆盖伤口，紧包时也可用清洁的布片。

（4）包扎四肢时，指（趾）最好暴露在外面，以便观察。

（5）应用三角巾包扎时，边要固定，角要拉紧，中心伸展，包扎要贴实，打结要牢固。

任务九　溺水处理

任务分解

（1）将溺水者抬出水面后，应立即清除其口、鼻腔内的水、泥及污物，用纱布（手帕）裹着手指将伤员舌头拉出口外，解开衣扣、领口，以保持呼吸道通畅，然后抱起溺水者的腰腹部，使其背朝上、头下垂进行倒水。或者抱起溺水者双腿，将其腹部放在急救者肩上，快步奔跑使积水倒出。或急救者取半跪位，将溺水者的腹部放在急救者腿上，使其头部下垂，并用手平压背部进行倒水。

（2）呼吸停止者应立即进行人工呼吸，一般以口对口吹气为最佳。急救者位于伤员一侧，托起伤员下颌，捏住伤员鼻孔，深吸一口气后，往溺水者嘴里缓缓吹气，待其胸廓稍有抬起时，放松其鼻孔，并用一手压其胸部以助呼气。反复并有节律地（每分钟吹 16~20 次）进行，直至恢复呼吸为止。

（3）心跳停止者应先进行胸外心脏按压。让伤员仰卧，背部垫一块硬板，头低稍后仰，急救者位于伤员一侧，面对伤员，右手掌平放在其胸骨下段，左手放在右手背上，借急救者身体重量缓缓用力，不能用力太猛，以防骨折，将胸骨压下 4 厘米左右，然后松手腕（手不离开胸骨）使胸骨复原，反复有节律地（每分钟 60~80 次）进行，直到心跳恢复为止。

任务十　骨折处理

任务分解

（1）了解伤情，尽量减少对伤员的搬动，以免加重损伤和增加伤者痛苦。

（2）伤口处理：对开放性骨折伤口，最好用无菌敷料包扎伤口，若现场无无菌敷料，可用认为最清洁的布类包扎。骨折断端外露者，现场不能复位，以免造成伤口内的污染。

（3）骨折固定：固定要简单易行，可用木板、竹片或杉树皮等，削成长宽合度的小夹板。固定骨折时，小平板与皮肤之间要垫些棉花类东西，用绷带或布条固定在小夹板上更好，以防损伤皮肉。

（4）立即送往就近医院。

任务十一　窒息处理

任务分解

（1）当事人能剧烈咳嗽，就不要管他。咳嗽通常能把堵塞物咳出。

（2）如果咳嗽不能把堵塞物咳出，或者当事人不再咳嗽或停止了呼吸，立即拨打 120 急救电话。

（3）开始进行海姆利克氏操作：站在当事人背后，双臂环绕他，在肚脐以上胸腔以下找到身体前部的中心点。双手握拳，往回拉，同时产生快速向上的推力。重复此动作直到堵塞物出来为止。

工作评估

表 4-8　急救护理服务工作评估表

工作	要求	分数	得分
急救步骤（50分）	正确	30	
	科学	20	
拨打急救电话（15分）	号码正确	5	
	表达全面规范	5	
	挂机顺序正确	5	
应变能力（20分）	冷静	10	
	灵活	5	
	细心	5	
团队合作（15分）	协作	10	
	人性化服务	5	

特别提示

（1）急救只是采取专业医疗护理措施之前的一种紧急护理。对导游员要进行急救培训，最重要的目的是训练导游员在面对紧急医疗事故时要保持镇静，使当事人和其他游客不要慌乱，避免进一步发生危险；快速采取适当措施；在紧急事故医疗救护人员到达之前保护和稳定当事人。

（2）对于年龄较大的旅游者来说，急救措施显得尤为重要。导游员最好事先了解游客是否患有严重疾病，在旅行开始之前，最好要求游客填写健康卡片，一旦发生紧急情况，能够有针对性地采取急救措施。

（3）导游员要谨记不要擅自给病患者用药。

（4）我们这一部分的急救护理服务，主要是一些常见紧急事件处理的基本方法，导游员必须接受专业医护人员的急救指导，当然，由于责任问题和缺乏医疗常识，紧急事件中最重要的是尽快与专业医疗救护机构联系，在医疗救护人员到达之前保护当事人免受进一步的伤害。

（5）正确拨打120：①简要说明需要救护的事故，伤病情况（人数、大概症状）；②出事地点、周围标志性建筑，以便寻找；③联系人电话号码；④等待对方挂机后，方可挂机。

（6）导游员的急救箱应包括：水、绷带、胶布、医用酒精、剪刀、糖块、手电等。

关键词

火灾　食物中毒　晕车　马蜂蜇伤　毒蛇咬伤　心肺复苏术　包扎　骨折　溺水　窒息

知识链接

安全旅行总则

（1）在旅行开始之前，鼓励游客提出他们关心的有关旅游日程安排、旅游节奏、旅游活动、饮食等方面的问题。

（2）尽量避免去步行困难的地方，如果去则应特别小心。比如，潮湿的地面、鹅卵石人行道等崎岖不平的地带、有台阶或陡峭地带等。

（3）注意温度异常的天气。例如，在特别热或特别潮湿的天气，应当准备足够的饮料并经常休息。在汽车上，导游员应当定期来回巡视，监测温度，因为车厢前部、中部和后部的温度可能不一样。

（4）要特别注意那些事先已知道其身体有状况的人，比如心脏病人或糖尿病人。

（5）了解旅游地医院的具体位置。

案例分享

一天，全陪发现一位每天准时用早餐的住单人间的游客没有来吃早饭，心里有点纳闷，以为已经起身外出散步，没有在意。但集合登车时还没有见到这位游客，于是找领队询问，领队也不知道，打电话到房间也没有人接。两位导游员到房间敲门，无人应答，询问楼层服务员，称没有见人外出。等服务员打开房门，发现游客躺倒在床上，没有了呼吸。两人吓得跑到前厅，惊恐地告诉大家该游客已经死亡的消息。地陪立即决定取消当天的游览活动，并赶紧打电话向地方接待社旅行社领导报告消息，请领导前来处理问题。然后就在饭店大厅走来走去，紧张地等待着领导。

在线思考

游客在旅游过程中，各种伤害时有发生，如上山时不慎摔伤、洗浴时不慎跌伤、手伸出车窗外严重擦伤、某高血压患者隐瞒实情参加蹦极活动而危及生命等。作为导游员应如何预防和处理此类问题。

近几年，利用假期外出度假的人越来越多。一些喜欢冒险的年轻人更把到"深山老林"探险作为首选目标。户外运动的积极参与者小强，听朋友介绍某旅行社正在举办一次野外生存自由行活动。他非常积极，立刻到旅行社报了名。这次旅行的目的地是张家界。出行前，旅行社全陪导游员为大家召开了一次行前说明会，重点提到了旅游期间的安全问题。全陪小宋说："这次旅行社组织的户外自由行活动，应该是非常符合我们每一位年轻朋友求刺激、求挑战需要的。我们对全程活动进行了周密的安排，但有一点，一定要重点强调，那就是安全问题。张家界景色优美，但是山高林密，而且在国庆前后，正是蛇类出没的高峰期。它们一般都藏身在树林、草丛和竹林当中。因此，一定要注意安全。"

带着一种对大自然的憧憬，全团 13 位游客整装待发了。与其他旅游团不同的是，这组游客自律能力极强，用全陪小宋的话来讲，这个团的游客就像一支纪律严明的部队。大家一路上互相帮助，从野外露营到生火做饭，处处体现团队精神。在不到两天的时间里，十几位队员就像老朋友一样相处得非常融洽。第四天，按计划，旅游团要翻越一座没有路的山岭。走在后面的一位大学生游客惊叫了一声，大家回头一看，小伙子整个人脸色难看极了，上前一问，他说被什么东西咬了一下。经验丰富的全陪小宋揭开裤筒一看，原来是被蛇咬了一口。小宋立即从自己的背包中取出小药盒为他进行紧急处理。

拓展实践

请大家分组模拟演练各项急救处理任务，注意步骤的正确、科学。

项目五　送别服务

■ 项目简释

　　带团是个非常系统的工作,导游工作要有始有终,在最后的送别工作中,导游人员要坚持按照规章制度来办事,给游客留下一个良好的印象。通过本项目的学习,让学生了解并掌握送别服务中的相关知识和注意事项,从案例中掌握导游员带团过程中的具体事项,从而为今后从事导游服务工作奠定良好的基础。

■ 能力目标

　　会为游客提供送别服务;能做好送别前的准备工作,并为游客提供离店服务和离站服务;完成送别服务的一系列工作。

■ 项目分解

　　模块一　送别前的准备工作
　　模块二　离店服务
　　模块三　离站服务

模块一　送别前的准备工作

▶ **能力目标**

了解客人离店之前导游的具体准备工作内容，明确送团工作的重要性，理解送别工作的业务准备。

▶ **工作任务**

任务一　核实交通票据

任务分解

核实、确认交通票据的工作十分重要，地陪必须给予高度的重视，做到准确无误。旅游团离开本地的前一天，地陪应核实该团离开的机（车、船）票，要核对团名、人数、去向、航班（车次、船次）；起飞（开车、起航）时间（要做到四核实：计划时间、时刻表时间、票面时间、问讯时间）；在哪个机场（车站、码头）起程等事项。

如果该团乘坐的航班、车次和时间有变更，地陪应问清旅行社有关部门是否已经通知下一站接待社，以免造成下一站漏接。如果旅游团是从本地乘飞机离境，地陪应尽早与领队核实出境机票，提醒或协助领队提前72小时确认机票。有时会出现旅游团在本地停留的时间少于72小时的情况，接这类旅游团，地陪应特别注意在迎接旅游团时，一见到领队，就要马上提醒其确认该团出境的机票。如遇境外客户订国内机票，由领队自带的，应尽快交与接待社有关部门核实航班号、确认机位。

任务二　商定出行李时间

任务分解

（1）地陪应先与旅行社行李部联系，了解旅行社行李员与饭店行李员交接行李的时间（或旅行社规定的时间），然后再与饭店行李员商定地陪、全陪、领队与饭店行李员四方交接行李的时间。

（2）与饭店行李员商定后，再与领队、全陪商定游客出行李的时间，然后通知全团。届时要向游客讲清托运行李的具体规定和注意事项，提醒游客不要将护照及贵重物品放在托运行李内，托运的行李必须包装完善、锁扣完好、捆扎牢固，并能承受一定的压力。

（3）出行李时，地陪应与全陪、领队、行李员一起清点，最后在饭店行李交接单上签字。

任务三　商定出发时间

任务分解

（1）首先，地陪应告诉旅游车司机本团离开时所乘的交通工具（是火车还是飞机），具体的航班、车次，离站地点（在哪个机场、火车站），是乘国内航班赴下一站还是乘国际航班出境；然后，与司机商定出发时间（因为司机比较了解路况）。但为了安排得更合理，还应及时与领队、全陪商议，确定后及时通知本团游客。

（2）如该团乘早班机（火车或轮船），出发的时间很早，地陪应与领队、全陪商定叫早和用餐的时间并通知游客。如果该团需要将早餐时间提前（早于餐厅的正常服务时间），地陪应通知饭店订餐处提前安排。

任务四 协助饭店结清与游客的有关账目

任务分解

（1）及时通知饭店有关部门该团的离店时间，提醒其提前与游客结清账目（最好在离店的前一天晚上结账，以免耽误时间）。

（2）地陪应及时提醒、督促本团游客尽早与饭店结清与其有关的各种账目，如洗衣费、长途电话费、房间酒水饮料费等；如有游客损坏了客房设备，地陪应提前协助饭店妥善处理赔偿事宜。

任务五 及时归还证件

任务分解

一、归还证件

一般情况下，地陪不应保管旅游团的旅行证件，用完后应立即归还游客或领队。在送别前一天，地陪要检查自己的物品，看是否保留有游客的证件、票据等，若有应立即归还，当面点清。

二、提醒有关注意事项

地陪应提早告知游客行李托运的有关规定，提醒其将有关证件，所购买的贵重物品及发票放在手提包里随身携带，如是离境团，还应该提醒其准备好海关申报单，以备出关时查验。

工作评估

表 5-1 送别前准备工作评估表

项目	要求	分数	得分
导游程序（25分）	导游证	5	
	程序规范	10	
	应变得当	10	

续表

项目	要求	分数	得分
语言表达能力（25分）	音量	5	
	语调	5	
	流畅	10	
	生动	5	
仪容仪表（20分）	微笑	10	
	亲切	5	
	体态	5	
团队合作（30分）	协作	10	
	创新	10	
	人性化服务	10	

特别提示

1. 送别之前一定要先核实交通票据，充分做好旅游团离开之前的具体准备工作。

2. 在离开饭店之前，地陪、全陪以及领队要先商量好第二天的出行李时间、第二天离开的集合时间，并提前通知游客，让游客事先做好准备。

3. 导游的工作是个非常细致的工作，在离店之前导游要事先提醒游客相关的注意事项。

关键词

核实票据　　出行李　　游客的证件

知识链接

行李遗失的预防

（1）在机场、车站和码头，由游客认领行李，领队、全陪和地陪共同清点行李数，挂上行李牌交行李员运送（行李牌上应注明团名、行李数量、下榻饭店等），并在行李交接单上签字。

（2）离开本地前，要强调交托运行李的时间，贴上团队标志，写好名牌，挂上小锁，通知饭店行李员按时将行李集中，由地陪、领队、全陪、饭店行李员共同清点行李数，然后由游客检查自己的行李，地陪在行李交接单上签字。

（3）行李运抵机场后，由游客认领自己的行李，送去过磅托运，或由地陪将行李牌交全陪或领队点清。

案例分享

送机前未确认机票的后果

导游员谢先生送旅游团出境，他多次劝说美国领队提前确认机票，但领队总说在美国只要上飞机前确认，直接上机场就能找到座位。送机时，由于没有确认机票，这批游客的机票早已售出。美国领队傻了眼，谢先生了解了一下后面航班的情况，所有的空位加起来也只有十几个，于是他建议让大家分批走。领队终于同意了，先为一部分人办理了登机手续，而其他游客改乘次日上午的航班离境。

案例分析：

（1）仔细检查游客交通票据上的航班、车次、时间，以免造成无法弥补的经济损失。

（2）团体票、联程票、单程票、返程票、OK票、OPEN票，都需要进行确认。

（3）确认机票、车票要及时。

（4）没有确认机票无法登机时，要千方百计地为游客争取到座位，以摆脱未确认所造成的困境。

一位游客的行李在来华途中丢失，导游员如何处理？

案例分析：

（1）陪失主到机场行李遗失登记处办理行李丢失手续，出示机票和行李牌，详细说明行李件数、大小、形状、颜色、标记特征等，并一一填入表内，写明住宿饭店名称、电话、全陪的房号、地陪的手机号码，并记下行李丢失登记处的电话和联系人以便联系。

（2）地陪与地接社计调人员要不时打电话问询行李寻找的结果。

（3）帮助失主购置必要的生活用品。

（4）如在旅游团离开本地之前仍未找到行李，应告知机场下一站地接社与下榻宾馆电话，以便送还找到的行李。

（5）如行李确系丢失，地陪可协助失主向有关航空公司索赔。

一位游客的行李在中国境内丢失如何处理？如何预防行李的丢失？

案例分析：

（1）分析情况，找出差错的环节。

（2）向失主表示歉意，做好对旅游者的安抚。

（3）帮助旅游者解决因行李遗失而带来的生活方面的困难（如购买日常用品、内衣或急用药品）。

（4）经常与有关方面联系，了解查找的进展。

（5）如确定行李已经遗失，协助失者按规定向有关部门（如丢失行李的部门或保险公司）索赔。

（6）事后写出书面报告，讲明丢失经过、原因，查找过程与结果，失主反应及采取的补偿措施。

游客护照被托运

韩小姐作为全陪，带领团队进入机场检票大厅，办理登机手续。突然一位游客告诉她，护照放进了托运的行李中，没有护照办理不了登机手续，而此时离停办手续只剩10分钟。韩小姐急忙找到了地陪，地陪紧急与机场值班室联系，破例允许他们带领游客进入机舱，查找行李，取出护照，顺利登机。

案例分析：

导游人员在办理登机手续前，一定要提醒游客准备好护照等证件，确认好机票，以免遇到不测。最好的办法是，在酒店出发前，由地陪和全陪提醒大家，在赴机场的路上，再次强调，这样可以把忘记随身携带证件的隐患减少到最低限度。

机票破损将如何登机返航？

旅游团中一位齐齐哈尔游客，忽略了手持的是往返机票，到达上海后，将机票撕毁，丢在旅店的废纸篓里。三日游览结束，最后半天是自由活动时间。退房后，全陪提醒大家装好机票，他才知道自己犯了一个大错误。全陪只好陪他到北航天鹅航空公司上海办事处，从电脑中调出本团的机票，调出此游客的姓名，由游客重新按机票票面价值购买了相同座号的机票，航空公司承诺，一年内，此游客可持机票和相关的证明材料，到齐齐哈尔当地北航天鹅航空公司总部办理全额退款手续。

案例分析：

原则上讲，有返航机票、车票的，应由全陪统一保管，特别是老年人居多的团队，全陪更应该担负起这一责任，以免出现有个别游客没有保管好机票，无法返回的事故；作为导游人员，应仔细核查团队的人数、游客的姓名和机票数量,有些联票有很多页,上面的航班号、到达地点、起飞时间等数据密密麻麻,而且都是外文,所以确认时一定要细心。

多亏了导游认真细致

某旅行社地陪在送团离站前得到通知:该团乘坐的航班延迟起飞。于是,导游员一边带团一边随时打电话询问机场有关航班信息。每次得到的回答都是:"00:50 起飞。"出于慎重,该导游员把每次通话都作了完整的记录。当团队按照 00:50 的起飞时间提前赶到机场时,飞机早已经于 20:50 飞走了。机场人员对导游员讲:"你误机了。"该导游员拿出记录说明情况并请值班领导立即与问讯处查对:原来是机场值班人员把 20:50 龙飞凤舞地写成 00:50。只在第一个"0"下边带个小尾巴,粗看是"0",细看像"2"。一笔之差导致了误机事件,查清了原因后,机场给了该团满意的安排。玩忽职守者受到了深刻的教育。如果导游员不多次询问并认真记录,就没有证据;如果一听到误机就手忙脚乱、没了主意,也必然造成旅行社的巨大损失。可见,认真细致和沉着冷静是导游员带团必备的基本素质。

案例分析:

(1)该团导游员本着对工作认真负责的精神对待接团过程中的各种变化,尤其在与相关旅游服务供应部门合作时,采取谨慎态度,将双方传递与确认信息的过程作了详细记录,由此避免了代人受过、使旅行社蒙受巨大损失的严重后果。这种精神与工作态度是值得学习和效仿的。

(2)在离站前一天,地陪要与领队、全陪商定第二天叫早、用早餐、出行李和结账离店的时间,并通知游客。如果该团乘早班飞机或早班火车离开,需要改变早餐用餐时间、地点或带早餐盒饭的,地陪要及早安排。

(3)与旅行社行李员联系,通知其取行李的时间及送机(站)的时间。如果旅游团是乘火车离开,要将火车车次和车厢号告知行李员。

(4)地陪应检查自己的物品,确认没有保存旅游者的证件和票据等,若有应立即归还并当面点清。

(5)请领队和旅游者填写旅游接待意见反馈表。

在火车上,游客忽然发现自己的行李不见了,导游员应怎么办?
案例分析:

遇到这种情况,导游员应安抚其不要惊慌,检查一下是否是刚刚上车时由于慌乱让团队其他人拿错了行李;如果确信没有人拿错,再查看是否丢在上一站的宾馆、餐厅或旅游车上。如果游客肯定已将所有行李带上火车,那么一定是被盗了,导游员应在第一时间报案,协助乘警迅速对每节车厢进行排查捉拿犯罪分子。火车上失窃案件很多，导游员应不时提醒游客看管好自己的行李物品，倒水、去洗手间时一定要留人在铺位看守，休息时将自己的贵重物品随身保管好，让小偷无机可乘。

在线思考

在送团中，为防止一些突发情况的发生，导游员应从哪些方面提前采取措施预防？

拓展实践

请学生自制一个小卡片，写清自己带团前的具体准备工作，并时时提醒自己。

模块二　离店服务

▶ **能力目标**

了解导游员离店服务的内容,理解离店服务的重要性,会处理游客离店中出现的一些问题。

▶ **工作任务**

任务一　集中交运行李

> **任务分解**

旅游团离开饭店前,地陪要按预先商定好的时间与饭店行李员办好行李交接手续。具体做法是:先将本团游客要托运的行李收齐、集中,然后由地陪与领队、全陪、行李员共同清点行李的件数(其中包括全陪托运的行李),检查行李是否上锁,捆扎是否牢固,有无破损等,最后交付饭店行李员,填写行李运送卡,办好行李签字交接手续。

任务二 办理退房手续

任务分解

旅游团离开饭店前，若无特殊原因，地陪应在中午 12:00 以前办理退房手续或通知有关人员办理。超过中午 12:00，饭店将加收半天房费。

任务三 集合登车

任务分解

（1）离开饭店前，提醒游客带好个人物品及旅游证件（如需要应协助旅游者办理退房手续），并询问游客是否已与饭店结清账目，收齐房间的钥匙，交到总服务台即可带游客离店。无特殊情况，应在中午 12:00 以前退房。

（2）集合全团游客上车。照顾游客上车入座后，地陪要仔细清点人数。全体到齐后，要再一次请游客清点一下随身携带的物品，并询问是否将证件随身携带，如无遗漏则请司机开车离开饭店赴机场或火车站。

工作评估

表 5-2 离店服务工作评估表

项目	要求	分数	得分
导游程序（25分）	导游证	5	
	程序规范	10	
	应变得当	10	
语言表达能力（25分）	音量	5	
	语调	5	
	流畅	10	
	生动	5	

续表

项目	要求	分数	得分
仪容仪表（20分）	微笑	10	
	亲切	5	
	体态	5	
团队合作（30分）	协作	10	
	创新	10	
	人性化服务	10	

特别提示

（1）在旅游团离开饭店之前，要先把行李集中并做好交接工作。

（2）注意退房手续办理时间最好是在中午12:00之前，否则要加收房费。

（3）离开饭店之前，导游人员应再次提醒客人有无相关物品忘在饭店。

关键词

退房　　集合登车

知识链接

什么是有效证件？与我国入境旅游有关的有效证件主要有哪几种？

（1）有效证件是指各国政府机关为其公民颁发的证明其身份的证件，我国旅游业中经常接触到的有效证件主要有护照、签证、港澳居民来往内地通行证、台湾居民来往大陆通行证等。

（2）护照——国家主管机关发给本国公民出国或在国外居留的证件，用以证明其国籍和身份。护照一般分为外交护照、公务护照和普通护照三种。我国规定，外交护照、公务护照由外事部门颁发，普通护照由公安部门颁发。中华人民共和国护照的有效期一般为10年，不可延期。

（3）签证——国家主管机关在本国或外国公民所持的护照或其他旅行证件上签注、盖印，表示准其出入本国国境或过境的手续。签证分为外交签证、礼遇签证、公务签证、普通签证等。旅游签证属于普通签证，在中国为"L"字签证，发给来中国旅游、探亲或因其他私人事务入境的人员。

（4）签证上注有许可持证者在本国境内停留的起止时间、期限等。获签证者必须在许可期限内进入目的地国，超过期限签证不再有效。有三种情况可以免办签证——华侨回国探亲；外国人在旅游时持国际联程客票搭乘国际航班直接过境，在中国停留不超过24小时且不离开机场范围；签订了互免签证协议的国家的公民互相进入对方国境。

（5）港澳居民来往内地通行证，由中华人民共和国公安部出入境管理局签发，是具中华人民共和国国籍的香港特别行政区及澳门特别行政区居民来往中国内地所用的证件。年满18周岁的为10年有效，未满18周岁的为5年有效。

（6）台湾居民来往大陆通行证，是台湾地区居民往来大陆地区所持有的证件。台湾居民在大陆的，目前可以向授权的北京、上海、天津、重庆、福建、浙江、江苏等省、直辖市公安机关出入境管理部门申请补发、换发5年有效台湾居民来往大陆通行证和签注；在其他省（区、市）的，可向当地公安机关出入境管理部门申请办理一次有效台湾居民来往大陆通行证、签注。

案例分享

某一年的"五一"劳动节，导游员小宋陪伴一个旅游团，成人中全是女士，家属中还有几名小孩。送团这一天早晨，小宋在前台办理手续，游客已经上车。结账单据内，有5个房间都出现使用2盒避孕套的费用（该饭店每个房间内配备2盒避孕套，每盒10只，50元，游客自费使用）。小宋感觉这事蹊跷，全是女士，怎么会呢？小宋觉得不太对，可是查房又无误，于是他叫来了已经上车的全陪（女士），说明了情况。小宋让全陪把其中一个房间的女士叫下车，让她问个究竟。

情况很快清楚了，原来这几位女士以为这两盒东西是饭店免费送给游客的，所以她们就装入包中准备带回家自用。当听说要交费时，全都表示愿意，但是脸已经臊红，非常不好意思。小宋在前台远远地看着全陪询问情况，看到了几位女士难堪的表情，就询问前台服务员："如果没有开封，没有使用，能否退掉。"得到回答："可以！"小宋叫来全陪，收回了10盒避孕套，退给了前台，就此了结了一场尴尬的退房事件。

案例分析：

（1）人性化服务体现在各个方面。

（2）遇事导游员要冷静分析，不可贸然行事。

（3）发挥女性全陪的性别优势，为团队内女士提供有针对性的服务。

（4）以人为本，要尊重人，尤其要尊重女士。

（5）这种事情没必要报告旅行社。

在线思考

旅游团即将离店，导游员最后要做的工作有哪些？

拓展实践

为什么强调要在中午 12:00 之前离店？试分析这其中的合理和不合理的方面。

模块三　离站服务

▶ **能力目标**

了解导游员离站服务的具体内容，理解离站服务对导游工作的重要性，会进行机场、车站送行服务。

▶ **工作任务**

任务一　游客意见征询表填写

任务分解

地陪应及时将"游客意见征询表"交到旅行社有关部门，此表对旅游活动中旅游服务的各方面都有一个比较客观的反映。旅行社各部门在接到此表时，会认真对待游客的评议。凡是针对地陪的表扬或意见，地陪应主动说明原因，反映客观情况，必要时写出书面材料；如果属于针对餐厅、饭店、车队等方面的意见，地陪也应主动说明真实情况，由旅行社有关部门向这些单位转达游客的意见或谢意，若反映的意见比较严重、意见较大时，地陪也应写出书面材料，内容要真实，尽量引用原话，以便旅行社有关部门和相关单位进行交涉。

如：

尊敬的游客：

欢迎参加旅行社组成的团队出外旅游，希望此次旅程能为您留下难忘的印象。为不断提高我市旅游服务水平和质量，请您协助我们填写此表（在每栏其中一项里画"√"），留下宝贵的意见。谢谢您！欢迎再来旅游！

组团社：　　　　　　　　　　　全陪导游姓名：

团号：　　　　　　　　　　　　人数：

游览线路：　　　　　　　　　　天数：

游客代表姓名：　　　　　　　　联系电话：

单位：　　　　　　　　　　　　填写时间：　　年　　月　　日

表 5-3　国内旅游游客意见表

项目	满意	较满意	一般	不满意	游客意见与建议
咨询服务					
线路设计					
日程安排					
活动内容					
价格质量相符					
安全保障					
全陪导游业务技能					
全陪导游服务态度					
地陪导游服务					
住宿					
餐饮					
交通					
娱乐					
履约程度					
整体服务质量评价					

任务二　机场送行服务

任务分解

一、致欢送词

赴机场途中，视路途长短地陪可适当对沿途情况进行导游讲解，也可回顾几天的游程，总结在这期间游览了哪些"中国之最""世界之最""北京之最"

等，使游客感到"游有所值"。临近机场（车站）地陪应致欢送词。欢送词的内容应包括：回顾旅游活动，感谢大家的合作；表达友谊和依依惜别之情；征求游客的意见和建议；对不尽如人意之处向游客赔礼道歉；表示美好的祝愿。致完欢送词后，地陪可将"旅游服务质量评价意见卡"发给游客请其填写，如需寄出应先向游客讲明邮资已付，如需由导游员带回，则应在游客填写完毕后如数收回、妥善保留。

二、提前到达机场

地陪带旅游团到达机场，必须留出充裕的时间。具体要求是：出境航班提前 3 小时或遵照航空公司要求的时间抵达机场，国内航班提前 2 小时。

旅游车到达机场后，地陪要提醒游客带齐随身的行李物品，并照顾游客下车。待全体游客下车后，地陪要再检查一下车内有无遗留的物品。

三、交接和认领行李

照顾游客下车后，导游员与行李员交接行李。然后照顾游客取行李，一定交代游客自己取自己的，不要替他人代拿。随后导游员带领全体游客进入机场。

四、协助办理离站手续

1. 送乘坐国内航班离开的团

（1）移交交通票据和行李票。带领旅游团走进机场的大厅后，地陪应迅速与旅行社行李员取得联系，将其交来的交通票据、行李托运单或行李卡的数量、到达地点一一清点和核实，然后交给全陪（无全陪的团则交给领队）请其当面清点核实。

（2）需要垫付机场建设费的团，地陪要照计划办理，回到旅行社后再凭票据报销。

（3）等旅游团所乘交通工具驶离后，地陪方可离开。

2. 送乘坐国际航班出境的团

（1）移交行李

送出境的旅游团，地陪和领队、全陪一起与旅行社的行李员交接行李，清点核查后协助游客拿走自己的行李。

（2）地陪要向领队（或游客）介绍如何办理出境手续。需垫付机场建设费的团，要按照计划办理，注意保存好票据，回旅行社凭票据报销。

（3）旅游团进入隔离区后，地陪即可离开。

五、挥手告别

当游客进入安检口或隔离区时，导游员应与游客挥手告别，并祝他们一路平安。

六、结算事宜

地陪与司机办理车费签字手续，把用车单带回旅行社交给财务。对于一些特殊团队，地陪还要根据旅行社指示与全陪、领队办理结算事宜。

任务三　火车站送行服务

任务分解

（1）提前抵达车站。为使游客有足够的时间上火车，应提前30分钟将游客送上车厢。

（2）带领游客找到车厢。

（3）将交通票据或卧具牌、行李票据交给全陪（或领队）。

（4）送别。

（5）车启动后方可离开。

送走旅游团后，地陪应与旅游车司机结账，在用车单据上签字，并保留好单据。

任务四　误机、误车处理

任务分解

误机、误车事故属于重大事故，一旦发生，往往会给游客带来诸多不便，影响整个旅程的顺利进行，往往造成重大的经济损失。因为旅游团队计划是事先经过周密计算、精心安排的，旅游活动是一环扣一环的，任何一个环节出现故障，都会影响全程。如果旅游团耽误了某地离站的飞机或火车，就要被迫延长在该地的停留时间而不得不缩短甚至取消下一站的游览时间，如果由此耽误了出境的飞机或火车，则会影响游客回国的时间，从而产生众多的问题和矛盾，甚至引发一系列严重后果。

误机、误车事故，可以按照事故发生的实际情况，分为"将成事故"和"已成事故"。"将成事故"是指，导游员已经知道由于某种原因可能会导致事故发生，但尚未既成事实的情况。"已成事故"是指，已经成为事实、无法挽回的事故，导游员只能按照有关规定进行善后处理。

1. 将成事故的应急处理措施

因某种原因使旅游团延误了赶赴机场或车站的时间，导游员在已经预知可能发生误机、误车事故的情况下，应尽快采取应急措施：立即向旅行社汇报情况，请求帮助协调；与机场或车站联系，详细说明旅游团名称、人数、所处位置、大约抵达的时间，请求等候；如果得到同意，马上组织团队赶赴机场/车站；同时向各有关部门及相关人员讲清旅游团延误情况和补救办法，请求协助。

2. 已成事故的处理方法

（1）如果误机或误车已经成为事实，导游员应该立即采取补救措施，设法让旅游团尽快前往下一站，力求将损失降到最低。

（2）与民航或车站联系，协商补救办法，询问当天是否有前往同一目的地的航班或车次，有无座位及座位数量。

（3）在节约时间的前提下改乘其他交通工具前往下一站。

（4）如果旅游团不能马上离开本地，要请旅行社重新安排旅游者的用餐、住宿及游览活动。

（5）及时通知下一站接待社，对日程安排作必要的变动。

（6）向游客赔礼道歉。导游员及社内相关人员应力争缓解游客的不满情绪，把对旅行社的不利影响降到最低程度。

工作评估

表 5-4　送行工作评估表

项目	要求	分数	得分
导游程序（25分）	导游证	5	
	程序规范	10	
	应变得当	10	
语言表达能力（25分）	音量	5	
	语调	5	
	流畅	10	
	生动	5	

续表

项目	要求	分数	得分
仪容仪表（20分）	微笑	5	
	亲切	5	
	体态	5	
团队合作（30分）	协作	10	
	创新	10	
	人性化服务	10	

特别提示

（1）在送团之前，导游人员要组织游客填写好"游客意见征询表"。
（2）了解机场送行服务和火车站送行服务中的一些注意事项。
（3）掌握误机、误车的处理方法。

关键词

游客意见征询表　　机场送行　　火车站送行　　误机、误车

知识链接

国内乘机服务

1. 抵达机场
航空公司规定航班起飞前30分钟停止办理登机手续。
2. 办理登机手续
凭证件换登机牌、托运。
3. 安全检查
将机票的旅客联、登机牌、身份证交给安检员，安检员审核没问题会在登机牌上面盖章，然后过安检门。
4. 候机
找到登机牌上所写的登机口对应的候机厅。
5. 登机
6. 找机上位置
如：5D、11C其中的数字代表第几排，字母A、B、C、D、E、F等代表每

排的座位。

7. 餐食
8. 到达
如有托运行李，勿忘取行李。

国际乘机服务

1. 海关检查
若有物品申报时，请走红色通道，办理海关手续；如果没有，请走绿色通道。
2. 行李托运、换登机牌
护照、签证及旅行证件应随身携带，不要放在托运行李中托运。
3. 边防检查
确认出境卡是否填好，并连同护照、签证一并交边防检查站查验。
4. 安全检查
5. 候机及登机

国际航班抵达服务

1. 卫生检疫
在飞机内填写好由检疫所发的卫生健康卡，交到卫生检疫站。
2. 边防检查
飞机内填好入境卡，并连同护照、签证一并交边防检查站查验。
3. 领取托运行李
确认航班号，到相应的行李转盘领取托运行李。
4. 海关检查
如携带的物品没有超过免税范围，走绿色通道。
5. 到达大厅

铁路旅客人身意外伤害保险如何办理？

1. 保险对象
凡购票乘坐铁路客运列车的旅客（公免票除外）均可向中国人民保险公司（下称保险人）投保本保险。
2. 保险期限
自投保人持有效客票即保险凭证从检票进站起至旅客到达所持客票终点站，吊销客票出站时止。客票有效期内被保险人中途下车出站时，保险责任终止；客票重新检票进站后，保险责任继续有效，直至到达所持客票终点站，吊销客票出站时止。

3. 保险金额或保险费

凡持有车票，票价在20元以内的被保险人，每人保险费1元；票价在20元以上的被保险人每人保险费2元。

下列物品不得带入车内

（1）国家禁止或限制运输的物品。
（2）危险品。
（3）妨碍公共卫生的物品及动物。
（4）能损坏或污染车辆的物品。

常见危险品列表

1. 爆炸品类

雷管、传爆助爆管、导爆索、导火索、火帽、引信、炸药、烟花制品（礼花、鞭炮、摔炮、拉炮等）、点火绳、发令纸等。

压缩气体和液化气体类：甲烷、乙烷、（压缩、液化的）丙烷、丁烷、打火机、微型煤气炉用储气罐、气体杀虫剂。

2. 易燃液体类

汽油、酒精、去光水、引擎开导液、鸡眼水、染皮鞋水、打字蜡纸改正液、强力胶、汽车门窗胶、香蕉水、脱漆剂、环氧树脂、油漆、皮革光亮剂、显影剂、印刷油墨、煤油、樟脑油、松节油、松香水、擦铜水、纽扣磨光剂、油画上光油、刹车油、防冻水、柴油等。

3. 易燃固体类

如红磷、硫黄、火补胶。

4. 自燃物品类

黄磷、油布。

5. 遇湿易燃物品类

金属钠、镁铝粉。

6. 氧化剂和有机过氧化物类

过氧化氢（双氧水）、硝酸铵、氯酸钾。

7. 毒害物品

氰化物、砷、赛力散、灭鼠安（含各类灭鼠药）、敌百虫等杀虫剂、灭草松、敌稗等灭草剂。

8. 放射性物品类

夜光粉、发光剂、放射性同位素。

9. 腐蚀性品类

硫酸、硝酸、盐酸、苛性钠。

10. 管制刀具

匕首、三棱刀（包括机械加工用的三棱刮刀）、带有自锁装置的弹簧刀（跳刀）以及其他相类似的单刃、双刃、三棱尖刀。

机票是否有效是乘机的最基本条件

1. 要注意确认机座

（1）在异地或异国购买的本站国内航空班机票（OK票）都要在送站或离站前48小时去当事航空公司驻本市办事处再确认其机座，有的航空公司只需要打一个电话即可。

（2）在异地或异国购买的本站国际航空班机票（OK票）都要在送站或离站72小时前去当事航空公司驻本市办事处再确认其机座，有的航空公司只需要打一个电话即可。

（3）RQ票（Request，未得到确认的机座预订机票）需要去当事航空公司驻本市办事处预订确认其机座。

（4）OPEN票（未预订机座的机票）更需要事先去当事航空公司驻本市办事处预订机座。

（5）在本市购买的国内机票或国际机票离开本市时都不需要去确认机座。

2. 要细心检查机票有无异常情况

（1）机票上的英文（或汉语拼音）或中文乘客姓名、航班号、日期（年、月、日）和起飞时间等是否与接待计划和旅游团名单一致，国人出境还要核对机票上的姓名与护照姓名是否一致。

（2）有无游客的机票是另一航班的（本班机机座预订已满，预订机票时，就改成了其他航班）或手持RQ机票。

（3）检查机票（国际航班）上的餐食标志，除普通餐食，还有清真餐、水果餐和婴儿餐等。

乘机人是否持有相关的有效证件

1. 身份证件

（1）居民身份证

乘机人应持有本人居民身份证。

（2）护照和签证

国人出境游需要出示由公安机关签发的本人护照，以及旅游目的地国驻华使、领馆在本人护照上签发的签证。

境外旅游者也需要出示本人护照和我驻外使、领馆在其本人护照上签发的签证。也有境外旅游团持我驻外使、领馆签发的团队签证，但同样要与本人护照同时出示才能算有效的签证。

（3）中华人民共和国旅行证和入出境通行证

该证是我国公民出境游时不慎遗失本人护照后，由我驻外使、领馆发给的返回原居住地证明其身份的证件。

（4）往来港澳通行证

国人去港澳旅游需要出示省、自治区、直辖市公安机关签发的有效期为10年的往来港澳通行证。外国人出示本人护照和第三国驻华使、领馆签发的去港澳旅游签证，港澳海关才能放行。

（5）港澳居民来往内地通行证

港澳居民来往内地通行证，由中华人民共和国公安部出入境管理局签发。

（6）台湾居民来往大陆通行证

台湾同胞回大陆探亲、旅游的证件是台湾居民来往大陆通行证，由我国公安部门或委托的机构签发。台湾同胞如绕道其他国家来北京，可在中华人民共和国驻外使、领馆办理旅行证明。该证件经口岸边防检查站查验并加盖验讫章后，即可作为进出祖国大陆和到内地旅行的身份证明。

2. 健康证明

出境游客须持有"国际预防接种证书"，因该证件的封面颜色为黄色，故通常又称为"黄皮书"；国际机场、港口和陆地口岸都有卫生检疫站，游客要出示黄皮书供卫生检疫人员检验。

地陪、饭店行李员和旅行社行李员的送站服务工作

地陪要将下列有关规定的信息事先向游客传递清楚：

（1）哪些物品不宜放入托运的行李箱（或旅行包）内的信息。

（2）哪些物品不准放入托运的行李箱（或旅行包）内的信息。

（3）国人出境旅游团客人需要知道哪些物品需要向我国海关申报。

（4）哪些物品禁止出境和入境。

此外，行李箱（或旅行包）均要上锁，行李箱（或旅行包）的侧包不宜放香烟、打火机、刮胡刀等物品。托运行李的重量和规格大小等都有明确的要求。

若次日送站服务的班机为北京（或东京，或曼谷）时间10点以前，地陪要向游客宣布次日×时×分请把自己准备托运的行李（行李箱或旅行包）放在自己的房门旁，并要核对房间号码有无变动、托运行李的件数有无增减等。

若次日送站服务的班机为北京（或东京，或曼谷）时间10点以后，地陪要

向游客宣布次日×时×分（与用餐时间相同）请把自己准备托运的行李（行李箱或旅行包）放在自己的房门旁，并核对房间号码有无变动，托运行李的件数有无增减等。

地陪要在离店前夜向饭店行李部或前厅总服务台传递客人交出行李的时间、集中行李的时间和旅行社行李员来接收行李的时间。若客房号码有变动，要做出更正。

地陪在离店的前一天要向旅行社行李员传递次日×时×分来×饭店接收××团的行李的信息，其信息内容包括旅游团团号、人数、行李件数，以及将行李运送去×机场的×地方或团队行李托运处代为托运行李等，还要商定把机票、行李票和行李认领牌（行李牌）在何时何地交给地陪；行李员从旅行社后勤（或内勤，或计调）取得机票。

饭店行李员把行李集中后，最后请客人在离店前再看一下自己准备托运的行李是否在集中处。

若客人与店主的账还未结清，而旅行社行李员又急于要去机场事先托运客人的行李，全陪完全可以出示个人居民身份证作信用担保，请饭店行李部放行行李。事后导游再负责促使客人结账；地陪还要明确告知客人，离店之前的时间要减去店方服务员的查房时间（约15分钟），客房的设备一旦损坏或遗失是要由客房客人负责赔偿的。

导游适时组织游客到机场需注意的问题及具体操作办法

1. 离站当日最好不要让游客离团办私事

离站当日，原则上不要许可游客离团办私事，比如与亲友告别、去商店购物等，最好说服其与全团游客一块儿活动。若个别游客坚持要做自己的事情，领队、全陪、地陪都要一致表示不同意，回答时，导游员的声音可以稍大一些（以让其他人听见），要显得无可奈何的样子；若有人确实需要离团，要让其书面保证若不能按时到达集合地点，一切后果由其本人负责。

2. 要求次日乘早班机离站的当日离团游客回店后报告

务必让次日乘早班机离站的当日离团自由活动或办私事的游客回到饭店后，向领队或全陪报告。

3. 离站当日游览活动的安排要妥当

（1）三个不妥

第一个不妥，安排游客在范围广、地域复杂、路途较远的景点游览。

第二个不妥，安排在范围广的热闹商业区购物（如北京的王府井、上海的南京路、重庆的解放碑）。

第三个不妥，安排自由活动。

（2）两个妥当

第一，安排游客在范围小、地域简单、与机场邻近的景点游览（如上海的玉佛寺、广州的陈家祠）。

第二，安排去专卖店或范围不大的小商场。

4. 要把离站前的一餐饭安排在邻近机场的餐馆

要把当日用午餐或晚餐的餐馆选择在机场的邻近处，这样地陪既可以掌握好时间，又便于突发事件的处理。比如，出现旅游巴士故障，可以请巴士公司另调车，实在不行用的士也要把旅游者送到机场。又比如，若有游客突然生病，地陪可以先用的士或巴士把这位游客送到邻近的医院或机场卫生院处置，由领队或全陪带领其他旅游者去机场办理登机手续，视情况再作病人是否退票等决定。

5. 要留足去机场途中的时间

堵车现象在一些城市相当严重，地陪应留足送游客去机场的路途时间。

6. 地陪一定要做到凡旅游团的事都要与领队或全陪事先沟通

领队、全陪和地陪，应该是亲密的合作伙伴关系。尽管来自三家旅行社，但他们是共同生产旅游服务商品的同事。若旅游团的管理层不乱，就一定能把旅游团（者）顺利送出本站。

登机指南

国内旅客：

购票→领取登机牌、托运行李→安全检查→候机→登机

国际旅客：

购票→海关检查→卫生检疫→领取登机牌、托运行李→边防检查→安全检查→候机→登机

误机、误车事故产生的原因

1. 客观原因

（1）领队、游客不同意导游人员安排的时间，坚持己见，未按规定时间集合离开饭店。

（2）旅游团中有游客突然摔伤、重病或走失。

（3）赴机场或车站途中遇到交通事故、严重堵车或旅行车发生故障。

对导游人员来说，以上原因引起的误机、误车属于非责任事故。

2. 主观原因

（1）导游人员粗心大意，错看或记错离站时间或地点，尤其是新、旧时刻表交替时，新时刻表时间提前，地陪仍按旧时刻表时间送团。

（2）地陪当日安排日程不当或过紧，没有足够的时间使旅游团到达离站地点。

（3）地陪计划不周，未能率团按规定时间提前抵达机场或车站。

对于导游人员来说，以上原因引起的误机、误车属于责任事故。

3．有关人员工作失误

（1）航班或车次变更了，旅行社有关人员未及时通知导游人员。

（2）行李员迟到，地陪无法带领旅游团游客办理登机手续（因机票在行李员手中）。

以上原因引起的误机、误车是由旅行社有关人员工作疏忽和差错造成的，属于责任事故。

误机、误车事故的预防

（1）上团前，导游员尤其是地方陪同导游员要制订周密的接待计划，按照旅游者的年龄、身体状况等妥善安排游览日程。在安排日程时，要合理安排活动项目，注意劳逸结合，留有余地。

（2）旅游团离站前一天，认真核实团队机/车票，特别是离境机票的日期、航班号、时间以及机场的名称，并及时与旅行社计调部门、交通部门联系，随时掌握交通工具变更的准确时间。

（3）安排充裕的时间去机场/车站，即使有较多的时间也不要安排游客到热闹地方购物或自由活动，以免游客因走失而延误集合或送站时间。

送站前，充分考虑前往机场/车站的交通路况，保证出发时间并按时抵达机场/车站。

（4）按照导游工作程序要求的时间抵达机场/车站。乘坐国际航班要提前120分钟抵达机场，乘坐国内航班要提前90分钟抵达机场，乘坐火车或轮船要提前60分钟抵达车站或码头。

在什么情况下，地陪导游员不宜安排游客自由活动？

（1）影响旅游团活动计划顺利进行时（如旅游团将去另一地）；

（2）在治安不好、闹市区、禁止游泳或划船等不安全的地方；

（3）游客要求到不对外开放的地区、机构游览时；

（4）旅游团就要离开本地，特别是离境时。

旅游者丢失物品的预防

（1）导游员必须牢记"宾客至上""服务至上"的服务宗旨，加强责任心，时刻关心旅游者，提醒旅游者保管好财务，特别是贵重物品和身份证件。

（2）导游员要提醒旅游者每次下旅游车（飞机、火车、轮船）前、用餐后、离店前、购物时、参观游览过程中不要遗留东西。并在导游过程中提高警惕，随时注意周围情况，避免意外事故的发生。

（3）提醒旅游者在入住宾馆时，晚上临睡前一定要锁好房门。

（4）外出旅游时，导游员应提醒旅游者将贵重物品存放在饭店前台的保险箱中，外出时不要携带大量财物。客人单独外出或自由活动时，更要提醒其加倍小心，不要去过于偏僻或环境复杂的地区。

（5）团队离站前，在办理退房手续时，要求旅游者按照规定时间将行李放在指定位置，查点行李件数并逐一贴上标签，确认无误后再交由行李员搬运上车。切实做好每一次的行李清点和交接工作。

（6）离店前请旅游者再次检查自己的手提行李物品，确认房间及饭店前台的保险箱中没有遗留物品后，方可出发。

（7）旅游过程中，领队一般不替旅游者保管护照、签证等有效证件，如果需要集中办理有关手续时，导游员可以通过领队向客人收取，手续办理完毕后立即归还。

旅游者丢失证件的处理

旅行证件是旅游者旅游途中的身份证明，也是办理出入境、登机、入住宾馆等手续的必要文件，一旦丢失不仅会给旅游者的游览活动带来麻烦，而且会延误旅游活动的进行并带来相应的经济损失。当得知旅游者证件丢失时，导游员要保持头脑冷静，态度积极、行动迅速地协助旅游者解决问题，并设法补救。

首先要设法稳定旅游者的激动情绪，让其保持冷静，仔细回忆证件存放的位置和有可能丢失的地点，让旅游者再次仔细寻找，或者让旅游者重新整理行李物品，看是否将证件放在其他地方而自己忘记了。

如果确认证件丢失，应立即向旅行社汇报，协助旅游者按照不同证件申领的程序申请补办新证件。

（1）旅游者丢失外国护照，则由当地旅行社开具遗失证明，并持旅行社开具的遗失证明向当地公安机关报失，由公安机关开具遗失证明。由失主本人持公安机关开具的丢失证明到所在国驻华使、领馆申请办理新护照，领到新护照后，需要到当地公安局办理签证手续。

（2）如果旅游者丢失中国护照，则由旅游者持旅行社开具的遗失证明到当地公安机关报失，并向当地公安局申请办理新护照，领到新护照后，再到旅游者侨居国驻华使、领馆办理签证手续。

（3）如果港、澳同胞丢失"港澳居民来往内地通行证"，因该证件是专用于香港、澳门与祖国内地之间的有效证明，则必须由失主持地接社的证明向遗失地的县级以上公安部门报失，经查实后由公安机关的出入境管理部门签发一次性的有效证明——"中华人民共和国出境通行证"，旅游者凭此证出境返回香港、澳门后，通行证自动失效。

（4）如果旅游者丢失"台湾居民来往大陆通行证"，该证件是台湾同胞来祖国大陆探亲、旅游的证明，由我国公安部门或委托的机构签发，一次性有效。经口岸边防检查站查验并加盖验讫章后，可以作为进出大陆和在内地旅行的身份证明，出境时由口岸边防检查站收回。此证丢失，可持地接社开具的遗失证明向当地的中国旅行社或户口管理部门、侨办（台办）挂失，经查实后由公安机关的出入境管理部门签发一次性有效的"中华人民共和国出境通行证"，凭证出境。

旅游者在补办新证件的过程中，会因证件办理的工作日而延误旅游行程，导游员要协助旅游者处理好延误期间的各项事宜。

旅游者丢失钱物的处理

钱物一般包括现金、旅行支票、汇票、首饰等贵重物品，也包括一般物品。钱物丢失，导游员有责任帮助旅游者寻找。

导游员应首先了解丢失钱财的金额、数量，物品的形状、特征、价值等，分析钱物丢失的可能时间和地点，同时立即向旅行社和有关部门报告，并积极帮助寻找。

如果丢失物品是旅游者入境时在海关登记过并必须附带出境的，或已经在保险公司投保的贵重物品，地接社要出具遗失证明，由失主持证明到当地公安局开具物品遗失证明，以备出境时海关查验或向保险公司索赔。

钱物丢失，特别是现金或贵重物品被盗，属于治安事件。导游员应立即向公安部门和保险公司报案并协助有关人员查清线索，力争破案，找回被窃物品，并积极安抚旅游者情绪，以热情、周到的服务挽回不良影响。

案例分享

在送站路上遇到堵车，导游员应怎么处理？

此种情形可能会导致误车、误机、误船，每一位导游员务必要在送站这一环节提高警惕，切不可马虎大意，否则会带来不可弥补的损失。为了避免这一情况，导游员在最后一天送团时一定要提早，避开交通高峰期；另外，让有经验的司机尽量走车少的道路；一旦遇到堵车，导游员应竭尽全力协调交通等部门给予帮助。若这时机票在机场送票人手中，可让其先换登机牌，机场会适当等候。总之要想尽办法将损失降到最低。

送机时遇到航班延误，导游员怎么解决？

如果是有全陪的团队，并且在航班延误时间不长的情况下，地陪应协助全陪办理登机手续，直到把游客送到安检为止；如果航班延误时间不能确定，或者要滞留一天，地陪可根据具体情况，协助全陪将一切事宜安排好后，才可离开；如果团队既无全陪也无领队，不能将游客送到机场就草草了事，按要求应负责到底，应向航空公司争取最近的航班，尽量让游客当日返程。

导游员失职导致误机

某国际旅行社导游员接受旅行社下达的香港旅游团的旅游接待计划。该团计划在当地停留两天半，乘坐第三天下午14:30的航班离站返北京出境。但由于航班机票预订问题，地接社临时改订第三天中午12:30航班离站，并通知了组团社和下站地接社。但是，计调人员在导游员上团与其交接机票时并没有着重强调航班的变化。而地接导游未能按照地陪接待程序要求，在送团前一天自行核对接待计划和交通票据，想当然地认为拿到的机票就是接待计划中安排的下午14:30的航班。团队按照导游员制订的地接计划完成第三天上午的日程并用完午餐后，于13:00左右抵达机场，飞机已经起飞。由于下午前往北京的航班机票已售完，只好将团队送回市内。重新安排了下午游览日程及晚餐，旅行社领导出面道歉。并经多方努力，安排旅游团改乘当晚火车赶赴北京。所幸没有延误第二天上午的出境航班，未造成更大的经济损失。但现有直接经济损失和不良影响，已经损坏了旅行社的经济效益和接待声誉。该导游员被旅行社停团一个月，并受到了一定的经济处罚。

案例分析：

此误机事故的发生完全是由导游员缺乏责任心，工作失误造成的。给旅行社造成了经济上的损失和声誉上的影响。地陪导游员如果能够认真核对接待计划和交通票据，这一事故是完全可以避免的。旅行社对导游员处以停团并承担一定经济损失的处罚是合理的。

对于事故的发生，旅行社积极想办法解决，在无法尽快改乘下一个航班返京的情况下，马上购买火车票，以保证旅游者在最短的时间内离开本站，并尽可能不延误第二天的出境航班。当天下午返回市内后安排了新的游览项目，并准备了丰盛的晚餐，旅行社领导亲自出马道歉，以安抚旅游者情绪，挽回了不良影响。旅行社的处理方法和态度都是正确的和积极的。而且，事后要接受教训必须在导游员中加强业务培训，增强责任心，杜绝此类事故的再次发生。

导游员的不足

清晨8时，某旅游团全体成员已在汽车上就座，准备离开饭店前往车站。地陪小王从饭店外匆匆赶来，上车后清点人数，又向全陪了解了全团的行李情况，随即讲了以下一段话：

女士们，先生们，早上好。

我们全团15个人都已到齐。好，现在我们去火车站。今天早上，我们乘9:30的××次火车去×市。两天来大家一定过得很愉快吧。

我十分感谢大家对我工作的理解和合作。中国有句古话：相逢何必曾相识。短短两天，我们增进了相互之间的了解，成了朋友。在即将分别的时候，我希望各位女士、先生今后有机会再来我市旅游。人们常说，世界变得越来越小，我们肯定会有重逢的机会。现在，我为大家唱一支歌，祝大家一路顺风，旅途愉快！（唱歌）女士们、先生们！火车站到了，现在请下车。

请运用导游工作规范程序知识，分析导游员小王在这一段工作中的不足之处。

参考答案：

根据导游工作规范，导游员小王的这一段工作存在如下不足之处：

（1）送团当天，地陪本应比平时更早到达饭店大厅，但他迟到了；

（2）由于迟到了，他没能在离开饭店前亲自与领队、全陪和行李员清点行李；

（3）没有提醒游客结账，交客房钥匙；

（4）没有提醒游客带齐各自的物品和旅行证件；

（5）没有征求游客的意见和建议；

（6）欢送词中没有回顾游览活动内容；

（7）下车前没有再次提醒游客不要遗忘随身携带的物品；

（8）游客下车后没有检查车上是否有游客遗留的物品。

误机

北京某旅行社组织的一个旅游团，原计划乘8月30日3432次航班于11:25离京飞往广州，9月1日晨离广州飞往香港。订票员订票时该航班已经满员，便改订了同日的另一航班（10:05起飞），并在订票通知单上标注了"注意航班变化10:05起飞"。由于计调疏忽，只通知了行李员航班变化时间而没有通知导游员，也没有更改接待计划。8月30日上午8:00，行李员发现导游员与其确认的时间和他任务单上的时间不符，虽经提醒但并未引起导游员的注意。导游员也没有认真检查和核对团队机票的起飞时间，结果造成了全体游客误机的重大责任事故。

案例分析:

此案例中导游员未核对团队机票上的起飞时间,又没有重视行李员的提醒,对误机事故负有一定的责任。当然,导游员不应负全责,计调部门也有过错,也应承担相应的责任。我国《民法》第一百三十条规定,两人以上共同侵权造成他人损害的,应当承担连带责任。按照我国旅游法律、法规,旅行社在支付了因导游员行为造成的游客损失赔偿之后,有权在内部向有过错的导游员进行追偿。因此,导游员要为此误机事件付出一定的赔偿是在所难免的了。

一旦发生误机(车、船)事故,导游人员应按以下步骤抓紧时间处理:

(1)立即报告旅行社。

(2)马上与机场(车站、码头)等有关部门联系,争取推迟起飞(开车、船)时间;或尽快让旅游者改乘下一班次的交通工具离开;必要时采取包机等方式前往下一站。

(3)稳定游客情绪,对日程作出相应调整。

(4)向游客赔礼道歉。

(5)写出事故报告,说明事故原因和责任,如导游人员负有事故责任,应承担相应的经济赔偿和有关处分。

送站路上游客发现有物品落在餐厅或酒店,导游员应怎么办?

导游员应先打电话到刚离开的餐厅或酒店,确定游客的物品存在,如果刚出发不久,加之游客丢失的物品较贵重,例如手机、相机等,可以及时回去取;如果已经出发很远,并且要赶火车或飞机,则不能因为一个人而影响全团,导游员应让酒店或餐厅将其物品保管好,邮寄给游客,邮费由游客承担。当然导游员在送站前,离开餐厅或酒店时,应提醒游客检查所有的物件是否带齐。

送早航班事件的处理

1999年的国庆节,导游员小郑陪伴华侨贵宾团下榻华侨大厦,国庆观礼,游览北京。本团10月4日早8:00乘坐国航班机飞往香港,存在送早航班的问题。10月3日游览完毕,小郑首先与司机商定5:00出发,保证6:00到达首都国际机场。再与领队商定早4:00起床,4:10出行李(客人只需把行李推出房门外就可以),4:30退房。最后通知全团贵宾第二天的出发时间,并要求在当天晚上结算房间内的杂费,收拾好自己的行李,机票护照一定要随身携带。晚餐时间,小郑通知大厦餐厅明天早晨打包,早4:00来取。用过晚餐后,小郑查看了全团情况,嘱咐大家早点休息,并且到总服务台确定了明天的叫早时间、退房时间。之后小郑打电话嘱咐大客车司机,务必明天早4:30到达大厦,嘱咐行李车司机早4:00到达大厦。小郑晚22:00离开华侨大厦,回家休息。

第二天凌晨 2:50 小郑起床，3:20 离开家打车前往华侨大厦，3:50 抵达，旅行社行李车已经到了。小郑 4:00 到达餐厅取来打好包的早餐，放在总服务台，4:10 准时带领饭店行李员、旅行社行李员到贵宾下榻楼层收取行李。贵宾们起床了，行李一件一件推了出来，收取行李完毕，小郑与饭店行李员和旅行社行李员办理了交接手续。4:30 小郑准时到达前台办理退房手续，贵宾们陆续来到大堂，领队分发早餐，大客车抵达后，客人上车。查房无误，全体贵宾已经全部上车。

上车后，清点人数已经全部到齐，小郑拿起了麦克风："女士们、先生们，请您随着我的提示在想象中再一次回到您的房间。我们看一看衣柜里面、桌面上、床头柜上、枕头下面，还有什么您的物品；我们打开洗手间的门看一看洗手台上、毛巾架上还有什么您的物品。"随着导游员的话语，果然又有客人下车并取回了个人物品。5:10 大客车离开华侨大厦停车场，开往首都机场，6:00 准时到达首都机场。

案例分析：

导游服务是件辛苦的工作。工作千头万绪，导游员要理出个条理来。

首先与司机商定出发时间（行车走路司机最清楚时间），再与领队商量出发时间、出行李时间。时间多少要留点余地。

一般饭店早餐时间是 6:00，早航班出发较早，早餐可打包带走。

起床较早游客精神普遍不好，导游员要注意人性化服务，提醒游客带好随身物品，要设法帮助他们回忆。

导游员要诚信、守时。

因团队遭遇交通事故导致误机（火车或轮船）时，导游员怎么做？

此种情况属于旅游中的较大事故，不是导游员个人所能处理的。此时应及时通知旅行社，配合旅行社采取各种办法，例如：及时退票，联系下一班次，通知地接社，安抚游客等。误机（火车或轮船）事件会给旅行社带来巨大影响，是经济和声誉的双重损失，导游员在操作这一环节时一定要更加谨慎，确保万无一失。当然，如果是游客的原因导致误机（火车或轮船）时，责任应由游客自负。

送站时有游客要求停留此地办事，不随团返程，导游员应如何安排？

游客如有要事不能随团返程，导游员应尊重其决定，并告之已购买的交通票只能作废（如交通票可以退，则将没有产生的费用如数退还游客），游客自己承担所有损失。因旅行社在团队出发前就将吃、住、行等安排妥当，如果没有特别情况，导游员应劝其尽量随团活动。

果断处理送站路上的突发事件

湖南地接小孙顺利地接待了一个10人的广东团，送机当天，在客人们离开酒店赶往机场的途中，团队中有一位老年人忽然心脏病发作，情形非常严重。因为没有全陪，小孙立即与团队领队商量，表明态度：事不宜迟，应该放弃返程直接送往医院抢救，团队需留下一位陪护人员，另外，返程机票是团队票，折扣高，不予退票，病人住院期间的一切费用自理。在与领队达成一致意见后，小孙立即下车找来一辆的士让司机将病人及陪同人员立即送往就近医院抢救，之后小孙继续将余下8人送至机场，顺利办完登机手续之后，对领队说："你们先安心返程，这边我们会随时关注客人的病情，并且与您保持联系。"领队感激地说："谢谢你，孙导，不是你及时安排，真会影响治疗啊！"团队送走后，小孙立即赶往医院看望病人，这时，病人已经度过危险期，小孙长长地舒了一口气。

案例分析：

带团过程中可能随时会出现突发情况，就连送站也不能疏忽大意。上述案例中的事件虽然发生机会不多，但也要做好提防和准备。孙导处事果断、合理，及时有效地处理了一起突发事件，得到游客的信任和支持，值得学习。

泰国老妇人的护照不见了

4月，迎春花已经露出了笑脸，预示着春天的脚步近了。泰国的爱华合唱团一行32人来到东北旅游观光。也许是泰国长年高温的缘故，大家似乎对长春此时摄氏十几度的天气仍然不能适应。

按照旅行社的安排，头天晚饭后大家一起到和平大戏院看了一场二人转，回来下起了大雪。早晨林太太被前台的MC电话叫醒。她走到窗边，"天啊！My god! 太美了！"原来，凌晨的一场大雪把长春市打扮得分外秀美。泰国客人们"奔走相告"。地陪导游员在早餐的西餐厅里左等右等也不见客人，只见大家在外面堆雪人、打雪仗。这些成年人都像孩子一样在玩耍，非常开心。为了不耽误飞机，大家匆匆地吃完早餐后，按照既定的时间上了旅游车。

在去机场的途中，根据从交通之声广播电台得到的信息，司机告诉大家，机场已临时关闭了，可能到中午的时候才能正式开通。不过，大家为了不误机，还是决定到机场等候。到了机场后，地陪导游员和行李员及领队一同把大家的行李安置好，由于游客的行李体积非常大，30多件的行李占据了很大的面积，机场内候机的客人越来越多，为了节省时间，领队建议大家先把护照拿出来，以备办理登机手续。这时，一位老妇人怎么也找不到自己的护照了，地陪和领队一起帮助她回忆。老妇人说，从泰国到北京后，护照就再也没有用过，如果真找不到，都不知道会丢在哪儿！此时，地陪马上给旅游车司机打电话，请他在车厢内寻找。老妇人记得她在车上的时候整理过行李,结果,司机告诉导游,车上卫生已经清扫完毕,没有发现任何客人的物品。地陪又把电话打到了所下榻的饭店,前台工作人员的反馈信息,也是房间已经清扫完毕,没有发现客人物品。这时,飞机场通知客人所搭乘的航班马上就要办理登机手续了。老妇人的头上早已渗出了汗珠,领队却显得非常镇定。领队对地陪说:"这位老太太在旅游过程中,类似的事情已发生好几次了,她总是忘事,没关系,我们一起再帮她检查一下行李,仔细查找,我感觉能找到。"

正如领队所预料的一样,老妇人把护照放在了皮箱盖的隐蔽夹层里,真是一场虚惊啊!

案例分析:

一般情况下,游客在旅游活动中丢失有关证件的事情常有发生,但基本上是上了年纪的游客(中青年也有)。这些游客记忆力差、忘性大,加之有关证件在不同场合又起着不同的作用,使用率较为频繁,因自己保管欠妥,出现丢失证件现象也在情理之中。游客丢失证件虽属个人行为,其内心十分着急,也给导游员带来许多麻烦和工作量。为了防止游客丢失证件,导游员要多做提醒工作,要不厌其烦,上车讲、下车讲,主要是为了避免因一时不慎而影响全团的行程。

一旦发现游客丢失有关证件后,导游员要以极大的热情做好安慰工作,不要责怪游客,特别是上了年纪的游客。在本案中,地陪和领队能够让游客冷静地回忆证件丢失的前后经过,并从游客的谈话中积极寻找信息和依据,认真帮助游客一起寻找,从而较好地稳定了游客的情绪。但要注意,如果确实找不到,导游员应进行一系列的规范操作,具体如下:

(1)应立即报告旅行社,并请旅行社出具证明。

(2)请丢失者准备照片到当地公安局(外国人出入境管理处)报失,并办理遗失证明。

(3)再持证明到所在国驻华使、领馆补办新护照。

(4)拿到新护照后,再返回当地公安局办理签证手续。以上一系列手续除到旅行社出具证明之外,其余都要请失主一同前往办理各种手续。

在办理登机手续时,导游员忽然发现机票上游客的姓名与身份证上的不符,怎么处理?

按航空规定,机票上的姓名与身份证上的必须一致,否则不予上飞机。导游员及早发现,不必慌乱,立即找到出票的航空公司在此机场的代理处,凭着游客的身份证,让工作人员在机票上更改,然后加盖公章即可。出错的原因很多,可能是航空公司出票时将名字打错,也可能是旅行社订票时报错了,还可能是游客自己提供错了。总之，在拿到机票之后，导游员首先要核对名字，如果团队人数较多，可将机票发给个人，让其自行对照，及时发现错误，及时更正。

在飞机团出发前，游客的身份证过期或遗失，怎么办？

在旅行社订团体票时，就应知晓游客身份证能否正常使用的情况，如果有游客的身份证过期或遗失，应让其凭户口簿到所在派出所开具户籍证明，证明上需贴游客本人一寸照片，并在照片上加盖派出所公章。导游员应在出发前仔细查看游客的身份证件，确保万无一失。如果临时发现，导游员在与机场协调无效的情况下，只能劝其放弃行程。

巧带火车团

江西某旅行社导游员小刘带了一个60多人的旅游专列团赴云南，由于团队人数较多，小刘做了精心的准备、安排。小刘先在团队出发往火车站的途中，与团队负责人一起将铺位票合理地分发给大家，并指明车厢号及铺位号。待到达车站后，为便于集中，小刘在相应的候车室找了一个宽大的场地让游客稍等，然后自己去联系检票处的工作人员开通一个专门的团队通道，这样，小刘便轻松地带领团队上了火车。等大家找到自己的铺位，安顿好行李之后，小刘一一检查客人有没有问题，同时，将火车票收回，统一在列车员那里换铺位卡，小刘将这些铺位卡统一保管，待到达昆明之前再换回车票。在漫长的火车旅途中，小刘时常来回询问客人是否需要帮助，叮嘱客人看管好自己的行李物品，夜间醒来好几次查看周围有没有可疑人等，对游客关心备至。在到达的前一天，小刘将团队的车次、到达时间再次确认给地陪。第三天，团队顺利抵达昆明，小刘第一个下了车，高举导游旗，让游客们整理好行李之后排好队，带领大家来到出站口，小刘将团队火车票让检票员数清，再清点人数一一出站，这时，昆明的地接导游员已打着接站牌微笑着过来迎接了。

案例分析：

带火车团相对而言要轻松些，但要操作得顺当、合理也不是一件容易的事。上述案例给我们提供了一个典范，很多方法都可以借鉴。例如，开设团队通道，一般火车站都有1~2个备用的通道，以防乘客较多时启用，小刘以团队名义申请团队通道是非常灵活的，这样避免了与众多乘客拥挤，省时省力。上了火车统一换铺位卡，解决了游客自带容易丢失的问题，也省去列车员一一换票的烦琐，列车员当然是乐意合作的。另外，导游员统一保管票据，也便于团队结束后报账等。不怕做不到，就怕想不到，只要用心，就会创造出很多行之有效的办法，再大的团队也能操作得顺顺当当，滴水不漏。

到了送站目的地，游客发现自己的手机丢在宾馆了，导游员应怎么办？

导游员得知情况后应立即打电话回宾馆，然后拨打丢失的手机号码，查找线索。如果仍在宾馆，但这时不可能回去拿，可让宾馆工作人员保管好，通过各种方式，例如邮寄、转交等归还游客，但所产生的相关费用由游客承担；如果不在宾馆，则让游客仔细回忆细节，尽可能提供帮助，但由于系游客自身原因导致丢失，所有责任自负。当然，导游员应顾全大局，在不影响为全团游客办理离站手续的前提下，提供必要的帮助。

汗水挥洒机场，感动国际友人

8月，西藏导游员卓嘎接待了来自泰国曼谷的联合国团。在西藏的整个游览是顺利而开心的，可最后一天送机，当团队进入机场时，眼前的一幕让大家大为惊诧：候机大厅内外满是拥挤的乘客，秩序相当混乱。卓嘎费了九牛二虎之力才挤到问讯处，得知有四个航班已经取消（包括卓嘎团队的航班），目前还有昨天滞留的乘客。当时，卓嘎脑子里唯一的念头就是：哪怕有百分之一的希望，也要作百分之百的努力。她来到客人面前镇定地说："航班可能会延误，但请你们放心，我会尽最大努力让你们及早返回。"继而卓嘎得知团队中有5人需乘当天航班从成都返回曼谷，余下的3人留宿成都一晚，并且要参加一个重要的国际性会议。国际联程需优先考虑，于是，她拿着联程机票穿过拥挤的人群，找到机场值班主任那里，争取到还有20分钟就要起飞的航班的机位，顺利地将这5位游客送至安检。为了尽量不耽误游客参加国际会议，卓嘎仍在想办法。但那时已近中午，航空公司为滞留乘客备好午餐和休息处。因为问题还没有解决，卓嘎为参加国际会议的游客一一做好安排后，又一次来到机场大厅，带着客人的外交护照到处奔波，寻找负责人，请求给予最大帮助搭乘最近的航班。功夫不负有心人！1小时后有一趟航班仅剩7个座位，如果机舱温度允许可再加4位乘客，等到离起飞还剩下半个钟头时，得到通知可以加4位，而给了卓嘎3位！成功了！卓嘎奔跑着来到客人休息的房间说："现在，你们可以走了！"所有的人脸上都露出欢喜和感激的笑容。客人办理行李托运手续时，团队中一位年长的阿姨好像突然想起什么，将已放在托运通道上的行李又吃力地拿了下来，在拱形一个夹层掏了许久，才掏出一顶红色的帽子，她径直将它交给卓嘎，说道："这个送给你，留作纪念！"卓嘎接过那顶印有"UNITED NATIONS"字样的帽子，感觉沉甸甸的。

案例分析：

航班延误、变更或取消，在导游员送站过程中时有发生，对它处理得好与坏，直接关系到团队行程能否圆满结束。遇到此类情况，导游员不能将游客送至机场就了事，必须根据具体航班情况负责将游客安排到底。上述案例中的卓嘎将客人送至机场后,在预订航班取消的情况下,还是尽最大努力,想尽各种办法,将游客顺利送走,充分体现了一个导游员最可贵的敬业精神和责任感,实在令人钦佩。

在线思考

1. 在送站路上,如因交通事故导致误机、误车,导游人员该如何处理?
2. 游客意见征询表填写中要注意什么?

拓展实践

模拟导游

(1)送旅游团(3位男生、1位女生)。
(2)致欢送词(1人)。
(3)行程总结(2位男生)。
(4)交接行李(1位男生)。
(5)带团工作总结(1人)。

项目六　后续工作

■ **项目简释**

　　本项目是送团的后续工作，包括工作反馈、财务结账、投诉处理三个方面。让学生了解送团完成后的后续工作。尤其是对游客的一些投诉，我们该如何应对，这些是重点，学生必须掌握。

■ **能力目标**

　　会进行财务结账，能够掌握投诉处理的一些具体工作，能够独立完成导游工作。

■ **项目分解**

　　模块一　工作反馈
　　模块二　财务结账
　　模块三　投诉处理

模块一　工作反馈

▶ **能力目标**

了解导游工作总结的内容，掌握如何做好相关记录，会做一些带团后的工作小结。

▶ **工作任务**

任务一　整理相关记录

任务分解

下团后，导游员应把整个团队的详细接待情况、是非得失详细整理一下，以便日后提高工作效率和服务质量，使旅行社在日后对该行程的设计及接待能从中吸取经验教训。

在带团记录中，通常应包括以下一些内容：

（1）旅行社名称、人数、抵离时间、全程路线。

（2）旅行团成员基本情况、背景、活动中的表现特点及兴趣。

（3）团内重点人物的反应。

（4）各地接待社住宿、餐饮、游览车的落实情况及导游员的讲解水平和工作态度。

（5）行程中有无意外、失误发生及处理情况。
（6）如有重大事件发生，如死、伤或者是涉外事件，一定要把详细细节、各种证明资料及主要人物的身份记录得非常清楚，以备检查。

任务二　做好带团总结

任务分解

带团总结的基本内容包括：
（1）仔细回忆整个接待过程中的每一个环节，哪些地方做得好，得到客人的认可和好评；哪些地方做得欠缺，处理方法和说话方式有待改进。
（2）仔细回忆在跟客人交流的过程中，自己有哪些地方说得模糊不清，回答问题不够准确，甚至根本回答不上来。然后，根据这些情况有针对性地补充知识。

任务三　办好收尾事宜

任务分解

地陪下团后做好收尾事宜的具体要求包括：
（1）分门别类地整理各种票据；
（2）归还从社里所借物品；
（3）上交陪同日志及游客意见反馈表；
（4）如有客人委托事宜，应尽快办妥。

工作评估

表6-1　工作反馈工作评估表

项目	要求	分数	得分
导游程序（25分）	导游证	5	
	程序规范	10	
	应变得当	10	

续表

项目	要求	分数	得分
语言表达能力（25分）	音量	5	
	语调	5	
	流畅	10	
	生动	5	
仪容仪表（20分）	微笑	10	
	亲切	5	
	体态	5	
团队合作（30分）	协作	10	
	创新	10	
	人性化服务	10	

特别提示

（1）作为导游人员要做好相关的带团记录，便于自身的业务提高，同时也有助于带团工作的进行。

（2）导游人员带团中，要做好最后的收尾工作。

关键词

带团总结　　带团记录

知识链接

送走游客之后，地陪导游员下团了，但并不代表导游人员的工作已经结束了。下团后，地陪导游员要养成详细整理"带团记录"的好习惯。自制一个"导游人员带团日志"（见表6-2、表6-3），对此次带团经历作一个总结，这是十分必要的。

表6-2　导游人员带团日志

地接社名称		组团社名称	
团队编号		团队人数	
抵达时间		离开时间	

续表

旅游团成员基本状况	
团内重要游客的情况	
全陪（或领队）情况	
全陪路线	第一天	
	第二天	
	第三天	
	第四天	
住宿情况	
车辆情况	
用餐情况	
购物情况	
重大事件记录	
带团总结	
备注	

表 6-3 全陪日志

单位/部门		团号	
全陪姓名		组团社	
领队姓名		国籍	
接待时间		人数	
途经城市	年 月 日至 年 月 日		（含 岁儿童 名）

团内重要客人、特别情况及要求

领队或旅游者的意见、建议和旅游接待工作的评价

该团发生问题和处理情况（意外事件、旅游者投诉、追加费用等）

续表

全陪意见和建议							
全陪对全过程服务的评价：合格　不合格							
行程状况		顺利		较顺利	一般		不顺利
客户评价		满意		较满意	一般		不满意
服务质量		优秀		良好	一般		比较差
全陪签字			部门经理签字			质管部门签字	
日期			日期			日期	

案例分享

地陪导游员的亲友能否随旅游团活动？

带领旅游团到处观光游览是导游人员的工作，导游人员的亲友若要随团活动，也得像游客一样，必须办理入团手续，交纳费用。此外，在带领旅游团游览期间，导游人员的时间100%属于游客，他（她）无权分心照顾自己的亲友。

游客提出要求其当地亲友随团时，地陪导游员应如何处理？

（1）应予协助，但须征得领队、团员的同意；
（2）此后到旅行社办理入团手续，出示有效证件、填写表格、交纳费用。

与司机合作时，地陪导游员应注意些什么？

（1）如接待外国游客，在旅游车到达景点时，导游人员用外语宣布集合时间、地点时，要记住用中文告诉司机。
（2）旅行线路有变化时，应提前告诉司机。
（3）协助司机做好安全行车工作，如帮助司机更换轮胎、安装或卸下防滑链，帮助司机进行小修理；保持旅游车挡风玻璃和车窗的清洁；不与司机在行车途中闲聊；遇有险情，由司机（或导游）保护车辆和游客，导游人员（或司机）去救援。
（4）与司机研究日程安排，征求司机对日程的意见。
（5）送走旅游团后，地陪导游员应与司机结账（如过路、过桥费，景点停车费等），还要核实用车/公里数，在用车单据上签字，并要保留好单据。

地陪导游员与其他旅游接待单位的协作，应把握哪些原则？

（1）多与旅游接待单位沟通，及时了解信息；

（2）尊重旅游接待单位；

（3）工作上相互帮助。

由于非典的原因，国际到达处几乎没有人，从旧金山来的UA853准点到达了。大约20分钟后，我的客人鱼贯而出。令我惊讶的是，全团每人都戴了口罩，还有一家四口戴了手套。社里外联打来电话提醒我告诉他们，现在北京的情况没有他们想象的那么严重，但是也不能掉以轻心。在整个行程中，特别是机场一定要戴口罩。尽量不要触摸扶手、栏杆，经常用肥皂和流动的水洗手。

4月16日　市内游览

今天早上，我发现客人中有两人摘掉了口罩，并且开始主动跟我说话，但是其他的客人还是比较紧张。他们很少说话，只是听我讲解，偶尔做出点头微笑的表情。

4月17日　长城　十三陵游览

今天我发现又有两个客人摘掉了口罩。他们告诉我，来中国以前很担心，但是经过昨天，他们觉得我们这个团队是安全的，巴士很干净，有自然通风设备，也很安全，于是他们摘掉了口罩。

4月18日　宜昌

今天我们在首都机场拍了一张特殊的集体照，我们每人都戴着口罩，大家一起喊cheers，这是他们来到中国第一次哈哈大笑。登上飞机，我提醒大家每个人都戴好口罩，我把拿到的《China Daily》交给客人们传阅，因为上面有关于中国非典传播的报道。我的目的是告诉大家，宜昌市是比较安全的地方。飞机很快到达目的地。当我们坐上巴士时，我发现团里的客人除了那一家四口还戴着口罩外，其他人都摘掉了。我们欣赏着沿途的风景，很快由宜昌机场到达码头，登上了维多利亚王子号游船。

4月19—22日　三峡游

在船上的四天，是我们全团最快乐的时光。大家忘却了非典的紧张，而我也很快由"tour manager"变成了"darling"。我向他们传授了最传统的中国娱乐方式——麻将，而他们把多姿多彩的鸡尾酒调法告诉了我。很快我们17个人成了朋友，一起在船上庆祝复活节，而防护最严实的一家四口也终于摘掉了口罩，最小的那个男孩还成了麻将迷。

4月23—24日　西安

维多利亚到达重庆。大家谢过船员，匆匆飞往中国最古老的城市西安。刚刚到达西安，就从地陪口中听说西安的情况不乐观，于是提醒客人不要忘了戴上口罩。由于在西安有一晚是自由活动，于是我嘱咐客人们千万不要在外面随便品尝小吃。为了安全起见,我陪着大部分人去了西安著名的回民区夜市。当然晚饭只能吃麦当劳了,虽然多数人不喜欢,但为了安全,大家还是欣然接受了。

4月25—27日　上海

终于到达上海了,我松了一口气,这时我发现团里客人玩的兴致却上来了。大家要求去周庄或苏州,可是由于我们这个团队从北京疫区入境,所以没有地接社愿意接待。上海除了有半天安排的行程外,其他时间只能自由活动。我和地陪只能把可以参观的地方一一写下来,大家只能自己去了。

4月28日　离境

在离开中国的时候,客人告诉我,他们非常感谢中青旅,感谢我在这样的特殊时刻能够让他们在中国玩得特别开心,他们很愿意在非典结束以后再次来中国,看看蓄水后的三峡,看看周庄、苏州。

非典时期接待的最后一个团队结束了,客人们在意见表上表示的满意率竟然比平时还高。我想这是因为社里、导游都很重视,事前的准备工作做得充分,各地地接社大力配合。我很高兴完成这次特殊使命。

（资料来源：李琦.中国旅游报,2003-07-07：第5版.）

在线思考

1. 如何做好带团记录?
2. 带团总结的益处。

拓展实践

请模拟导游人员写一篇带团日志。

模块二 财务结账

▶ **能力目标**

了解财务结账的具体内容,掌握报账单的填写方法。

▶ **工作任务**

报账单填写

任务分解

按旅行社的具体要求并在规定的时间内,地陪填写清楚有关接待和财务结算表格,连同保留的各种单据、接待计划、活动日程表等按规定上交有关人员,并到财务部门结清账目。

表6-4 旅行社旅游费结算清单

南京某某旅行社旅游费结算清单			
年 月 日至 年 月 日,共 天_____线路			
旅游单位:	人数(儿童):		团号:
收费标准:	合计应收:		

续表

收费情况	房费：		餐费：		车费：	
	门票：		导服费：		订票费及张数：	
	代订机票票数：		机票全价及折扣：		机票返点：	
	导游领款：		旅游单位欠款金额：			
收款备注：		银行存款：		现金：	是否开发票：	
门票						
住宿						
餐费	早餐					
	正餐	现付：				
		签单：		合计：		
车费						
导服费						
交通费						
其他						
导游总领款：			导游总支出：			
备注						

审核：　　　　复核：　　　　带队或报销人：

报销日期：　年　月　日

工作评估

表6-5 财务结账工作评估表

项目	要求	分数	得分
导游程序（25分）	导游证	5	
	程序规范	10	
	应变得当	10	
语言表达能力（25分）	音量	5	
	语调	5	
	流畅	10	
	生动	5	
仪容仪表（20分）	微笑	10	
	亲切	5	
	体态	5	
团队合作（30分）	协作	10	
	创新	10	
	人性化服务	10	

特别提示

报账单填写中要注意填写方法。

关键词

报账单　　结算清单

在线思考

报账单填写中要注意什么问题？

拓展实践

模拟导游填写报账单。

模块三 投诉处理

▶ **能力目标**

了解相关的旅游法规，掌握一些基本法规，知道游客投诉该怎么处理。

▶ **工作任务**

任务一 导游员处理投诉流程

> 任务分解

一、认真倾听投诉者的意见

受理和处理投诉，是从听取投诉者的讲话开始的。投诉者表述意见时往往由于激动而杂乱无章，接受投诉者可以通过提问的方式来弄清问题。集中注意力倾听对方的意见能节约对话的时间。

二、保持冷静

在投诉时，投诉者总是觉得自己的理由很充足。因此，不要反驳投诉者的意见，不要争辩。为了不在其他游客身上产生不良影响，应当请投诉者到专门的接待室，单独地听取旅游者的投诉。幽雅的环境和私下交谈容易使人趋于平静。

三、表示同情

应设身处地地为客人着想,对投诉者的感受要表示理解,用适当的评议给投诉者以安慰。此时,尚未核对旅游者投诉的事实,仅能对旅游者表示理解与同情,语言可采取虚拟语气,如"如果我遇到这种事,也会很生气"。

四、给予关心

不应该对旅游者的投诉采取"大事化小,小事化了"的态度,应该用"这件事情发生在您身上,我感到十分抱歉"诸如此类的语言来表示对投诉者的关心。在交谈的过程中,要注意用敬称,不要直呼其名。

五、不转移目标

把注意力集中在投诉者提出的问题上,不随便引申,不转嫁他人,不推卸责任。绝对不可因投诉者对于某些细节没弄清楚而怪罪投诉者。

六、记录要点

把投诉者投诉的要点记录下来。记录过程中可要求投诉者重复一些词句,这样不但可以使投诉者讲话的速度放慢,缓和客人的情绪,还可以使客人确信,旅游组织对他反映的问题是重视的。此外,记录的资料可以作为解决问题的依据。

七、告知处理方法

如有可能,可请投诉者选择解决问题的方案或补偿措施。绝对不能对投诉者表示,由于权力有限,爱莫能助;但也千万不可轻率地向投诉者作出不切实际的许诺。

八、告知处理时间

要充分估计解决问题所需要的时间。最好能告诉投诉者具体的时间,不含糊其词。切忌低估解决问题的时间。

九、解决问题

这是最关键的一环。如果所采取的行动与对投诉者的许诺不一致的话,那么旅游者的投诉不可能得到妥善的处理,旅游组织还将面对两个新出现的问题:其一,就原先的旧问题,旅游者第二次提出投诉;其二,对旅游组织人员工作的低效率，旅游者表示失望。所以，为了不使问题进一步复杂化，为了节约时间，为了不失信于旅游者，必须抓好这一环节的工作。在执行的过程中如发生意外情况，应及时反馈给旅游者。

十、检查落实和记录存档

与投诉者联系，检查核实旅游者的投诉是否已圆满地解决了。将整个过程写成报告，存档。

任务二　旅行社投诉部门处理投诉流程

任务分解

（1）导游人员要始终面带微笑，耐心聆听，不要急于为自己或旅行社辩解。在处理投诉时，首先要让游客把所有的不满发泄出来，一方面可以缓和游客的激动情绪，另一方面只有认真倾听游客的投诉，才有利于选择最佳的解决方法。如果导游员急于解释，只会产生新的问题和矛盾。

（2）对游客的处境，导游人员可以表示同情和理解，但不作盲目的承诺。差错和失误对旅游企业、导游人员来说可能是百分之一，而对游客来说却是百分之百，这就是"100-1=0"。导游服务的百倍努力，也会因为一个小小的失误，就被全盘否定，对此导游员应充分表示同情和理解。

（3）要用适当的语言，如"对于发生这类事件，我表示非常遗憾""我能理解您此时的心情"等来表达对游客的真诚。但是在对游客进行补偿或赔偿时，导游员个人切不可盲目作出承诺。

（4）发生投诉事件，导游人员要主动核实情况，采取一切弥补方法，以缓解游客的不满。对游客的投诉，导游人员要进行核实，依据事实，及时给予相应的处理，并把处理结果告诉游客。

（5）对有些投诉，导游人员虽已尽力，但仍不能圆满解决的，这时要尽最大的努力以得到游客的理解和谅解。

（6）如果是重大的投诉，要上报旅行社，由旅行社行政部门处理。

（7）不论游客的投诉正确与否，导游人员都应心存感激，并要真诚地继续为游客提供导游服务。

工作评估

表 6-6　投诉处理工作评估表

项目	要求	分数	得分
程序规范（40分）	程序规范	20	
	应变得当	20	
语言表达能力（40分）	音量	5	
	语调	20	
	流畅	10	
	生动	5	
仪容仪表（20分）	微笑	10	
	亲切	10	

特别提示

（1）导游人员处理投诉时，要让投诉者感觉导游人员是在积极地为他处理和解决问题的。

（2）处理投诉，不能拖泥带水，要以最快的速度回复投诉者，告之解决方案。

（3）游客因对服务质量不满提出投诉，应该：①主动与游客沟通；②认真倾听、核实，分析投诉原因；③认真处理，积极弥补；④做好说服、调解工作；⑤继续做好服务工作。

（4）送站时，游客仍在为旅途中出现的不足喋喋不休，导游员应该：①出现问题应及时解决，不能将问题遗留到行程结束。②面对游客的耿耿于怀，导游员应做好调节、安抚工作，如果不是接待标准出现问题，导游员是可以自己扭转局面的，对游客这样说比较好："几天的行程不知不觉快结束了，我首先非常感激大家这几天对我工作的理解与支持，但是由于游人较多或者某些服务环节不到位，给大家带来不快，对此我表示深深歉意。我一定将这些问题反映到旅行社，对日后的工作不断改进和完善，恳请大家谅解。如果下次再有合作机会，我们会提供更加周到的服务！"

关键词

旅游投诉的预防　　旅游投诉的处理技巧

知识链接

1. 投诉的产生

旅游投诉实际上是一个循序渐进的过程，游客先是因不满而产生抵触情绪，如闷闷不乐、爱答不理等，这是投诉的潜在阶段。如果导游人员能及时发现游客的这种心理及情感的变化，并能采取有效措施，游客的不满情绪很快会淡化，否则，游客会因心理上无法得到补偿而愤愤不平、耿耿于怀，最终导致投诉事件的发生。

2. 预防旅游投诉的方法

（1）导游员自身要时刻保持着饱满的热情，感染游客，当游客心情愉快时，即使有些小小的不如意也容易化解，而不至于导致重大投诉。

（2）对游客感觉不如意的地方，一定要以最快的速度予以改正或弥补。

（3）如果确实是力所不能及的，要及时向游客讲明原因，以求得游客的谅解。

旅行社的安排和导游员的服务以及各部门之间的配合应做到万无一失。对因现实条件所限，有可能给游客带来的不便，导游员一定要提前向游客说明，如接待团队用餐的餐厅，卫生间数量较少，经常出现排队现象，事先说明，使游客做到心中有数，能很好地避免投诉事件的发生。

3. 处理旅游投诉的技巧

（1）让投诉人"降温"。

旅游者投诉时，心中往往充满了怒火，投诉成了维持心理平衡的宣泄机会。在受理投诉者投诉时，应首先耐心倾听，让投诉者通过发泄，使其不平静的心情逐渐平静下来，同时也利于我们弄清事情的来龙去脉。"降温"就是要创造一种环境，让投诉者自由发泄他们受压抑的情感，把火气降下来，恢复到理智的状态。"降温"的环境应是安静幽雅的接待室，投诉者在这里可获得受尊重的感受。受理投诉的公共关系人员最好是女性，因为女性的微笑能平稳投诉者的情绪，有利于事态的解决。公共关系人员在接受投诉者投诉时，不要争辩和反驳，以免给客人留下不接受意见的印象，使其盛怒而去，影响旅游组织的声誉。

（2）在感情和心理上与投诉者保持一致。

旅游者在采取了投诉行动后，都希望别人认为他的投诉是正确的，他们是值得同情的；另外，投诉者又对旅游组织的公共关系人员有一种戒备心理，他们认为，旅游组织的人员仅仅是旅游组织利益的代表。针对投诉者的这种心理，要把投诉者看成是一些需要帮助的人，这样才能营造解决问题的气氛。接受投诉的工作人员要以自己一系列实际行动和话语，使客人感到有关部门和人员是尊重和同情客人的，是站在投诉者的立场上，真心实意地处理投诉的，从而把不满的情绪转化为感激的心情。这是解决旅游者投诉最积极、有效的方法。

（3）果断地解决问题。

在接受旅游者投诉时，要善于分析，听清客人意见、要求，然后迅速果断地处理。公共关系人员处理投诉的第一个姿态应是：向投诉者表示真诚的感谢，把他的投诉看成是对本组织的爱护。如果是自己能够解决的问题，应迅速回复投诉者，告诉处理意见；对一些合理的投诉，即明显是服务或管理工作的失误，应立即向投诉者致歉赔礼，在征得投诉者同意后，做出补偿性处理。所有旅游者的投诉，应尽量在投诉人离店前得到圆满解决；要把处理旅游者投诉作为重新建立旅行社声誉的机会。

4. 在处理游客投诉时，导游人员必须做到：

（1）及时办理，不要拖延。

遵循"谁的问题，谁负责"，争取"就地消化，现场解决"。如客房卫生差、饭菜质量低等类问题，在同相关接待单位磋商后马上就可解决。

（2）迅速答复。若一时无法答复，应向游客明确答复的时间。

在答复之前，导游人员要考虑游客能否接受、答复同游客要求的差距有多大，并根据差距的大小来考虑答复的方法。如果有关单位完全同意游客投诉中的要求，导游人员可代其向游客宣布；如果差距较大，导游人员可建议双方协商解决。在协商时，导游人员要注意不要偏袒任何一方，不要下定论，主要做调解工作，劝告双方作合理让步才是上策。协商达成一致后，导游人员事后要做落实检查工作，提醒双方办好必要的手续（尤其是赔偿问题），最好复印一份留存。因为有些游客当时同意了有关单位的赔偿数额和解决办法，但事后一想又觉得吃亏，旅游结束后，再次投诉，甚至上诉法院。若不保留证据，所做工作便付诸东流。即使旅游期间有些投诉未能得到解决，导游人员也应将有关证据和原始记录转交旅行社，也可为进一步协商解决提供有益的依据。

（3）对游客投诉中反映的意见表示感谢。

（4）对一些重要投诉或导游人员无力解决的问题要及时报告旅行社。

案例分享

导游语言的技巧

一位导游员到机场接团，迟到了。一位游客不满地说："小姐，你起得太早了？还没到中午呢？"导游员忙解释说："我起得不晚，只是刚才路上塞车了……"游客们马上气愤地说："怎么，迟到了，你还有理了！太不像话了，怕塞车，可以再早一点出门嘛！通知你们经理，让他换个导游过来，我们不要一个没有时间观念的人作我们的导游！"

案例分析：

也许导游员说的是事实，但是，怒气冲冲的游客们，又怎么会接受这样的解释，也许这位导游员只需说："对不起，我来晚了，让大家久等了，实在抱歉，希望大家再给我一次机会，我会努力为大家服务……耽误大家时间了，人齐了吗？如果可以的话，我们现在就离开机场……"这类的话，效果反而会更好些。

导游员盲目承诺带来的投诉

一个旅游团在春节期间，由于游客多，车辆受阻，耽误了时间，再加上旅游旺季，住宿没能按原标准提供，游客非常不满。大家联名写了一份意见要求赔偿，并请导游签字，导游爽快地签上了自己的名字。该团回来后，游客向旅行社索赔，并将带有导游员签名的意见书提交法院。由于导游员盲目承诺，给旅行社造成了严重的经济损失。

一场投诉的避免

旅游团在餐厅用餐时，一位游客发现菜肴中有一条虫子，顿时一桌游客食欲全无，有的还感到恶心。游客们当即找到导游员，要求退餐。面对愤怒的游客，导游员首先代表旅行社和饭店向全体游客表示歉意，然后很快找来该饭店的餐饮部经理，向他反映情况，并提出解决问题的建议。餐饮部经理代表饭店向游客作了诚恳的道歉，同时让服务员迅速撤走了这道菜，并为游客们加了一道当地风味菜。面对导游员和餐饮部经理真诚、积极的态度，游客们谅解了餐厅的失误，一场旅游投诉圆满地解决了。

一场虚惊

某国际旅行社导游员，带领20位来自英国的摄影爱好者赴内蒙古摄影拍片。一天晚餐前，一位游客突然急匆匆地来找全陪，告知全陪他的护照找不到了。全陪导游员安慰客人先不要着急，并请他仔细回忆上一次看到护照是在什么时候、什么地方。客人说是在北京宾馆的最后一天晚上，他明明记得将护照放在了大行李箱中的夹层内。由于此团领队有全团的团体签证，抵达内蒙古宾馆入住时，并没有要求旅游者出示各自的护照办理入住登记手续，所以他一直没有动过护照。但是，刚才在找东西的时候，无意中看了一下箱子中的夹层，发现护照并不在里面，所以马上来找全陪。全陪导游员一边安抚旅游者情绪，让其冷静下来，一边引导其仔细回忆是否将护照放在了别的地方而自己忘记了。旅游者矢口否认。全陪让旅游者再次回房间重新仔细查找，自己给旅游者所在国驻华使、领馆打电话，咨询补办护照的最短时间，并向有关航空公司了解旅游者机票的变更和签转问题。当旅游者再次返回表示没有找到护照时，导游员向其详细说明了补办护照、签证的时间和大致费用，以及因团队机票无法更改和签转，必须重新购买等相关事宜。使旅游者做到心中有数。第二天早晨出发前，旅游者兴高采烈地来找全陪，说他在穿衣服时发现护照在贴身衣袋中，是他忘记了。并对全陪的帮助表示感谢。

案例分析：

此次丢失事件虽然是虚惊一场，但导游员对事件的处理是恰当的。旅游者可能因为焦虑或其他原因无法记起证件的放置位置，因此在这种情况下，应首先安抚他的情绪，使其冷静下来，让他仔细回忆可能的情况（如帮助旅游者回忆有可能使用护照的情况或时间）。同时，了解相关情况，做好旅游者证件一旦丢失的妥善处理。最后，当旅游者找到护照时，要对此表示高兴，也要提醒旅游者仔细收好，防止真的丢失。

这次多亏你了

8月的一天，安徽某国际社的郑领队带团去新马泰，由于客人均是首次出国，一路上感到非常新鲜、愉快。在新加坡机场候机返回上海时，团队所在的登机口候机厅来了一家非洲人，一对高大的夫妇带着五六个可爱的小孩顿时吸引很多游客的目光。郑领队的团队里有位游客由于好奇，拿起手中的DV对着他们拍起来，这一拍可不妙，被那个非洲男子发现了，他很不友好地走过来对着那位游客指指点点。郑领队见状，赶忙丢下手中的工作前去查看究竟，原来，那非洲男子对游客的行为非常不满，一再用英语质问游客为什么要这样做，因为语言不通，郑领队连忙帮助游客做解释、道歉工作，说明我们是旅游团，只是想拍一些沿途的风景。可那个非洲男子始终不罢休，怀疑这种举动有其他企图，并且紧紧抓住游客不松手，眼看周围的乘客已在登机，郑领队想仅靠自己的力量是很难解决的了，为了不影响团队的登机，郑领队果断地找来了机场的警察，并出示了工作证件。一见这位警察是一个华人模样的年轻人，郑领队灵机一动操中文对警察说话，果然，他可以听懂，郑领队把事情缘由简要介绍了一下，然后说："我们不能说这个非洲人不讲理，但显然他是不友好的。我们都是炎黄子孙，希望您能帮助我们尽快处理此事，因为现在已经登机了。"那位警察慎重地点了点头，说道："我会的。"最终，凭着警察的威信，在警察的果断处理下，大家当面将刚才所拍到的录像删除，那个非洲男子才走开。此时，吓得满脸是汗的游客不住地感激郑领队："这次多亏你了。"

案例分析：

上述案例中郑领队处事不乱，站在大局立场很好地处理了这一矛盾。游客在不知情、不了解国际礼仪的情况下，冒犯了非洲一家人，加上非洲是历史上及现今多灾多难的地方，所以很多非洲人对外国人是非常警惕的，稍有不慎就会引起冲突。虽然在东南亚地区旅游，导游员也应为游客多介绍一些国际礼仪方面的知识，例如在拍外国人时，应事先取得对方的许可，以避免产生矛盾和误会。

证件不慎托运，导游员帮助找回

4月，江西某国际社赵领队带团赴港澳，由于团队成员大多是首次出境，国际大都市的繁华让游客们大开眼界，由于赵领队认真细致地做好了团队保障工作，一路上都非常顺利。最后一天，团队从机场返回，在航班起飞前1小时，开始过安检，赵领队在交代完指定的登机口之后排在队伍的最后，目视游客一个个顺利通过。眼看着都快通过时，工作人员检查出其中一位游客的证件中少了通行证，不予过关。这位被检查的中年妇女顿时恍然大悟，原来，她不小心把证件放到托运的行李里了！赵领队带了多年的出境团还是头一次遇到这种情况，但凭借长期积累的工作经验，他马上上前安抚手足无措的妇女，之后迅速带领她来到托运行李的柜台，用诚恳的语气对工作人员说："由于我的客人不慎将证件放进了托运的行李中，恳请你们给予帮助，找出她的行李。给你们的工作添麻烦了！"之后便将行李小票和行李的详细特征告诉了工作人员，工作人员二话没说派专人下去查找。此时这位中年妇女急得满头大汗，赵领队并没有埋怨她不认真听注意事项，而是安慰她不要着急，一会儿就能找到，下次注意听就行了。果然，10分钟后，两位查找行李的小伙子汗流浃背地走进来，其中一位手提着客人的箱子。这时，中年妇女激动得语无伦次，一边急忙找出证件，一边不住地说："谢谢！谢谢！"

案例分析：

上述案例看似小事一桩，但如果设身处地地想一下，在当时那种紧张的情形下能够不慌不乱、泰然处之是非常不易的。案例中游客证件被托运，赵领队运用礼貌得体的语言很好地与机场人员沟通，最终在其帮助下解了燃眉之急。另外，赵领队具备良好的涵养，掌握游客的心理，没有火上浇油责备有关游客，既让游客记住了教训，同时又令游客对领队产生了敬意。

巧妙应对铺位不理想

金秋十月，湖北某旅行社导游员王燕带领28人的旅游团赴北京，他们选择的是双卧游。

由于正值旅游高峰期，加上种种原因，旅行社所购买的火车硬卧全是中铺、上铺，且团队中还有几位老人，团队上了火车后纷纷向王燕表示不满："这么大的团队怎么能一张下铺都没有？你们旅行社能力太差了！"王燕听罢镇定地解释道："大家签订的合同比较急，如果能提早一些就不会出现这种情况了。不过没关系，我会设法帮大家调剂好的。"接着，王燕与周边所有下铺的乘客一一商量，给老人提供方便，最终，只解决了两个下铺，于是王燕与领队商量之后安排给团队中最年长的老人和另一位体形过胖的中年人。虽然大家的怨气有所平息，但王燕想到毕竟行程刚开始，如果没有留下好印象，会直接影响以后的带团工作。通常团队在火车上是不含餐的，王燕想到给每人安排一次餐，旅行社仅补贴一点费用起码能扭转游客的印象，于是她立刻向旅行社请示，旅行社非常赞同……到了晚饭时间，列车员推着专门的团队餐车和王燕一起将热腾腾的盒饭送到客人们的手上，大家都感到意外惊喜，先前的不快随即烟消云散。这时，广播里传来悦耳的声音："今天，在我们这趟列车上有湖北××旅行社一行28位贵宾，祝愿他们此次北京之旅愉快、顺利！他们的导游员特意为全团贵宾及所有乘客点播一首《好人一生平安》……"这是王燕在客人们休息时奔走、联系的。在动听的音乐声中，客人们一边用餐，一边愉快地交谈，憧憬着这次北京之旅……

案例分析：

这是一则及时扭转不利局面的成功案例。团队有时会在硬件接待上出现问题，而当这些问题无法解决时，就要靠软件服务来完善和弥补。导游员工作难就难在如何找到恰当的解决问题的办法。导游员王燕灵活机动，考虑周到，充分发挥主观能动性，处理得恰当、有效，值得借鉴。

在线思考

导游人员在处理游客投诉时要注意哪些问题？

拓展实践

模拟导游处理游客投诉。

下 篇

　　领队服务是出境旅游的导游服务,为出境旅游的旅游者提供办理出入境手续、酒店入住、往返交通安排等服务,同时,其负有与境外地接社联系和接洽,协助境外的地接导游安排旅游行程,并代表组团社监督地接社全面、高质量地履行旅游合同,处理团队在境外遇到的各种事宜及一切紧急情况,确保出境旅游者的人身及财物安全等多项职责。该项目将围绕领队服务的程序和内容进行详细阐释,体现领队服务工作的规范化、细致化和人性化。

下篇

项目一　海外领队准备工作和出入境服务

■ **项目简释**

　　海外领队接到带团通知并接受任务，是整个带团工作开始的标志。"凡事预则立，不预则废"，做好充分而全面的准备工作，有计划、有步骤地开展服务工作，是旅游过程顺利进行的必要保障。领队带团踏出国门，标志着整个旅行的前奏结束，美好旅程的乐章开始正式上演。领队的出入境服务阶段要经过中国和外国的海关检查、卫生检疫检查、边防出入境检查、登机安全检查等十多个关口，出入境服务中领队要熟练指导和帮助游客通过关口、办理手续，带领游客顺利完成出入境中所有流程。

■ **能力目标**

　　熟悉出团准备工作，掌握出团前的资料准备、物品准备，学会召开行前说明会。熟知出入境服务，掌握中国出境服务、飞行途中服务和他国入境服务。

■ **项目分解**

　　模块一　出团准备工作
　　模块二　出入境服务

模块一　出团准备工作

▶ **能力目标**

　　能进行资料准备。
　　能进行物品准备。
　　会按照规范流程召开行前说明会。

▶ **工作任务**

任务一　资料准备

任务分解

一、熟悉旅游行程计划

　　旅游行程计划是旅游过程正常进行的指导性和关键性文件，主要包括旅游线路、旅游时间、游览景点、交通工具的安排、食宿安排、购物娱乐安排、旅游注意事项及紧急联络方式等。

　　海外领队对旅行社下发的旅游行程计划要认真阅读，详细掌握每日行程的具体安排。

　　1.掌握旅游团的详细行程计划，包括旅游团抵离各地的时间及所乘的交通工具。

2. 熟悉并记住旅游行程计划中所开展的全部参观游览项目，并提前向有经验的前辈了解参观游览的相关注意事项，如去往境外教堂或佛寺参观之前有关旅游者着装方面的禁忌和要求等。

3. 熟悉并记住旅游行程中应下榻的各地酒店的名称，并可提前查询酒店的位置、周边环境等相关信息。

4. 了解旅游团行程中的用餐、娱乐、购物等安排。

5. 了解旅游中的小费问题及其他收费项目安排。

二、熟悉旅游团队成员信息

旅游团队成员是海外领队的服务对象，在出团之前要仔细对旅游团队构成情况进行分析，以便在带团过程中对游客提供有针对性的服务。

熟悉旅游团队成员信息主要包括：记住旅游团的团名、团号和人数；熟悉旅游团成员的姓名、性别、年龄（尤其要关注年龄特别小的和年龄特别大的游客）、职业、宗教信仰、饮食禁忌、生活习惯等；了解团队中较有影响的成员或者需要特殊照顾的对象等。

除了熟悉掌握一般的信息之外，海外领队还要做更为细致的工作：

1. 制作"团队资料一览表"。

制作"团队资料一览表"就是将团员名单、性别、出生年月、护照号码、有效期、签发地、签证号码等分项列出。海外领队在出团前应制作好"团队资料一览表"，这样可以极大地方便接下来的带团工作，比如，当在飞机上填写出入境卡片、在出入海关时填写申报单、在境外办理入住酒店登记、遇到突发状况时（如游客护照丢失、补办相关旅行证件），"团队资料一览表"可以帮助领队在第一时间确认信息，提高效率，赢得团员的信任和好感。

2. 制作"团队成员信息归类一览表"。

领队还可以将旅游团队成员按类别进行分类，如哪些是夫妻，哪些是老人、小孩，散客拼团的旅游团中哪些是一起报名的，哪些游客将会在旅游期间过生日，哪些是少数民族或不同宗教信仰的游客等。如果将这些归类信息制作成表格，可以极大地帮助海外领队为游客提供有针对性的服务，体现领队细致化和人性化服务的一面。

三、核对《中国公民出国旅游团队名单表》

《中国公民出国旅游团队名单表》：根据《中国公民出国旅游管理办法》（国务院第354号令）的规定，旅游团队出境必须持有《中国公民出国旅游团队名单表》（以下简称《名单表》）。《名单表》一式四联，分为：边防检查站出境验收联、边防检查站入境验收联、旅游行政管理部门留存联和组团社留存联。

领队带团出境时，须携带《名单表》第一至三联，在口岸出境时，将《名单表》第一、第二联交边防检查站核查，边防检查站在《名单表》上加注实际出境人数并加盖验讫章后，留存《名单表》第一联；《名单表》第二、第三联由领队保管，在团队入境时交边防检查站核查，边防检查站在《名单表》上加注实际入境人数并加盖验讫章后，留存《名单表》第二联；第三联由组团社在规定时间内交发放《名单表》的旅游行政管理部门核对留存。

四、充实旅游过程中所需的其他资料

对即将要抵达的国家（地区）旅游资料的准备是海外领队的工作基础，很多旅游者的旅游知识和旅游经验都非常丰富，作为专业的海外领队一定要不断学习和充实自己，如此才能胜任工作。通常情况下，专业的海外领队应做好以下资料准备：①所去旅游国家（地区）的历史、地理、宗教、美食、风物特产等；②气候、时差、出入海关规则、外币兑换等知识；③热点话题、国内外大事件等；④旅途活跃气氛的笑话、故事、游戏、表演等。

任务二 物品准备

任务分解

一、准备工作物品

（一）旅游行程及相关说明文件

出境旅游行程计划是出境旅游团队的最根本性文件，一定要提前熟悉并带在身边。要确认领队手中的行程计划与游客手中的完全一致，并将境外接待社对组团社的团队日程安排的最后一份传真复印件带在身边，这对抵达目的地国家办理入境手续时帮助很大。

另外，领队还要记得带好旅游中相关收费项目的文字性材料及旅行社对其他事项的承诺声明（如遇到不可抗力造成的损失说明、对退团收取费用的说明等）。

（二）旅行社社旗、分房名单表

在机场、景点等地集合游客，让游客能快速寻找到领队的方法之一就是高举旅行社的社旗。出团前，领队应向旅行社领取社旗，上团时记得随身携带。

分房名单表是领队出团前事先要准备好的，打印出来之后在开行前说明会

时可以征求游客的意见,进行适时调整。

(三)发放给游客的物品

(1)行李标签

为了统一标识并方便旅游团队成员在机场认找自己的托运行李,旅行社常常会为旅游团队特制统一的行李卡或行李标贴,领队在出行前应记得带上。

(2)旅游标志和纪念品

一般情况下,在旅游过程中为了使全团游客有统一的识别标志,旅行社会发给游客旅游标志物,如旅游帽、旅游徽记等。同时,为了表达对游客参团的谢意,让游客在游程结束后留下做纪念,旅行社会向游客发放一些小的旅游纪念品,如多国插头转换器、旅行包等。

二、准备个人物品

(一)工作和出行证件

(1)导游证

导游证:从事领队业务,应当取得导游证,具有相应的学历、语言能力和旅游从业经历,并与委派其从事领队业务的取得出境旅游业务经营许可的旅行社订立劳动合同。

领队证的取消:2016年11月7日,第十二届全国人民代表大会常务委员会第二十四次会议通过了修改《旅游法》的决定。新修订的《旅游法》取消了"领队资格"行政许可,明确从事领队业务的人员必须持有导游证,具有相应的学历、语言能力和旅游从业经历,并与委派其从事领队业务的、取得出境旅游业务经营许可的旅行社订立劳动合同。

(2)护照和签证、港澳通行证、台湾通行证

出境旅游之前将导游证、护照签证、港澳通行证、台湾通行证等相关证件进行细致查验核对,确保信息正确无误,妥善存放。

以上证件都由领队妥善保管,一直到机场办理登机手续之前发放给游客。全团护照及通行证封面右上侧均贴上不干胶贴签,上面写上编号和姓名,方便清点发放证件,编号应与团队名单表上的顺序一致。在出行前将证件的复印件多复印几份并分开存放。

(二)个人生活用品

(1)服装

海外领队的穿着是其精神面貌的体现。领队在准备服装时,可以根据出差的天数,事先将衣服搭配准备好。一般来说,在出境旅游行程中,如果有观看演出(如歌剧、音乐会等),领队应该准备一套正式的服装。在一般的参观游览活动中,领队应根据工作环境的变化准备好合适的衣服,一般多为休闲类服装。

领队带团在外工作，要保持衣着整洁得体，以良好的精神面貌呈现给游客。

（2）通信工具

手机是领队工作和生活的必备物品，极大地方便了领队与旅行社、游客及服务集体之间的信息传递，同时也可以及时和家人取得联系、维系情感。在出境工作之前，领队要开通国际漫游，并将自己的手机随时保持开机状态。带好转换插头的同时不要忘记带好手机的充电器及移动充电宝，要避免因手机没电无法对外联络。

另外，要牢记一些重要电话号码，如旅游目的地国家（地区）的报警电话和旅游帮助电话、中国驻外大使馆的电话等。

（三）小礼物

领队在出行之前，最好带上一些有中国特色或者本土特点的小礼物，以备不时之需。比如送给当地司机，到当地居民家中做客时赠送给主人，在境外获得别人帮助时等。适当的礼物赠送往往能够表达心意，融洽人际关系。

（四）小额外币

在出境旅游过程中，很多场合都要付小费，领队要准备一些小额的外币放在身边，在行李员帮助搬行李时、在高速公路休息站上厕所时、在餐厅吃饭时都有可能会用到这些小额外币。

（五）常备药物

领队要保持健康的体魄，在境外如果感到身体不适，可以服用自身携带的常备药物，缓解病症，以免影响带团工作。由于旅游行程一般安排较为紧凑，在国外寻找药店和购买药物不方便；另外，国外药店出售的药品往往和国内药品的药效不同，且多数药品需要出具医生处方，因此，在旅游过程中特意到药店购买药品不方便，也不容易。

领队要提前根据不同目的地国家、不同旅游产品的特点，有针对性地准备相应的药物并提醒游客根据自身身体状况备好药物。感冒药、肠胃药、消炎药、外用的创可贴等都应列在常备药物的清单内。

任务三　召开行前说明会

旅行社行前说明服务规范（LBT 040-2015）规定了行前说明的一般服务形式和应急形式。

一般服务形式主要有三种：①出行前且非出发当天，旅行社、旅游者双方见面的行前说明服务形式；②出行前且非出发当天，不见面形式的行前说明服务：旅行社利用互联网等技术或服务手段，向旅游者送达行前说明内容的电子版本音、视频资料并取得旅游者接收确认，且有专门渠道、专门人员解答旅游者疑问；③上述两种形式的结合。

应急措施、补救手段主要有三种：①行程开始当天，在机场、车站、码头等公共区域临时举行；②前往旅游目的地的交通工具上临时举行；③在旅游过程中，通过播放音频、视频资料或由履行辅助人宣讲等进行。

任务分解

一、告知出发信息、分发资料和物品

领队应提前30分钟到达会场，做好会场的准备工作。将领队的姓名、联系方式、旅游团的团名、出发日期、航班、集合时间、地点等写在白板上。向游客发放旅游行程单、行李标贴、旅游标识、旅游纪念品等。

二、行前准备及行程说明

告知游客国内、外运输管理相关法律法规、行李托运须知、出入境物品管理相关法律法规等对旅游者乘坐交通工具、托运行李、出入国境有影响的事项，提示旅游者提前做好相应准备。提醒游客国外的很多饭店为了追求环保节能，通常不为客人准备一次性易耗品，如牙刷、牙膏、拖鞋、洗发液、沐浴液等，提前通知游客准备好。

详细介绍行程，尤其对行程中有变更的情况要着重说明：如航班变动或住宿酒店变动等；宣布旅游团的住宿名单，及时调整，最终确定分房名单表。

三、提醒游客重要的联络信息

告知并提醒游客在旅游过程中应全程携带的重要联络信息：旅行社操作部门、销售部门相关工作人员、领队或全陪姓名及联络方式等信息；地接社及其工作人员（如地陪导游员）联络方式等信息；为游客提供保险产品的保险公司联络信息；遇到紧急情况时的应急联络方式；我国驻外使、领馆应急联络方式；应该或能够在行程中为旅游者提供安全保障的其他机构或人员信息。

提醒游客开通国际漫游，并准备好转换插头、充电宝等通信物品。告知游客在境外通信的相关知识。

四、文明旅游提示

提示游客：应当注意的旅游目的地相关法律、法规和风俗习惯、宗教禁忌等；容易因不了解而引起误会、冒犯、争端或遭受非议的其他事项；国家出入境管理相关法律、法规，以及依照中国法律不宜参加的活动。

五、重大安全警示

旅行社应根据旅游目的地、行程安排的差异性，就以下事项对旅游者进行说明：行程中旅游者可能接触到的、操作不当有可能造成旅游者人身伤害的相关设施、设备的正确使用方法；必要的人身、财产安全防范和应急措施；行程中未向旅游者开放的经营、服务场所和设施、设备；为保障安全，部分旅游者不适宜参加的活动。

六、预祝旅程顺利愉快

预祝旅途愉快，强调团结配合的重要性。

知识链接

领队的职责和专业资格

领队的职责：

领队首先要负责在旅行团出发日前向团友讲解集合地点、时间等。在出发日，领队应在机场或码头会为团友办理登记机位、寄存行李、分配机位（船位）等。在行程期间，领队要安排酒店集中寄运行李以及早上召集等，讲解行程的工作则为当地导游的职责（除非该旅行团的领队兼任导游）。另外，领队亦要负责团友的安全，在行程中如有突发事故，领队应向当地有关部门寻求协助或联络出发地有关部门等。某些国家驻中国使馆规定，申请团体旅游签证（ADS签证）必须由专职领队带领。

领队的专业资格：

中国大陆：领队采取申报的方式进行，申报条件有6条：①拥有有效导游证；②大专及以上学历；③具有相应的语言能力；④2年以上旅游从业经历；⑤与取得出境资质的旅行社订立劳动合同，且3年内无违规行为和投诉记录；⑥具有完全的民事行动能力，身体健康。

中国香港：外游领队需要在中国香港旅游业议会报读外游领队证书课程，合格后向该议会申请领队证，方可从事外游领队工作。

中国台湾：需通过考选部举办的专技人员领队考试，并参加职前训练取得领队证后，方可以领队身份带团出国。

资料来源：http://baike.baidu.com/link?url=-ej_jJRium8-mgJg2fT1_3-Pu1GGOE-jemhotAdUm9giYMxHdHqn09ftXFB5xGF-76bU-VNQq9G9dSpZIit_CMjuNqOyVf86nKDAKB3Yc-S。

案例分享

行前准备有缺失，旅行社难辞其咎

某年春节，H省某旅行社出境旅游部领队小韩，带一个国内出境旅游团赴泰国旅游，旅游团安排在广州白云机场出境。当游客排好队正准备办理出境手续时，小韩发现广州方面旅行社发给游客的护照上没有泰国的有效期签证。当询问边防检查人员后，得到的回答是肯定的，旅游团不能出境。无奈，小韩只好又带团返回广州，在饭店住了下来。

点评：出境领队的工作程序之一，是做好行前业务准备。而其中一项很重要的任务，就是核对护照正文页与出境卡项目是否一致、出境卡两页是否盖章、出境卡是否有黄卡、是否与前往国相符，以及签证的有效期、签证水印和签字等。鉴于此，案例中的旅行社应承担全部责任。

都是公文包惹的祸

几年前，中旅赴马来西亚团的一位领队上团时带了一个某品牌的大公文包，他考虑的是大公文包装文件方便，资料不易褶皱。没想到，一天早上，在吉隆坡的酒店吃完早餐，领队忙于在酒店大厅旋转门旁边解决团里客人的问题，顺手将公文包放在行李箱上。结果，有两个人在他眼前以问路为掩护，而另外一个人从他的行李箱上抢走了公文包。该领队损失惨重，后悔莫及。和公文包一起丢失的东西有护照、机票、外币、人民币等贵重物品。

点评：该领队的主要问题是带了一个不适合领队工作的包，如果换作贴身的或是肩背的包，可能会逃过这一劫。

拓展实践

请自行选择任意一个常见旅游目的地国家，按照领队服务规范模拟召开一次行前说明会。

模块二　出入境服务

▶ 能力目标

　　会进行中国出境服务。
　　能对飞行途中进行服务。
　　会进行他国入境服务。

▶ 工作任务

任务一　中国出境服务

任务分解

一、集结旅游团队成员

　　领队至少应当比规定时间早10分钟到达集合地点。到达集合地点后，领队应高举组团社的社旗，方便游客认找，注意保持手机畅通，以便游客联系。

　　领队与游客会合后，根据名单表清点人数。在临近规定的集合时间时，如果还有个别游客没有赶到，要尽快与之联系，关注游客方位，预估抵达时间。通常超过一小时后，仍有游客未到达的，将未到游客的护照、机票交与送机人员处理。

等全团游客到齐后，领队应召集大家集中在某一区域，并进行简短的讲话。告知大家接下来要办理登机手续、海关申报手续、边防检查手续等，并希望得到全体团员的配合。

二、办理登机手续

按照《旅行社出境旅游服务质量》中"领队应积极为旅游团队办妥乘机和行李托运的有关手续"的规定，领队应在带团办理乘机手续时对游客进行相应的服务。

（一）告知游客航空公司的有关规定

领队要提前熟悉航空公司对乘机旅客行李的规定，并告知游客。在办理乘机手续前，对一些可能出现的问题要提醒游客注意，如水果刀、指甲剪等必须托运，不能随身携带。贵重物品和充电宝应随身携带而不能放在托运行李中等。

（二）办理乘机手续

1. 集体办理乘机手续

一般情况下，旅游团队是到航空公司值机柜台的"团队"专用柜台办理乘机手续。领队将全团游客的护照机票交给值机柜台工作人员核验，并将所有即将托运的行李（提醒游客系上统一的行李牌）按序排放逐一清点。办理完乘机手续后，领队要认真清点航空公司值机柜台工作人员交还的物品：护照、机票、登机牌、行李票。

领队要重点检查登机牌上的乘机人姓名、乘机日期、航班号，并妥善保管好全团的登机牌或者让客人自行保管好。值得一提的是，上面所提到的护照姓名应当与签证、登机牌上面的姓名完全一致，检查时应把这三样放在一起进行审核。

2. 单独办理乘机手续

并非所有航空公司都要求旅游团队统一办理乘机手续。在这种情况下，领队带领全团游客到航空公司值机柜台前，告知游客办理登机手续的注意事项，并在一旁协助游客办理。

三、过边防检查

边防检查站隶属中华人民共和国公安部，对出境人员身份及证件、签证等进行检查，通过此项检查方可出境。

（一）填写《边防检查出境登记卡》

所有出境人员都要填写公安部出入境管理局印制的《边防检查出境登记卡》，领队可以指导游客进行填写。如图1-1所示：

边防检查 出境登记卡

中国公民（香港澳台）填写

姓名 男 女

官方使用

证件号码

出生日期 年 月 日

证件种类

国籍（地区） 中国 （香港 澳门 台湾 ）

出境事由（只能填写一项）

会议/商务 访问 观光/休闲

航班号 车次 船名

探亲访友 就业 学习

前往何地

返回常住地 定居 其他

国内住址

公安部出入境管理局监制

以上申明真实完整。如有不实填报，愿承担由此引起的一切法律责任。

签名

出境日期 年 月 日

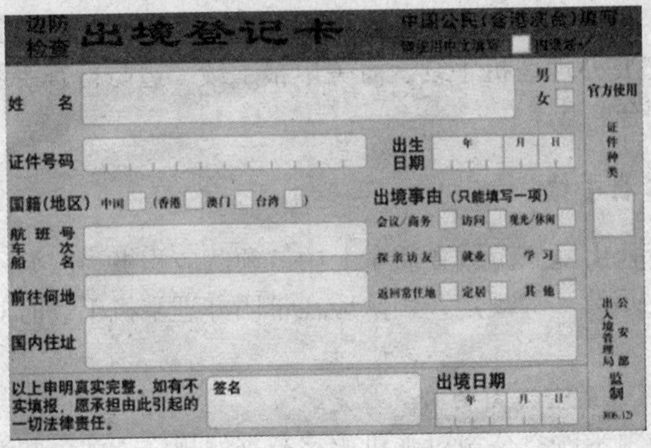

图 1–1 边防检查出境登记卡

（二）接受边防出境检查

按照边防检查柜台前现场指挥的要求，领队带领游客排队按顺序接受边防出境检查。

如果团队办理的是团队签证或到免签国家旅游，领队应出示《中国公民出国旅游团队名单表》及导游证、团队签证。所有的游客必须按照名单表上面的顺序排队，逐一通过边防检查。

旅游团队在过边防检查时，领队应始终走在前面，第一个办妥手续，在里面等候游客。对完成边防检查的游客，可以引导游客继续办理下一项安全检查。游客需要准备出示：护照（含有效签证）、机票、登机牌以及《边防检查出境登记卡》。边检人员对护照签证查验完毕后，将《边防检查出境登记卡》留下，在护照上加盖出入境验讫章后将护照、机票、登机牌交还游客，边检手续完成。

如图 1–2 为边防检查处。

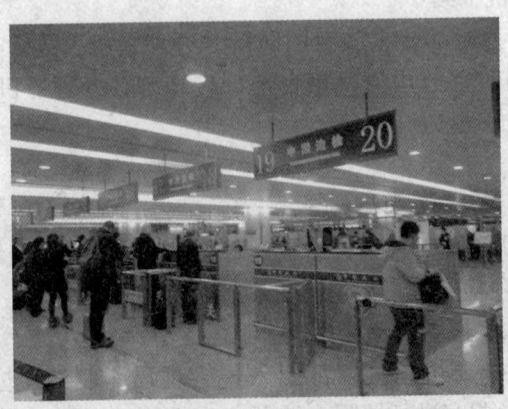

图 1–2 边防检查处

四、过安全检查

所有旅客都必须经过安全检查后,才能被允许进入飞机。

领队应提前通知游客准备好护照、机票、登机牌,准备交给安全检查员查验。领队在带领游客登机安全检查时,要提醒游客主动配合机场安检人员的检查,避免与其发生纠纷。

五、等待登机

安全检查结束以后,领队应带领游客到登机牌上标明的登机闸口的候机室等候登机。如部分游客逗留在机场免税店购物,领队应提醒游客注意收听机场广播,并约定好在飞机起飞前半小时在登机口集中,以免误机。解散之前,再次提醒游客登机口,并提醒游客通过广播、电子屏等方式及时关注登机口是否有调整。

在等待过程中,领队应充分利用时间对团队情况进行再熟悉,比如熟悉接待计划,熟悉对游览城市之间的转换、衔接等。

任务二　飞行途中服务

任务分解

一、提供乘机帮助

领队应在飞机上为有需求的游客提供乘机帮助。乘机服务主要包括语言翻译、设施设备使用、安全提醒和其他咨询工作。为方便服务,领队的座位一般靠近走道,飞行中应适时进行巡视,了解游客状态。同时要告知游客自己的位置,便于游客需要帮助时能及时找到领队。图1-3为A380飞机座椅背后的娱乐系统。

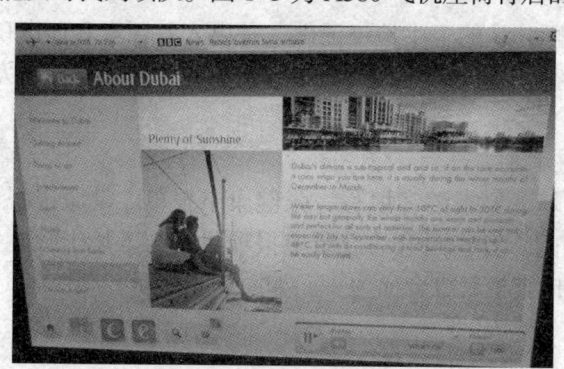

图1-3　A380飞机座椅背后的娱乐系统

二、指导游客填写入境表格

在飞行途中，领队需要做一项最重要的事就是协助或帮助游客填写即将要抵达国家的入境表格。主要是入境卡和海关申报单。入境卡和海关申报单一般由机组人员发放，但也有部分航班在飞机上不提供入境表格，需要在目的地国机场领取并填写。

入境卡和海关申报单通常会用当地文字和英文两种标明，填写时一般要求使用英文填写。对于英文较好的游客，领队可以指导游客填写，另外一部分游客，领队可以帮助其填写。海关申报需要如实填写，领队应提前和游客进行沟通，以免入境时遇到麻烦。事先制作的"团队资料一览表"这时候显得非常有效，可以节省领队查找翻阅护照的时间，使得填表效率大为提高。

任务三　他国入境服务

任务分解

一、介绍流程

抵达目的地机场后，领队应召集游客集中，向游客介绍接下来要办理的入境手续，一般包括卫生检疫关、证照查验、移民局关、海关。

二、卫生检疫

各个国家的卫生检疫形式不同，有的需要查验黄皮书和健康申报单，有的则完全不需要填写，只是对入境游客进行检视，发现患病游客时加以询问。

（一）黄皮书查验

黄皮书是国际公认的卫生检疫证件，是出入各国家和地区口岸的重要凭证。很多国家对来往某些国家（地区）的旅客，免验黄皮书。但对发生疫情的地区，则检查比较严格。

（二）健康申报单

有些国家入境，要求游客填写一张健康申报单。健康申报单的主要内容是对一些疾病的询问。有些国家的健康申报项目是与入境卡放在一张纸上，卫生检疫柜台与入境检查柜台也合而为一。如图 1-4 所示：

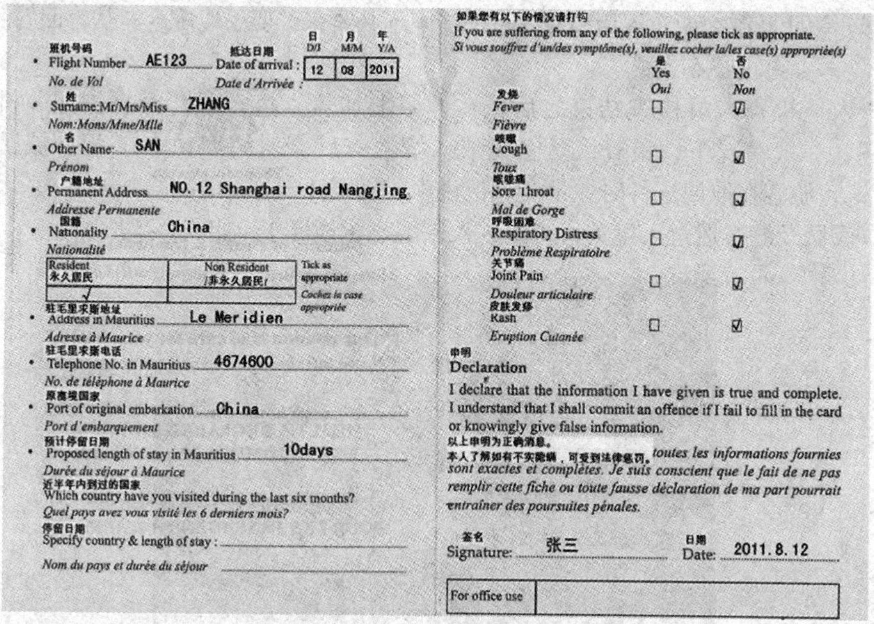

班机号码
- Flight Number AE123
No. de Vol

抵达日期 Date of arrival: 日 D/J 12 月 M/M 08 年 Y/A 2011
Date d'Arrivée

姓
- Surname:Mr/Mrs/Miss ZHANG
Nom:Mons/Mme/Mlle

名
- Other Name: SAN
Prénom

户籍地址
- Permanent Address NO.12 Shanghai road Nangjing
Addresse Permanente

国籍
- Nationality China
Nationalité

Resident 永久居民	Non Resident 非永久居民	Tick as appropriate Cochez la case appropriée
√		

驻毛里求斯地址
- Address in Mauritius Le Meridien
Adresse à Maurice

驻毛里求斯电话
- Telephone No. in Mauritius 4674600
No. de téléphone à Maurice

原离境国家
- Port of original embarkation China
Port d'embarquement

预计停留日期
- Proposed length of stay in Mauritius 10days
Durée du séjour à Maurice

近半年内到过的国家
Which country have you visited during the last six months?
Quel pays avez vous visité les 6 derniers mois?

停留日期
Specify country & length of stay:
Nom du pays et durée du séjour

如果您有以下的情况请打钩
If you are suffering from any of the following, please tick as appropriate.
Si vous souffrez d'un/des symptôme(s), veuillez cocher la/les case(s) appropriée(s)

	是 Yes Oui	否 No Non
发烧 Fever Fièvre	□	☑
咳嗽 Cough Toux	□	☑
喉咙痛 Sore Throat Mal de Gorge	□	☑
呼吸困难 Respiratory Distress Problème Respiratoire	□	☑
关节痛 Joint Pain Douleur articulaire	□	☑
皮肤发疹 Rash Eruption Cutanée	□	☑

申明
Declaration

I declare that the information I have given is true and complete. I understand that I shall commit an offence if I fail to fill in the card or knowingly give false information.

以上申明为正确消息。
本人了解如有不实陈祸，可受到法律惩罚。toutes les informations fournies sont exactes et complètes. Je suis conscient que le fait de ne pas remplir cette fiche ou toute fausse déclaration de ma part pourrait entraîner des poursuites pénales.

签名 Signature: 张三　　日期 Date: 2011.8.12

For office use

图 1-4　毛里求斯健康申报单

三、过移民局

许多国家的入境检查是由其移民局负责，领队带领游客沿着移民入境“IMMIGRATION”的标志前行，就能找到入境检查柜台。领队要带领游客在外国人入境“FOREIGNER”标志的任意一个通道前排队等候。通常在入境检查柜台前，执勤人员会引导团队游客走一个专用通道办理入境。

（一）校验材料

旅游团队如果所持的是团队签证，则需要到指定的柜台办理入境手续。领队应走在团队的最前面，将团队签证交给入境检查人员，并准备回答检查人员的提问。如果游客办理的是个人签证，领队可以让游客依次排队，提醒游客站到入境检查柜台前，首先要有礼貌地向检查人员打招呼。将事先准备好的护照、签证、机票、接待行程单、入境卡交给检查人员。

（二）接受询问

提前告知游客在入境检查环节，移民官常问的问题。工作人员会就入境的原因或具体情况进行简单的盘问。比如：“为什么要来这里？”“准备到哪几个城市？”“准备停留多久？”“住在哪家酒店？”“身上带了多少钱？”“当地负责接待的旅行社是哪家？”等问题。

由于中国出境旅游市场的蓬勃发展，很多目的地国家都设有中文标识、中文翻译。领队及游客面对入境检查人员的提问不必紧张,要予以配合,从容回答。

(三)完成检查

入境检查人员检查结束之后,在护照上加盖入境章后,会将护照、机票退还。一般情况下,检查人员在完成入境检查后会对游客说声:"祝您旅游愉快!",游客在取回证件时,不要忘记说声:"谢谢!"。

领队及游客通过入境关,正式进入该国家(地区)。如图1-5所示:

图1-5 接受入境官员询问

四、提取行李

过移民局边检后,领队带领游客到航空公司的托运行李领取处提取托运行李。通常情况下,飞机降落前的广播和机场的行李区域的电子大屏上都会提示航班对应的行李通道的位置。领队在确认自己及每位游客都领取到自己的托运行李后,带领游客办理入境所需的下一项手续。如图1-6所示:

图1-6 提取行李

五、通过海关

游客出国不仅在出境时要接受本国海关的检查，在抵达外国入境口岸时，同样要接受外国海关的检查。许多国家的海关，是设立在卫生检疫和护照签证查验结束并提取完托运行李之后。

由于各国国情不同，海关监督检查的范围也不同，但是对出入境旅客所携带的物品行李的查验都有明确的规定。有申报物品的走红色通道，无申报物品的走绿色通道。领队要事先了解各国海关的相关规定，并提前提醒游客，避免在入境时遇到麻烦。

通常情况下，海关检查为例行抽查，领队带领游客经过海关时，把海关申报单交给海关人员后，即可直接走出。如遇海关人员进行抽查，应当服从并配合检查。如图1-7所示：

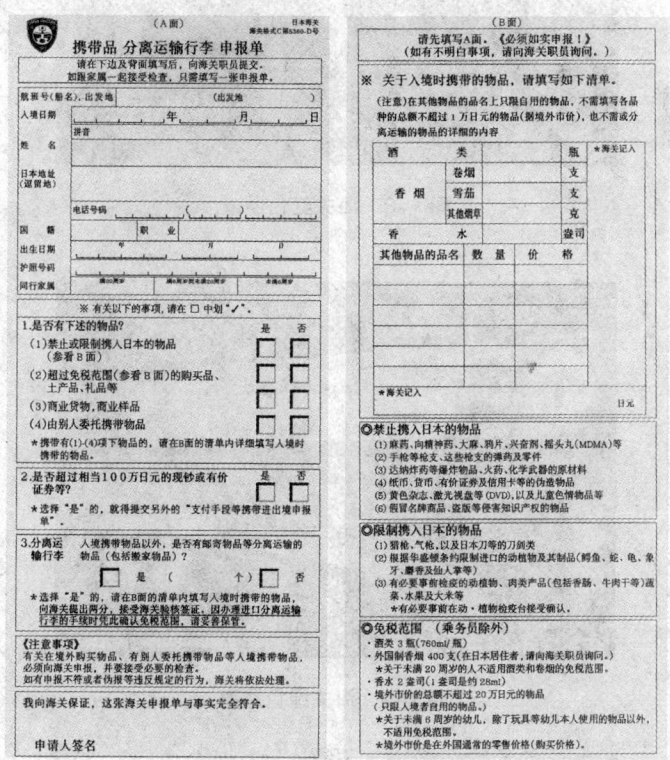

图1-7　日本海关申报单

值得注意的是，各个国家对于所需要办理的入境手续并不一致，如泰国的入境手续办理程序是：航班抵达、入境检查、卫生检疫、海关检查、入境；日本的入境手续办理顺序是：航班抵达、检疫检查、入境检查、动植物检疫、海关检查、入境。各个国家（地区）不仅程序前后不同，入境检查的项目和需要递交的材料也不一样，有的国家仅需要入境边防检查这一项，有的国家甚至连入境卡都不需要。

领队在带团过程中，对他国（地区）入境各个环节的把握，大致可以依照在中国关口出境时经过的各个环节做反向记忆。

如图1-8、图1-9所示：

图1-8　海关红色通道

图1-9　海关绿色通道

六、与接待社导游员会合

办理完以上各项手续，领队可以高举旅行社社旗，带领全团游客到达出口与前来迎接的接待社导游会合。与接待社导游会合后，领队应主动与导游交换名片，并进行工作交代。如图1-10所示：

项目一　海外领队准备工作和出入境服务 | 223

图 1-10　接站的导游

知识链接

地方时与区时

由于地球自转和围绕太阳公转，所以地球上不同经线上具有不同的地方时。为了克服时间上的混乱，国际上规定将全球划分为 24 个时区（东、西各 12 个时区）。每个时区统一采用的时间，称为区时，相邻两个时区的时间相差 1 小时。

各地的标准时间为格林尼治时间（G.M.T）加上（+）或减去（-）时区中所标的小时和分钟数时差。许多国家还采用夏令时（DST），比如美国每年 4 月到 9 月实行夏令时，时间提前一个小时。

时差的计算方法：两个时区标准时间（即时区数）相减就是时差，时区的数值大的时间早。比如中国是东八区（+8），美国东部是西五区（-5），两地的时差是 13 小时，北京比纽约要早 13 个小时；如果是美国实行夏令时的时期，相差 12 小时。

关于海关检查

海关，顾名思义是设在沿海口岸的关口。一般国家的海关都设在对外开放的贸易港口、国际联运火车站、国际航空站、陆路边境和国界江河岸上准许旅客、货物，交通运输工具通行的地点，国际邮件、邮包交换地点等。这些设在口岸的海关，边境的陆关和内地的陆关等对输出输入货物及物品进行监管和征税任务的关口，统称为海关。

海关检查分为绿色通道和红色通道两种。

所谓"绿色通道"，也称"无申报"通道或"免验"通道，是指旅客携带无须向海关申报的物品或只出示申报单或有关单证后即可放行的通道。进境旅客有下列情形之一的，可以选择"绿色通道"通关。但需向海关出示本人证件和按规定填写的申报单：①持有中国主管部门给予外交、礼遇签证护照的外国籍人员；②海关给予免验礼遇的人员；③无须办理红色通道海关验放手续的其他人员。

所谓"红色通道"，也称"申报"通道，是指须经过海关履行检查和检验手续后，方可放行的通道。选择红色通道的旅客，须向海关出示本人证件和《进出境旅客行李物品申报单》。

（1）进境旅客有下列情形之一的，须选择红色通道通关：①携带海关规定限量管理及应征税的物品的；②申请进口的物品的；③携带进境旅行自用物品超出海关规定范围的；④携带货样、展品、专业用品以及其他需办理进境验放手续的物品；⑤另有分离运输行李境内提货券及拟在境内购买外汇商品的；⑥对海关规定不明确或不知如何选择通道的。

（2）出境旅客有下列情形之一的，须选择红色通道通关：①携带文物、货物、货样以及其他需办理出境验放手续的物品的；②未将应携带出境物品原物带出的；③携带外币、金银及其制品，但未取得有关出境许可或携带外币、金银及其制品数额超出原进境申报数额的；④携带出境物品超出海关规定的限量、限值或其他限制规定的；⑤携需携带出境的物品的；⑥对海关规定不明确或不知如何选择通道的。

资料来源：https: //baike.baidu.com/item/%E6%B5%B7%E5%85%B3%E6%A3%80%E6%9F%A5/5698491?fr=aladdin。

案例分享

鳄鱼皮包属于海关管制物品吗？

2014年，李先生和朋友一起乘坐飞机去泰国旅行。在泰国期间，在领队的带领和介绍下，他们来到一个皮具购物店里，这里有鳄鱼皮、大象皮等皮具销售。李先生他们购买了鳄鱼皮皮包和大象皮皮带，结束了泰国行程。他们的飞机抵达国内某机场后，李先生的行李箱被机场海关拦下检查，随后鳄鱼皮皮包及大象皮皮带被机场海关以违禁品予以查扣。

据机场海关工作人员介绍，根据相关法律规定，我国对列入进出口管理办公室、海关总署联合公告的《进出口野生动植物种商品目录》的野生动植物或其产品，以及国家认定的珍贵动物、珍稀植物或其产品，均实行濒危物种进出口管理。其中对野生动物及其产品，既包括野外来源的，也包括通过人工驯养或人工繁殖获得的。该旅客所携带的鳄鱼和大象皮革制作的皮包、皮带等均属上述动物制品，确系违禁品应受相应管制。

点评：在携带一些动物制品出入境前，领队要务必提前了解海关相关规定，并向游客做介绍和声明，以免造成游客不必要的麻烦。

拓展实践

请自行选择任意一个常见旅游目的地国家，介绍一下该国海关对所携带物品出入境的相关规定。

项目二　海外领队境外随团和后续服务

■ **项目简释**

　　游客经过出入境、长途旅行等繁复的过程抵达心仪的目的地国家，就是为了全方位地体验旅游目的地的自然风光、人文资源、饮食文化、风物特产等。因此，境外随团服务过程中，领队要密切配合当地导游，共同促使旅游活动的顺利完成。

　　领队行程结束回国后，整个带团工作并没有结束，还应尽快到旅行社完成工作交接，并处理好善后事宜。带团回来后的工作与出团前的准备相比，虽然要简单许多，但要求领队依然要以善始善终的态度来认真对待、妥善完成。

■ **能力目标**

　　能进行境外随团服务，如入住酒店服务、餐饮服务、参观游览服务、购物服务、离境服务等；会进行回国后续工作，做好交接工作，进行财务处理，能维护与游客的关系。

■ **项目分解**

　　模块一　境外随团服务
　　模块二　回国后续工作

模块一　境外随团服务

▶ 能力目标

　　能进行入住酒店服务。
　　能进行餐饮服务、参观游览服务、购物服务、离境服务等。

▶ 工作任务

任务一　入住酒店服务

任务分解

一、办理入住登记手续

　　在境外旅游期间,领队应协助地方接待导游员完成办理入住登记手续的工作,按照出境之前分房名单的安排,领队将房号填写到分房名单上,并将房卡分发给游客。在游客回房间休息之前,领队应到前台取一些饭店卡片发放给游客,并将自己的房间号码告知游客,以便游客遇到问题或困难能及时找到领队。

二、介绍酒店设施

领队、全陪和地陪应商量好叫早时间,由地陪通知酒店前台第二天的叫早时间。另外,很多游客是第一次出国,对国外酒店的一些设施设备并不熟悉。即使是有出国经验的游客,入住不同的酒店,也需要了解酒店的各项情况。领队应及时将酒店中游客可能不熟悉的地方进行介绍,并提醒游客注意规避一些问题。如收费电视问题,以及国外有些酒店的水都是直饮水,不需要加热,但如果游客不习惯喝凉水,让酒店服务生提供热水要付小费的问题。

三、做好安全提示和文明宣传

在境外住宿过程中,曾经发生过很多治安事件,如游客财物被盗被抢,因此,领队要针对所到旅游目的地国(地区)的情况,提醒游客注意住宿安全问题。如睡觉前检查门窗是否关好锁好;不要轻易给陌生人开门等。

领队要提醒游客入住酒店的文明礼仪,提醒游客不要在酒店大堂和房间走廊大声喧哗,正确使用和爱护酒店房内的设施设备。

四、提醒游客与酒店结账

游客如在酒店内产生消费,领队应提醒并协助游客提前结清有关账目。最好避开团队要匆忙赶路之前和早餐后的游客结账高峰时间。有些国家和地区每日要给客房服务员留小费,应提醒游客入乡随俗。

五、提醒游客带齐私人物品

离开饭店前,领队要及时提醒游客清点个人物品是否带齐,避免出发之后发生有游客将私人物品遗留在酒店,又要返回取物品的现象,耽误旅游行程。

任务二 餐饮服务

任务分解

一、简介餐厅及菜肴特点

在出境旅游过程中,为了避免游客不适应旅游地的饮食,大部分的团队餐,旅行社会尽量安排在中国餐厅吃中餐,少部分的团队餐会安排当地的特色餐饮。领队在带领团队用餐之前,应简单介绍餐厅及菜肴特点。

二、提醒游客用餐应注意的问题

游客在境外用餐过程中,常常会出现一些共性的问题,领队应及时提醒游客注意规避。如在餐厅用餐时,不要大声喧哗;在吃自助餐的时候,提醒游客一次不要取太多食物,要做到取的食物一定要吃完,避免浪费;提醒游客不要将自助餐厅里的水果、酸奶、饮料带走等;如是西餐,应介绍西餐礼仪。

三、用餐过程中巡视,及时解决出现的问题

在用餐过程中,领队要巡视1~2次,及时发现并解决问题,避免游客因对用餐不满,影响整个行程的满意度。领队要加快用餐节奏,避免游客等待。

任务三 参观游览服务

任务分解

步骤一:让游客清楚了解每日的计划行程

旅游团在某地游览观光,常常会因为交通、天气等原因,使得原本的行程计划有所调整。领队在与当地接待导游协商后,要将调整后的日程及时通知到每一位游客。每一天的开始,地陪导游都要对当天的行程计划进行预告,当天的行程游览结束后,还要将次日的活动安排提前告知游客,特别是如果第二天的行程中有对着装的特殊要求(如果参观欧洲的教堂,提醒大家不能穿着暴露肢体的服装等),更应该着重提醒游客。

步骤二:辅助当地接待导游完成游览计划

每到一处景点,领队和导游应告知游客在景点的停留时间、参观游览结束后的集合时间和地点,还应向游客讲清游览中的注意事项。提醒游客保持手机畅通,以便在游客落队后进行联系(出境前,要求每位游客开通国际漫游,一旦游客落队或走失,方便联络)。

领队在参观游览景点过程中,应积极协助当地接待导游,随时关注游客动向,清点人数,走在旅游团队的最后,与当地接待导游形成首尾呼应。

步骤三:回答游客提问

在参观游览过程中,游客会不时向领队提出这样那样的问题,领队应用自己的专业知识向游客提供咨询服务,耐心细致地回答游客的问题。

任务四 购物服务

任务分解

一、按照行程计划安排购物

领队应向游客介绍值得购买的本地商品及商品特色,向游客讲清购物的停留时间,并向游客讲明购物的有关注意事项,随时向游客提供在购物过程中所需要的服务,如翻译、托运等。很多领队也很热衷于购物,但需要注意的是,千万不能仅顾自己购物而忽视了团内游客,领队应始终把为游客提供购物服务放在首位。

二、告知游客购物退税的相关规定

游客在商店购物时,领队要提醒游客要索要发票。领队应及时了解并提醒游客注意不同国家的退税规定。如欧洲国家的退税要求是:在有退税标志的商店购物,购物要超过一定的金额,开具退税专用发票,盖有海关章,乘机回国前可在机场办理退税手续。

三、协助游客处理购物相关问题

游客出国往往需要购买许多礼物,领队应充分考虑到游客的心情,尽可能在时间上予以保证,并在游客挑选时予以协助。如果游客买到不满意的商品,需要退换,领队及导游应积极协助游客解决,但事先要跟游客讲明注意事项。如香港的商店"百分百退款保证"规定:旅客在旅行社安排的购物活动中消费后感到不满可先通过导游进行处理,或于购货之日起计14天内将完全未经使用的货品连同包装完整退回,即可办理全数退款手续。但必须保留好购物单据。

任务五 观演服务

任务分解

一、引导游客观演

领队应在观演前简单介绍节目内容及其特点,并引导游客入座。在观演过程中，领队应自始至终坚守岗位，不能擅离职守。

二、提醒观演时的注意事项

领队应提前告知游客有关观演过程中的注意事项。如观看表演时是否可以照相、摄像，演出结束后和演员合影是否应付小费、一般付多少合适；欣赏国外的歌剧、音乐会、芭蕾舞等演出，领队还应提醒游客着正装出席，在观看演出时要保持安静，不能吃零食喝饮料等。

任务六　离境服务

任务分解

一、发放游客意见评价表

在离境前一天，领队应将意见评价表发放给游客填写，就行程中的项目和服务内容向游客征求意见和建议，以期更好地调整和完善行程设计，进一步提升服务质量。

二、介绍行李须知

在离境前一天晚上，提醒游客行李不要超重；提醒游客退税商品放在行李箱易于检查的位置，以方便海关人员抽查，尽量保证退税商品没有使用或开封过；提醒游客不要将贵重物品和证件放在托运的行李里。

三、办理退税手续

每个国家的退税流程不尽相同，以意大利罗马机场退税为例，领队带领游客到机场以后，先到海关处盖章，再到退税公司盖章，目前退税的形式有两种：现金退税和信用卡退税，请游客自行选择自己所想要的退税形式。由于时间关系来不及办理退税的，也可以拿着退税单在海关盖章后回国内退税。

知识链接

主要目的地国禁忌

1. 日本：在赠物时忌讳"9"和"4"这两个数字，因为在日语里发音同"苦"和"死"。9、13等奇数也不受欢迎。还忌讳3人合影。日本人一般不当面打开礼品包装，当然你接到日本人送的礼物时，也不要主动打开看，除非对方要求你打开。如果日本人送你礼物，不要马上接过礼物，等主人让一两次后再收，并向他表示感谢，双手接过礼物。在交往时，日本人吸烟，但不用香烟招待客人，即不敬烟。日本人非常忌讳别人打听他的工资收入，年轻的女性忌讳别人询问她的年龄、姓名以及是否结婚等。送花给日本人时，别送白花（象征死亡），也不能把玫瑰和盆栽植物送给病人。菊花是日本皇室专用的花卉，民间一般不能赠送。日本人喜欢樱花。在商品的颜色上，日本人爱好淡雅，讨厌绿色，忌用荷花、狐狸、獾子等图案。在日本，用手抓自己的头皮是愤怒和不满的表示。在日本发信时，邮票不能倒贴，倒贴邮票表示绝交，装信也要注意，不要使收信人打开后看到自己的名字朝下。

2. 韩国：韩国人忌讳数字是"4"和"13"，在发音与"死"相同的缘故，韩国人对相似的"私""师""事"等最好不要使用。韩国人的民族自尊心很强，反对崇洋媚外，倡导使用国货。在赠送礼品时，最好选择鲜花、酒类和工艺品。最好不是日本货。韩国有男尊女卑的讲究，进入房间时，女人不可以走在男人的前面，女人须帮助男人脱下外套，坐下时，女人要主动坐在男子的后面。不可以在男子面前高声谈论。吃饭时不要随便发出声响，更不许交谈。在大街上吃东西、在人面前擤鼻涕，都被认为是粗鲁的。长辈面应跪坐绝对不能把双腿伸直或叉开，否则会被认为是不懂礼貌或侮辱人。

3. 泰国：切忌触碰任何人的头部，即使是对小孩子，因为头颅被视作人体的最高部分，这在字面上或比喻意义上都是如此。同样地，在泰国人的社交聚会中，你将发现年轻人都尽量使自己处于比年长者矮一截的位置，以免别人感觉他们对长者"不敬"。当然，这不是总能做到的，但重要的是他们已尽力而为了。泰国人见面时通常不以握手为礼。最常见的泰国传统的见面礼节是双手放在胸前合十作祈祷状并微微弯腰。一般情况下，年轻人向长者合十弯腰致礼，长者以同样的方式还礼。应回避有关政治、王族和宗教方面的话题。忌讳用脚踢门或用脚指东西，认为这是有伤风化和不礼貌的举止。他们忌讳左手服务，认为左手不洁净，开会令人回想起肮脏的事情，甚至还会怀疑你这是不轨行为。他们忌讳用红笔签字和用红颜色刻字，认为用红色是对死人的待遇。

4. 新加坡：对男子留长发极为反感，认为这是一种可耻的行为，会受到舆论的谴责。他们忌讳有人口吐脏言，哪怕是舞台上演出中出现的正面批驳的脏言，认为无论怎样出现的脏言，都会对下一代产生坏影响。他们不喜欢"7"，认为"7"是个消极的数字。他们对"恭喜发财"之类的话反感，认为这有教唆他人发不义之财的意思，是挑逗、煽动他人损人利己的有害言语。他们忌讳乌龟，认为这是种不祥的动物，给人以色情和污辱的印象。新加坡的印度人、马来人忌讳左手传递东西或食物，认为使用左手是一种不礼貌的举止。在新加坡，大年初一扫帚必须都收藏起来,绝不许扫地。他们认为这天扫地会把好运气都扫走的。街道和其他场所都保持得非常整洁,乱扔东西会受到严厉的处罚。所以要注意不随地扔烟蒂。

5. 俄罗斯:对盐十分崇拜,并视盐为珍宝和祭祀用的供品。认为盐具有驱邪除灾的力量。如果有人不慎打翻了盐罐,或是将盐撒在地上,便认为是家庭不和的预兆。决不能在街上丢弃任何东西,连一张过期的电影票也不行。这种行为有损俄罗斯的整洁,而且是违规的。他们对兔子的印象很坏。认为兔子是一种怯弱的动物,尤为若从自己眼前跑过,那便是一种不祥的兆头。他们忌讳黑色,认为黑色是丧葬的代表色。因此,他们对黑猫更为厌恶,并视黑猫从自己面前跑走为不幸的象征。

6. 法国:到法国人家里做客时别忘了带鲜花。送花时要注意,送花的支数不能是双数,男人不能送红玫瑰给已婚女子。在送花的种类上应注意:在当地送菊花是表示对死者的哀悼。法国人把每一种花都赋予了一定的含义,所以选送花时要格外小心。法国人忌讳核桃,厌恶墨绿色,忌用黑桃图案,商标上忌用菊花。法国人还视孔雀为恶鸟,并忌讳仙鹤(认为它是蠢汉与淫妇的象征)、乌龟,认为杜鹃花、纸花不吉利。在法国一定的社会阶层中,"吻手礼"也颇为流行。施吻手礼时,注意嘴不要触到女士的手,也不能吻戴手套的手,不能在公共场合吻手,更不得吻少女的手。

7. 英国:英国人不喜欢被统称为"ENGLISH",将他们称为"BRITISH"即"不列颠人"会使所有的英国人感到满意。英国流行给小费,通常按应付金额的10%~15%。英国人在公共场合有排队的习惯。乘电梯习惯右边等候,左边留给赶时间的人走动。与英国人聊天不应该涉及有关金钱、婚姻、职业、年龄等私事。与英国人谈话,不要距离过近,一般保持50厘米以上为宜。在众人面前,忌讳相互耳语,英国人认为这是失礼之举。数字13以及星期五是不吉利的,3和7是吉祥的。四人交叉握手和一火点三支烟都被英国人忌讳。在英国购物,最忌讳的是砍价。

8. 德国:在所有花卉之中,德国人对矢车菊最为推崇,并且选定其为国花。在德国,不宜随意以玫瑰或蔷薇送人,前者表示求爱,后者则专用于悼亡。对于"13"与"星期五",德国人极度厌恶。他们对于四个人交叉握手,或在交际场合进行交叉谈话,也比较反感。因为这两种作法,都被他们看作是不礼貌的。德国人认定,在路上碰到了烟囱清扫工,便预示着一天要交好运。向德国人赠送礼品时,不宜选择刀、剑、剪、餐刀和餐叉。以褐色、白色、黑色的包装纸和彩带包装、捆扎礼品,也是不允许的。与德国人交谈时,不宜涉及纳粹、宗教与党派之争。在公共场合窃窃私语,德国人认为是十分无礼的。

9. 美国:美国人性格浪漫、为人诚挚。他们在与互不相识的人交际时,惯于实事求是、坦率直言。即使是自我介绍时，他们也喜欢对自己的情况据实说出，越真实越好。对那些谦虚、客套的表白是看不习惯的。过分的客套对他们来说是一种无能的表现；过分的谦虚可能会被他们误认为你心怀鬼胎。他们一般乐于在自己家里宴请客人，而不习惯在餐馆请客。他们很健谈，喜欢边谈边用手势比画；彼此间乐于保持一定的距离，一般以50厘米左右间距为好。他们喜欢自由自在，不受约束。美国人还有三大忌：一是忌有人问他的年龄，二是忌问他买东西的价钱，三是忌在见面时说："你长胖了！"因为年龄和买东西的价钱都属于个人隐私，他们不喜欢别人过问和干涉。至于"你长胖了！"这句话，在美国人看来是贬义的。因为在美国的"瘦富胖穷"的概念，一般富人有钱游山玩水，身体练的结实，容貌普遍消瘦；胖人没多少钱，更无空闲去锻炼了，所以人偏胖。

资料来源：http: //baike.baidu.com/link?url=-ej_jJRium8-mgJg2fT1_3-Pu1GGOE-jemhotAdUm9giYMxHdHqn09ftXFB5xGF-76bU-VNQq9G9dSpZIit_CMjuNqOyVf86nKDAKB3Yc-S.

案例分享

出境旅游文明引导的重要性

2017年，微博有网友曝料称，在美国蒙特利尔的一间中餐馆，发生了一起特别事件。一名中国客人在餐馆就餐时大声喧哗被服务生阻止后，在账单上留言表示不满，并拒付小费。

点评：中国游客在境外餐厅消费前，领队应提醒游客注意入乡随俗，提醒游客不要大声喧哗，保持就餐环境的安静，并提醒游客，就餐过后要遵守国际惯例，给服务员付小费。

资料来源：http: //www.sohu.com/a/155455592_457279.

拓展实践

请自行选择任意旅游目的地国家，模拟离境时退税的过程。

模块二　回国后续工作

▶ **能力目标**

　　能与计调做好交接工作。
　　会进行财务处理阶段的工作。
　　注重维护与游客的关系。

任务一　与计调做好交接工作

任务分解

一、与计调进行工作汇报

　　领队带团结束回到旅行社后，应对带团过程进行简单描述和基本评价，对发生的问题及解决过程分项进行概要汇报。

二、上交《领队日志》和《旅游服务质量评价表》

　　领队将《领队日志》上交计调归档，并将游客在旅游过程中对旅游、食宿、导游等多项服务的评价意见——《旅游服务质量评价表》交给旅行社客户服务部门进行整理分析。

三、上交带团总结

带团总结主要包括：在带团旅游过程中发生的一些重要情况，领队应以书面报告的形式进行详细记录，以备日后查询；在带团过程中领队亲身实践了旅游产品后对线路产品的建议等。这对领队认识的提高和业务能力的增长十分重要。

四、及时归还物品

将带团前从旅行社借出的物品及时归还旅行社。

任务二 财务处理

任务分解

一、及时报账

一般情况下，领队在带团工作结束后，应及时将各类票据整理好，到旅行社的财务部门进行报账。

二、领取酬劳

领队在带团期间有无借款，或因特殊原因垫付的房费、餐费等其他费用，要与财务部门一并结清，并领取自己的出团补助。

任务三 维护与游客的关系

任务分解

步骤一：将照片及时传送给游客

领队应将旅游过程中帮助游客拍摄的照片及时传送给游客，借此和游客保持沟通联系。

步骤二：保持与游客的联系

通过微信、电话、E-mail、QQ等方式保持与游客的联系，也可以定期了解游客的旅游动态，及时将旅行社的新产品推荐给游客，为下次出行进行铺垫。

步骤三：建立自己的客户档案库

出境旅游一般时间都较长，与游客相处结束之后，很多美好的回忆会让游客再次参加出境旅游，领队应与游客建立起信任关系，让他们成为旅行社的常客，可以定期举办一些活动，邀请他们聚到一起，比如老客户回馈会、圣诞聚会等。

知识链接

旅游摄影技巧

旅游中的摄影，必须学会透过镜头在取景框中观察被摄的景物及周围的环境，选择最佳的拍摄点，以得到最为满意的构图。在取景、构图时，需要注意以下几点：

突出主体。在拍摄之前，心里要像绘画前那样首先"立意"，考虑照片画面中，主要表现什么，被摄主体安排在什么地方。然后通过光线、色彩、线条、形态等造型手段，来达到突出主体的目的。

视觉平衡。一幅构图达到视觉平衡的照片，能给人以稳定、协调的感觉。平衡有对称平衡及非对称平衡两种、非对称平衡的构图，往往比对称平衡的构图更富有动感。景物的大小、形状、重量和方向以及色彩等都对视觉平衡有重要影响。

虚实相映。虚实是指被摄主体与空间前、后景的清晰、模糊的程度。运用的手法不外乎藏虚露实、虚实相间、虚宾实主、以虚托实。其目的是为了突出主体，渲染气氛，增强空间纵深感。实，主要是表现被摄对象的主体；虚，主要是表现被摄对象的陪体，以衬托主体，它是构成画面意境的重要环节。

讲究节奏与旋律摄影构图，被摄对象以相同或近似的形式交替出现，有条理地重复，便形成节奏；节奏如果表现出线条、舒畅、和谐、起伏等动态变化，就成为旋律，从而使画面优美、抒情而流畅。节奏与旋律是深化主题的重要环节，它们包含在线条、色彩、光线的反差与色调中。

资料来源：http://academy.fengniao.com/144/1446381.html.

案例分享

领队日志的重要性

"分别时大家依依不舍，握手告别，短短几天，我们成了好朋友，他们说以后出去还要找我们旅行社，还要找我带团……"这是领队李阳在其"领队日记"中的一段话。集结，带队，办理手续，联络接待方，了解团内成员情况，对李阳来说，每次常规的带团任务，都能经历许多趣事与突发情况。"许多人羡慕领队能带团出境，殊不知我们背后的付出。领队工作广而细，每次回来，我们都会向公司提交相关汇报。现在能通过网络日记展现我的工作，非常有意思"。

"领队日记"是浙江省旅游培训管理中心专门组织的一次业内交流活动。不同于导游行业，由于对领队的职业能力很难进行量化打分，因此全国几乎没有相关比赛，领队之间很少能通过官方活动获得交流。为此，浙江省旅游培训管理中心搭建了专门的"领队日记"展示平台，通过领队日志的展示，让领队之间可以相互学习借鉴各自在带团过程中的心得体会，更好地为游客服务。

拓展实践

请大家分组讨论，在旅游结束之后，如何维护和游客良好的关系？

附　录

附录一　导游服务规范（GB/T 15971–2010）

1. 范围

本标准规定了导游服务的要求和导游服务过程中若干问题的处理原则。

本标准适用于中华人民共和国境内旅行社导游员在接待旅游团（旅游者）过程中提供的服务。出境旅游领队服务宜适用本标准。

2. 规范性引用文件

下列文件中的条款，通过本标准的引用而成为本标准的条款。凡是注明日期的引用文件，其随后的所有修改单（不包括勘误的内容）或修订版均不适用于本标准，然而，鼓励根据本标准达成协议的各方研究是否可使用这些文件的最新版本。凡是不注明日期的引用文件，其最新版本适用于本标准。

GB/T 16766 旅游业基础术语

LB/T 008 旅行社服务通则

3. 术语和定义

GB/T 16766 和 LB/T 008 确立的以及下列术语和定义适用于本标准。

3.1　组团旅行社 travel agents

组团社

从事招徕、组织旅游者，并为国内旅游、入境旅游、出境旅游的旅游者提供全程导游服务的旅行社。

3.2　接待旅行社 tour operator

接待社

受组团社委托，实施组团社的接待计划，委派地方陪同导游员，安排旅游团（者）在当地参观游览等活动的旅行社。

3.3 导游员 tour guide

符合上岗资格的法定要求，接受旅行社委派，直接为旅游团（者）提供向导、讲解及相关旅游服务的人员。导游员包括全程陪同导游员和地方陪同导游员。

3.4 全程陪同导游员 national guide

全陪

受组团社委派，作为其代表，监督接待社和地方陪同导游员的服务，以使组团社的接待计划得以按约实施，并为旅游团（者）提供全旅程陪同服务的导游员。

3.5 地方陪同导游员 local guide

地陪

受接待社委派，代表接待社实施旅游行程接待计划，为旅游团（者）提供当地导游服务的导游员。

4. 导游员素质要求

4.1 政治素质

导游员应热爱祖国，遵纪守法，恪守职业道德，自觉维护国家利益、民族尊严和旅游者与旅行社的合法权益，自觉抵制团队运作过程中的违法行为。

4.2 思想素质

导游员应有优秀的道德品质和高尚的情操，讲文明，遵守社会公德，尽职敬业，为旅游者提供热情周到的服务，完成旅游接待计划所规定的各项任务，按照旅游合同的约定兑现旅游服务。

4.3 技能素质

4.3.1 语言能力

导游员应具备过硬的语言表达能力、娴熟的导游讲解技巧和强烈的礼貌语言使用意识。

4.3.2 接待操作能力

导游员应符合法定的上岗资质，并具备独立工作能力、组织协调能力、人际交往能力和应急问题处理能力。

4.3.3 知识要求

导游员应掌握法律法规常识、旅行常识、政治经济和社会知识、旅游地历史、地理、文化和民俗知识和心理学与美学知识。

4.4 心理素质

导游员应心胸开阔、善解人意、耐心细致，并具有良好的观察能力和感知能力、调整旅游者情绪的能力、自我心理平衡能力、承受能力和沉着冷静与有条不紊的处事能力。

4.5 身体素质
导游员应具有健康的体魄和充沛的体力。

4.6 职业形象

4.6.1 仪容仪表
导游员应仪表端庄，并按照旅行社的要求着装。服装要整洁、大方、得体。

4.6.2 仪态
导游员应表情稳重自然、态度和蔼诚恳、富有亲和力，言行有度，举止符合礼仪规范。

4.7 继续教育
导游员应参加继续教育培训学习（尤其是相关应急预案培训），不断提高自己的业务知识和操作技能。

4.8 职业等级
导游员的职业等级是导游服务能力的标记，导游员应通过不断的学习考核和实操锻炼，获得更高的职业等级。

5. 导游服务通用要求

5.1 准备工作

5.1.1 熟悉接待计划与团队情况
上团前，导游员应认真查阅团队接待计划及相关资料，熟悉掌握旅游团（者）的全面情况，团队行程安排、特殊要求或注意事项等细节内容，注意掌握其重点和特点。

5.1.2 必需物品的查核与准备
上团前，导游员应做好证件、交通票据、资金以及有关资料等必需资料物品的准备。从计调人员处接收团队资料时应做好核查登记，以确保团队的相关资料与票据是适宜和可用的。对不适用的票据或资料应及时提请计调人员处理。团队资料交接记录应予保存。

5.1.3 知识准备
导游员应熟悉旅游地的旅游及文化资源、风土人情、法律法规等情况。

5.1.4 联络与沟通
全陪导游员或地接社等相关接待单位应建立并保持有效沟通，互通情况，以确保团队接待的相关事宜得到妥善安排。

地陪导游员应：

a）与食宿、交通、游览等有关部门落实、核查旅游团（者）的交通、食宿、行李运输等事宜；

b）确认旅游团（者）所乘交通工具及其准确抵达时间；

c）与司机确认车辆停放的位置，需要时，在旅游团出站前与行李员取得联络，落实行李运输事宜。

5.2 团队出发与迎接

导游员应提前到达团队出发/迎接地点展示旅行社团队标志迎候旅游团（者），致欢迎词并简介本次旅游行程。

团队出发时，全陪导游员应：

a）清点团队人数，引导旅游者乘坐约定的交通工具；

b）发放本次行程的相关资料；

c）乘坐飞机时，协助旅游者办妥登机、安检和行李托运等相关手续，并适时引导旅游者从正确的登机口依次登机；

d）乘坐火车时，全陪导游员应协助办好铺位的登记和分派等手续。

团队抵达时，地陪导游员应：

a）旅游团（者）出站后，确认应接的旅游团，有全陪的，及时与全陪接洽；

b）及时引导旅游团（者）前往停车场，在车门旁恭候旅游者上车，并协助旅游者就座；

c）开车前礼貌地清点人数，以确保不落下旅游者；

d）需要时，协助旅游者与全陪核对行李件数无误后将行李移交给行李员；

e）行车途中，做好途中讲解，包括介绍本地概况、沿途主要景观、相关注意事项等。

5.3 在途服务

5.3.1 导则

导游员应在交通服务、食宿服务、游览服务、购物服务、娱乐服务等环节注意保护旅游者人身及财产安全，及时有效地处理各类问题和突发事件。

注：应急情况处理见附录A。

5.3.2 交通服务

在乘坐飞机或火车的途中，全陪导游员应：

a）提醒旅游者注意人身和财物的安全；

b）取得乘务人员的支持，照顾好旅游者的旅途生活；

c）安排好火车卧铺座位，并引导旅游者依次登车休息，单位集体包团时火车铺位可交由该单位代表分派；

d）可行时，组织适当的娱乐活动，以活跃气氛；

e）交通工具不正常运行时与交通部门和旅行社保持有效沟通并稳定旅游者情绪，适时安排引导旅游者登机/车；

f）因交通工具原因被迫在当地过夜时，协助相关部门/方面安排或请示旅行社安排好旅游者的住宿；

g）旅游者有需要时，提供必要的帮助和协助。

5.3.3　食宿服务

5.3.3.1　住宿

旅游团（旅游者）抵达饭店时，导游员应及时办妥住店手续，热情引导旅游者进入房间和认找自己的大件交运行李，并进行客房巡视，处理旅游团（旅游者）入住过程中可能出现的各种问题。

全陪导游员应做好分房方案并按照方案办妥入住登记手续。属于单位集体包团或入境游团队中有境外旅行社代表的，分房方案应分别交由包团单位代表或境外旅行社代表制定。

地陪导游员应：

a）与饭店保持有效沟通和联系，落实住宿安排，取得客房钥匙；

b）告知旅游者：

1）饭店基本设施和住店注意事项；

2）饭店名称、位置和入店手续，有关服务项目和收费标准；

3）当天或次日游览活动的安排，以及集合的时间、地点；

4）饭店内就餐形式、地点、时间。

c）掌握全陪和旅游者的房间号，便于联系；

d）需要时，等待行李送达饭店，核对行李，督促行李员及时将行李送至旅游者房间；

e）必要时，安排次日的叫早服务。

5.3.3.2　饮食

导游员应按照旅游合同的约定安排饮食。全陪导游员应对此实施监控。旅游团（者）就餐时，地陪导游员应：

a）应提前与餐厅联系，核实订餐情况；

b）简单介绍餐馆及其菜肴的特色；

c）引导旅游者到餐厅入座并介绍餐馆的有关设施；

d）旅游者如需另加酒水或菜肴应向其说明类别和价格；

e）满足有宗教习惯的旅游者的用餐需求；

f）随时关注用餐情况，解答旅游者在用餐过程中的提问，解决出现的问题。

5.3.4　行程游览服务

5.3.4.1　导则

全、地陪导游员应认真核实旅游行程，行程宜以组团社的为准。如遇现场难以解决的问题，应及时请示组团社。

在景点游览过程中，导游员应：

a）在计划的时间与费用标准内，使旅游者充分地游览、观赏，做到讲解与引导游览相结合，适当集中与分散相结合，劳逸适度，并应特别关照老弱病残的旅游者；

b）应注意旅游者的安全并随时提醒旅游者自己注意安全，自始至终与旅游者在一起活动，并随时清点人数，以防旅游者走失或意外事故的发生；

c）在服务过程中始终佩戴导游证，携带接待计划，旅游团人数超过10人时打导游旗；

d）积极配合执法部门的检查和监督，遵纪守法，不吸烟酗酒。

5.3.4.2 全陪导游员

全陪导游员应：

a）与各站保持有效沟通，使旅游接待计划得以全面顺利实施并监督各站服务适时到位；

b）适时向接待社和地陪提出相应的建议和意见，确保各站按旅游合同约定兑现旅游服务，确保团队接待服务质量符合要求；

c）在乘坐交通工具向异地移动途中，提醒旅游者注意人身及财物的安全，安排好旅游者旅途生活，适时组织娱乐活动或专题讲解，努力使旅游团（者）在旅途中感到充实、轻松、愉快；

d）游览过程中，协助和配合地陪导游员做好其他各项工作；

e）在地陪导游员缺位或失职的情况下，兼行地陪导游员职责。

5.3.4.3 地陪导游员

地陪导游员应：

a）提前到达集合地点，并督促司机做好出发前的各项准备工作；

b）团队出发及每次移动前清点人数；

c）向旅游者报告当日重要新闻、天气情况及当日活动安排，包括午、晚餐的时间、地点；

d）在前往景点的途中，向旅游团（者）介绍本地的风土人情、自然和人文景观，回答旅游者提出的问题，主动与旅游者进行交流；

e）抵达景点前，向旅游者介绍该景点的简要情况，尤其是景点的背景、价值和特色；

f）抵达景点时，告知旅游者在景点停留的时间，以及参观游览结束后集合的时间、地点及游览过程中的注意事项；

g）游览过程中，尽量使用生动、风趣、吐字清晰易懂，富有感染力的讲解语言，对景点作繁简适度的讲解，包括该景点的历史背景、特色、地位、价值等内容，使旅游者对景点的特色、价值、风貌、背景等及旅游者感兴趣的其他问题有基本的了解；

　　h）当日游览活动结束时，询问旅游者对当日活动安排的反映并预报次日的活动日程、出发时间及其他有关事项。

5.3.5　购物服务

　　导游员应严格按照旅游合同的约定安排统一的购物活动，非经旅游者主动要求，不应擅自增加旅游合同约定以外的购物安排或者强迫旅游者购物。

　　旅游团（者）购物时，导游员应：

　　a）向旅游团（者）介绍商品的主要品种及特色；

　　b）需要时，向旅游者提供购物过程中所需要的服务，如翻译、介绍托运手续等。

5.3.6　娱乐服务

5.3.6.1　计划内娱乐节目

　　旅游团（者）观看计划内的文娱节目时，导游员应：

　　a）陪同前往并简要介绍节目内容及其特点；

　　b）按时组织旅游者入场，倡导旅游者文明观看节目；

　　c）在观看节目过程中，导游员自始至终坚守岗位；

　　d）提醒旅游者在大型娱乐场所注意安全，统一集中活动，并随时注意其动向和周围的环境，以防不测；

　　e）剧终散场时提醒旅游者不要遗留物品并依次退场。

5.3.6.2　计划外娱乐节目

　　旅游者要求自费观看计划外文娱节目时，导游员宜予以协助，如帮助购买门票、要出租车等，但不必陪同前往。若在旅游者盛意邀请下应邀前往，导游员应注意适度，且无陪舞的义务。

5.3.7　离/末站服务

5.3.7.1　离店服务

　　离店当天，地陪导游员应做好以下工作，全陪导游员应予以协助：

　　a）集中交运行李；

　　b）办理退房手续，并协助饭店结清与旅游者的有关账目；

　　c）提醒旅游者带好身份证件及贵重物品；

　　d）清点人数并集合登车。

5.3.7.2　送行前服务

　　团队送行前，地陪导游员应做好以下工作，全陪导游员应予以协助：

　　a）提前确认或落实联程/返程交通票据，以确保团队能按时起程；

　　b）商定并宣布行前集中行李、叫早、早餐以及集合出发的时间；

c）宣布有关离站注意事项。

5.3.7.3 离站送客服务

离站送客时，导游员应代表各自的旅行社向旅游者致欢送词，向旅游者派发《游客意见表》征询旅游者对旅游接待服务的意见。

地陪导游员应做好以下工作全陪导游员应予以协助：

a）带领团队及时抵达机场（车站、码头）；

b）办妥航班登机手续，向全陪导游员移交机票及登机牌，并引导旅游团（者）依次通过机场安检。

全陪导游员应：

a）提醒旅游者保管好自己的物品和证件；

b）引导旅游团（者）在候机楼或候车室休息等候，并按机场/车站的安排按时组织登机/车。

5.3.8 其他相关服务及工作

5.3.8.1 处理遗留问题

下团后，导游员应认真、妥善处理旅游团留下的问题，按有关规定办理旅游者临行托办的事项。必要时应向旅行社领导请示。

5.3.8.2 总结工作

接团任务完成后导游员应：

a）填写并向旅行社递交《导游日志》，详细报告接团经过突发事件；

b）尽快结清有关账目；

c）做好带团总结。

6. 入境游导游服务特别要求

入境游团队进出中国边境口岸时，导游员应提供必要的协助。入境时，应提醒旅游者做好需复带出境贵重自用物品的海关登记，必要时应为入境团队办理入境签证。

离境前，导游员应向旅游者说明我国海关通关的有关规定，介绍办理出境手续的程序，如中国海关的有关规定、托运行李的要求等。需时协助旅游者办好离境通关手续。

7. 导游员服务质量的改进

导游员应不断总结和交流带团经验，针对自身的服务各方面存在的薄弱环节或者旅游者的投诉（抱怨），分析问题存在的根本原因，并采取纠正与预防措施消除该根本原因，达到服务质量的持续改进。

附录 A
（规范性附录）

若干问题的处理原则

A.1 线路或日程变更

A.1.1 旅游团（者）要求变更计划行程

旅游过程中，旅游团（者）提出变更线路或日程的要求时，导游员原则上应婉拒，特殊情况应请示组团社核定。

如入境旅游者要求在全团旅行结束后延长在华时间，又不需要延长签证期限的，经请示接待社或组团社同意后，可同意延长，延长期间费用由本人自理。需要延长签证期限的，应经组团社同意并履行手续。如入境旅游全团持团体签证，个别旅游者需要延长或中途离团，应尽早办理分离签证，以免贻误全团出境。

A.1.2 客观原因需要变更计划行程

旅游过程中，因客观原因需要变更线路或日程时，导游员应向旅游团（者）做好解释工作，及时将旅游团（者）的意见反馈给组团社和接待社，并按照组团社或接待社的安排执行。

A.2 丢失证件或物品

当旅游者丢失证件或物品时，导游员应稳定旅游者的情绪，详细了解丢失情况，尽力协助寻找，同时报告组团社或接待社，协助旅游者向有关部门报案补办必要的手续。

A.3 丢失或损坏行李

当旅游者的行李丢失或损坏时，导游员应详细了解丢失或损坏情况，协助旅游者向承运人索赔。当难以找出责任者时，导游员应尽量协助当事人开具有关证明，以便向投保公司索赔，并视情况向有关部门报告。

A.4 旅游者伤病、病危或死亡

A.4.1 旅游者伤病

旅游者意外受伤或患病时，导游员应及时探视，如有需要，导游员应陪同患者前往医院就诊，并报告组团社和接待社。严禁导游员擅自给患者用药。

A.4.2 旅游者病危

旅游者病危时，导游员应立即协同患者亲友送病人去急救中心或医院抢救，或请医生前来抢救。患者如系某国际急救组织的投保者，导游员还应提醒领队及时与该组织的代理机构联系，并立即报告组团社和接待社。

在抢救过程中，导游员应：

a）要求患者亲友在场，并详细地记录患者患病前后的症状及治疗情况，尽量保留相关诊断证明副本；

b）随时向当地接待社反映情况并及时通知患者亲属；

c）如患者系外籍人士，通知患者所在国驻华使（领）馆；

d）妥善安排好旅游团其他旅游者的活动，地陪应继续带团旅行。

A.4.3 旅游者死亡

导游员应立即向接待社和组团社报告，由当地接待社按照国家有关规定做好善后工作，同时导游员应稳定其他旅游者的情绪，并继续做好旅游团的接待工作。

如系非正常死亡，导游员应注意保护现场并及时报告当地有关部门。

A.5 自然灾害及骚乱

当旅游团（者）遭遇火灾、自然灾害、社会骚乱等重大突发事件时，导游员应按以下原则处置：

a）以人为本，根据现场的条件，运用相关科学知识引导旅游团（者）开展自救和互救，及时带领团队脱离险境，全力保护旅游团（者）的生命和财物安全；

b）及时将事件发生的时间、地点、原因、经过等情况报告旅行社和相关部门，取得指导和帮助。

A.6 接待纠纷

a）遵循合同，防止矛盾扩大化，处理问题讲求有理、有利、有节；

b）做好记录，保存证据，以利善后工作；

c）尽量保障旅游团（者）后续行程的执行，减少企业经济损失。

附录二 导游领队引导文明旅游规范

1 范围

本规范规定了旅行社组织、接待旅游（团）者过程中，导游员、出境旅游领队引导旅游者文明旅游的基本要求、具体内容和相应规范。

本规范适用于旅行社组织、接待的旅游（团）者，包括中国公民境内旅游、出境旅游，以及境外国家或地区到中国境内旅游的旅游（团）者。

2 规范性引用文件

下列文件对于本文件的应用是必不可少的。凡是注日期的引用文件，仅注日期的版本适用于本文件。凡是不注日期的引用文件，其最新版本（包括所有的修改单）适用于本文件。

GB/T 15971-2010　导游服务规范
LB/T 005　旅行社出境旅游服务规范
LB/T 008　旅行社服务通则

3　术语和定义

3.1　导游员 tour guide

符合上岗资格的法定要求，接受旅行社委派，直接为旅游团（者）提供向导、讲解及旅游服务的人员。导游员包括全程陪同导游员和地方陪同导游员。

本定义依据 GB/T 15971-2010 导游服务规范。

3.2　出境旅游领队 outbound tour escort

依法取得从业资格，受组团社委派，全权代表组团社带领旅游团出境旅游，监督境外接待旅行社和导游人员等执行旅游计划，并为旅游者提供出入境等相关服务的工作人员。

本定义依据 LB/T 005 旅行社出境旅游服务规范。

3.3　旅行社 travel service

从事招徕、组织、接待旅游者等活动，为旅游者提供相关旅游服务，开展旅游业务的企业法人。

4　总体要求

4.1　引导的基本要求

4.1.1　一岗双责

4.1.1.1　导游领队人员应兼具为旅游者提供服务，与引导旅游者文明旅游两项职责。

4.1.1.2　导游领队人员在引导旅游者文明旅游过程中应体现服务态度、坚持服务原则，在服务旅游者过程中应包含引导旅游者文明旅游的内容。

4.1.2　掌握知识

4.1.2.1　导游领队人员应具备从事导游领队工作的基本专业知识和业务技能。

4.1.2.2　导游领队人员应掌握我国旅游法律、法规、政策以及有关规范性文件关于文明旅游的规定和要求。

4.1.2.3　导游领队人员应掌握基本的文明礼仪知识和规范。

4.1.2.4　导游领队人员应熟悉旅游目的地法律规范、宗教信仰、风俗禁忌、礼仪知识、社会公德等基本情况。

4.1.2.5　导游领队人员应掌握必要的紧急情况处理技能。

4.1.3 率先垂范

4.1.3.1 导游领队人员在工作期间应以身作则，遵纪守法，恪守职责，体现良好的职业素养和职业道德，为旅游者树立榜样。

4.1.3.2 导游领队人员在工作期间应注重仪容仪表、衣着得体，展现导游领队职业群体的良好形象。

4.1.3.3 导游领队人员在工作期间应言行规范，举止文明，为旅游者做出良好示范。

4.1.4 合理引导

4.1.4.1 导游领队人员对旅游者文明旅游的引导应诚恳、得体。

4.1.4.2 导游领队人员应有维护文明旅游的主动性和自觉性，关注旅游者的言行举止，在适当时机对旅游者进行相应提醒、警示、劝告。

4.1.4.3 导游领队人员应积极主动营造轻松和谐的旅游氛围，引导旅游者友善共处、互帮互助，引导旅游者相互督促、友善提醒。

4.1.5 正确沟通

4.1.5.1 在引导时，导游领队人员应注意与旅游者充分沟通，秉持真诚友善原则，增强与旅游者之间的互信，增强引导效果。

4.1.5.2 对旅游者的正确批评和合理意见，导游领队人员应认真听取，虚心接受。

4.1.6 分类引导

4.1.6.1 针对不同旅游者的引导

a. 在带团工作前，导游领队人员应熟悉团队成员、旅游产品、旅游目的地的基本情况，为恰当引导旅游者做好准备。

b. 对未成年人较多的团队，应侧重对家长的引导，并需特别关注未成年人特点，避免损坏公物、喧哗吵闹等不文明现象发生。

c. 对无出境记录旅游者，应特别提醒旅游目的地风俗禁忌和礼仪习惯，以及出入海关、边防（移民局）的注意事项，提前告知和提醒。

d. 旅游者生活环境与旅游目的地环境差异较大时，导游领队应提醒旅游者注意相关习惯、理念差异，避免言行举止不合时宜而导致的不文明现象。

4.1.6.2 针对不文明行为的处理

a. 对于旅游者因无心之过而与旅游目的地风俗禁忌、礼仪规范不协调的行为，应及时提醒和劝阻，必要时协助旅游者赔礼道歉。

b. 对于从事违法或违反社会公德活动的旅游者，或从事严重影响其他旅游者权益的活动，不听劝阻、不能制止的，根据旅行社的指示，导游领队可代表旅行社与其解除旅游合同。

c. 对于从事违法活动的旅游者，不听劝阻、无法制止，后果严重的，导游领队人员应主动向相关执法、管理机关报告，寻求帮助，依法处理。

4.2 引导的主要内容

4.2.1 法律法规

导游领队人员应将我国和旅游目的地国家和地区文明旅游的有关法律规范和相关要求向旅游者进行提示和说明，避免旅游者出现触犯法律的不文明行为。引导旅游者爱护公物、文物，遵守交通规则，尊重他人权益。

4.2.2 风俗禁忌

导游领队人员应主动提醒旅游者尊重当地风俗习惯、宗教禁忌。在有支付小费习惯的国家和地区，应引导旅游者以礼貌的方式主动向服务人员支付小费。

4.2.3 绿色环保

导游领队人员应向旅游者倡导绿色出游、节能环保，宜将具体环保常识和方法向旅游者进行说明。引导旅游者爱护旅游目的地自然环境，保持旅游场所的环境卫生。

4.2.4 礼仪规范

导游领队人员应提醒旅游者注意基本的礼仪规范：仪容整洁，遵序守时，言行得体。提醒旅游者不在公共场合大声喧哗、违规抽烟，提醒旅游者依序排队、不拥挤争抢。

4.2.5 诚信善意

导游领队人员应引导旅游者在旅游过程中保持良好心态，尊重他人、遵守规则、恪守契约、包容礼让，展现良好形象。通过旅游提升文明素养。

5 具体规范

5.1 出行前

5.1.1 导游领队应在出行前将旅游文明需要注意的事项以适当方式告知旅游者。

5.1.2 导游领队参加行前说明会的，宜在行前说明会上，向旅游者讲解《中国公民国内旅游文明行为公约》或《中国公民出境旅游文明行为指南》，提示基本的文明旅游规范，并将旅游目的地的法律法规、宗教信仰、风俗禁忌、礼仪规范等内容系统、详细告知旅游者，使旅游者在出行前具备相应知识，为文明旅游做好准备。

5.1.3 不便于召集行前说明会或导游领队不参加行前说明会的，导游领队宜向旅游者发送电子邮件、传真、或通过电话沟通等方式，将文明旅游的相关注意事项和规范要求进行说明和告知。

5.1.4 在旅游出发地机场、车站等集合地点，导游领队应将文明旅游事项向旅游者进行重申。

5.1.5 如旅游产品具有特殊安排，如乘坐的廉价航班上不提供餐饮、入住酒店不提供一次性洗漱用品的，导游领队应向旅游者事先告知和提醒。

5.2 登机（车、船）与出入口岸

5.2.1 导游领队应提醒旅游者提前办理检票、安检、托运行李等手续，不携带违禁物品。

5.2.2 导游领队应组织旅游者依序候机（车、船），并优先安排老人、未成年人、孕妇和残障人士。

5.2.3 导游领队应提醒旅游者不抢座、不占位，主动将上下交通工具方便的座位让给老人、孕妇、残障人士和带婴幼儿的旅游者。

5.2.4 导游领队应引导旅游者主动配合机场、车站、港口以及安检、边防（移民局）、海关的检查和指挥。与相关工作人员友好沟通，避免产生冲突，携带需要申报的物品，应主动申报。

5.3 乘坐公共交通工具

5.3.1 导游领队宜利用乘坐交通工具的时间，将文明旅游的规范要求向旅游者进行说明和提醒。

5.3.2 导游领队应提醒旅游者遵守和配合乘务人员指示，保障交通工具安全有序运行；如乘机时应按照要求使用移动电话等电子设备。

5.3.3 导游领队应提醒旅游者乘坐交通工具的安全规范和基本礼仪，遵守秩序，尊重他人；如乘机（车、船）时不长时间占用通道或卫生间，不强行更换座位，不强行开启安全舱门。避免不文雅的举止，不无限制索要免费餐饮等。

5.3.4 导游领队应提醒旅游者保持交通工具内的环境卫生，不乱扔乱放废弃物。

5.4 住宿

5.4.1 导游领队应提醒旅游者尊重服务人员，服务人员问好时要友善回应。

5.4.2 导游领队应指引旅游者爱护和正确使用住宿场所设施设备，注意维护客房和公用空间的整洁卫生，提醒旅游者不在酒店禁烟区域抽烟。

5.4.3 导游领队应引导旅游者减少一次性物品的使用，减少环境污染，节水节电。

5.4.4 导游领队应提醒旅游者在客房区域举止文明，如在走廊等公共区域衣着得体，出入房间应轻关房门，不吵闹喧哗，宜调小电视音量，以免打扰其他客人休息。

5.4.5 导游领队应提醒旅游者在客房内消费的，应在离店前主动声明并付费。

5.5 餐饮

5.5.1 导游领队应提醒旅游者注意用餐礼仪，有序就餐，避免高声喧哗干扰他人。

5.5.2 导游领队应引导旅游者就餐时适量点用，避免浪费。

5.5.3 导游领队应提醒旅游者自助餐区域的食物、饮料不能带离就餐区。

5.5.4 集体就餐时，导游领队应提醒旅游者正确使用公共餐具。

5.5.5 旅游者如需在就餐时抽烟，导游领队应指示旅游者到指定抽烟区域就座，如就餐区禁烟的，应遵守相关规则。

5.5.6 就餐环境对服装有特殊要求的，导游领队应事先告知旅游者，以便旅游者准备。

5.5.7 在公共交通工具或博物馆、展览馆、音乐厅等场所，应遵守相关规则，勿违规饮食。

5.6 游览

5.6.1 导游领队宜将文明旅游的内容融合在讲解词中，进行提醒和告知。

5.6.2 导游领队应提醒旅游者遵守游览场所规则，依序文明游览。

5.6.3 在自然环境中游览时，导游领队应提示旅游者爱护环境、不攀折花草、不惊吓伤害动物，不进入未开放区域。

5.6.4 观赏人文景观时，导游领队应提示旅游者爱护公物、保护文物，不攀登骑跨或胡写乱划。

5.6.5 在参观博物馆、教堂等室内场所时，导游领队应提示旅游者保持安静，根据场馆要求规范使用摄影摄像设备。不随意触摸展品。

5.6.6 游览区域对旅游者着装有要求的（如教堂、寺庙、博物馆、皇宫等），导游领队应提前一天向旅游者说明，提醒准备。

5.6.7 导游领队应提醒旅游者摄影摄像时先后有序，不妨碍他人。如需拍摄他人肖像或与他人合影，应征得同意。

5.7 娱乐

5.7.1 导游领队应组织旅游者安全、有序、文明、理性参与娱乐活动。

5.7.2 导游领队应提示旅游者观赏演艺、比赛类活动时遵守秩序：如按时入场、有序出入。中途入场或离席以及鼓掌喝彩应合乎时宜。根据要求使用摄像摄影设备，慎用闪光灯。

5.7.3 导游领队应提示旅游者观看体育比赛时，尊重参赛选手和裁判，遵守赛场秩序。

5.7.4 旅游者参加涉水娱乐活动的，导游领队应事先提示旅游者听从工作人员指挥，注意安全，爱护环境。

5.7.5 导游领队应提示旅游者在参加和其他旅游者、工作人员互动活动时，文明参与、大方得体，并在活动结束后对工作人员表示感谢，礼貌话别。

5.8 购物

5.8.1 导游领队应提醒旅游者理性、诚信消费，适度议价，善意待人，遵守契约。

5.8.2 导游领队应提醒旅游者遵守购物场所规范，保持购物场所秩序，不哄抢喧哗，试吃试用商品应征得同意，不随意占用购物场所非公共区域的休息座椅。

5.8.3 导游领队应提醒旅游者尊重购物场所购物数量限制。

5.8.4 在购物活动前，导游领队应提醒旅游者购物活动结束时间和购物结束后的集合地点，避免旅游者迟到、拖延而引发的不文明现象发生。

5.9 如厕

5.9.1 在旅游过程中，导游领队应提示旅游者正确使用卫生设施；在如厕习惯特别的国家或地区，或卫生设施操作复杂的，导游领队应向旅游者进行相应说明。

5.9.2 导游领队应提示旅游者维护卫生设施清洁、适度取用公共卫生用品，并遵照相关提示和说明不在卫生间抽烟或随意丢弃废弃物、不随意占用残障人士专用设施。

5.9.3 在乘坐长途汽车前，导游领队应提示旅游者行车时间，提醒旅游者提前上卫生间。在长途行车过程中，导游领队应与司机协调，在中途安排停车如厕。

5.9.4 游览过程中，导游领队应适时提示卫生间位置，尤其应注意引导家长带领未成年人使用卫生间，不随地大小便。

5.9.5 在旅游者众多的情况下，导游领队应引导旅游者依序排队使用卫生间、并礼让急需的老人、未成年人、残障人士。

5.9.6 在野外无卫生间等设施设备的情况下，导游领队应引导旅游者在适当的位置如厕，避免污染水源或影响生态环境。并提示旅游者填埋、清理废弃物。

6 特殊/突发情况处理

6.1 旅游过程中遭遇特殊/突发情况，如财物被抢被盗、重大传染性疾病、自然灾害、交通工具延误等情形，导游领队应沉着应对，冷静处理。

6.2 需要旅游者配合相关部门处理的，导游领队应及时向旅游者说明，进行安抚劝慰，导游领队还应积极协助有关部门进行处理。在突发紧急情况下，导游领队应立即采取应急措施，避免损失扩大，事态升级。

6.3 导游领队应在旅游者和相关机构和人员发生纠纷时，及时处理、正确疏导，引导旅游者理性维权、化解矛盾。

6.4 遇旅游者采取拒绝上下机（车、船）、滞留等方式非理性维权的，导游领队应与旅游者进行沟通、晓以利害。必要时应向驻外使领馆或当地警方等机构报告，寻求帮助。

7 总结反馈

7.1 旅游行程全部结束后，导游领队向旅行社递交的带团报告或团队日志中，宜有总结和反馈文明旅游引导工作的内容，以便积累经验并在导游领队人员中进行培训、分享。

7.2 旅游行程结束后，导游领队宜与旅游者继续保持友好交流、并妥善处理遗留问题。

7.3 对旅游过程中严重违背社会公德、违反法律规范，影响恶劣，后果严重的旅游者，导游领队人员应将相关情况向旅行社进行汇报，并通过旅行社将该旅游者的不文明行为向旅游管理部门报告，经旅游管理部门核实后，纳入旅游者不文明旅游记录。

7.4 旅行社、导游行业组织等机构应做好导游领队引导文明旅游的宣传培训和教育工作。

参考书目及网站

[1] 侯志强.导游服务实训教程[M].福州：福建人民出版社，2003.
[2] 王琦.导游岗位实训[M].上海：上海财经大学出版社，2007.
[3] 彭元力，周刚刚.实用导游技能[M].北京：中国旅游出版社，2004.
[4] 彭蝶飞.导游实务[M].长沙：中南大学出版社，2005.
[5] 郭赤婴.新导游必备手册[M].北京：中国旅游出版社，2005.
[6] 李娌，王哲.导游服务案例精选解析[M].北京：旅游教育出版社，2009.
[7] 傅云新，蔡晓梅.旅游学[M].广州：中山大学出版社，2007.
[8] 叶骁军.导游技能实务[M].天津：南开大学出版社，2008.
[9] 刘洪利.导游学[M].北京：北京交通大学出版社，2008.
[10] 杜炜，张建梅.导游业务[M].北京：高等教育出版社，2006.
[11] 周晓梅.导游带团技能一本通[M].北京：旅游教育出版社，2007.
[12] 赵阳，王丽飞.导游实务[M].哈尔滨：哈尔滨工业大学出版社，2005.
[13] 纪俊超，李元杰.导游知识千题解[M].北京：旅游教育出版社，2004.
[14] 赵冉冉.导游应急处理一本通[M].北京：旅游教育出版社，2008.
[15] 窦志萍.导游技巧与模拟导游[M].北京：清华大学出版社，2007.
[16] 本书编写组.导游服务技能[M].北京：中国旅游出版社，2008.
[17] 胡晓勤.导游业务实训教程[M].北京：科学出版社，2008.
[18] 朱忠良，袁丽华.导游实务[M].北京：冶金工业出版社，2008.
[19] Kathleen Lingle Pond.职业导游员导游职业发展动态[M].大连：东北财经大学出版社，2004.
[20] 李国茹，张立峰.旅游接待礼仪[M].沈阳：东北师范大学出版社，2006.
[21] http://www.cnta.gov.cn.

［22］http：//www.jstour.gov.cn.
［23］http：//www.nju.gov.cn.
［24］http：//www.jstour.com.
［25］http：//www.njfzm.net.
［26］http：//www.1351355.com.
［27］http：//www.39ty.com.
［28］http：//www.beijing2008.cn.
［29］http：//www.njstation.com.
［30］http：//www.njiairport.com.

后 记

旅游是真正了解其他文化的最佳方式，通过吃当地的食物，走在街道上听当地的音乐，体验当地人的日常生活，旅游者开始对当地人有了了解，这种了解是人们从书本上学不到的。

我常常会觉得导游工作是有着最多人生体验的职业，是帮助游客编织美好回忆的职业，所有的导游员都知道，他们可能在一天之内会对人们产生深远影响，甚至改变人们的观点或消除人们的偏见。好的导游员能激发旅游者的兴趣，使他们对所游览的地区和其他文化有新的了解，而旅游者回报导游员的则是感激之情，赞美之声。

好的导游员心里都明白自己并不是主角，而是配角，是一个激励旅游者走下旅游车，走出酒店房间去亲自探索、发现外面的景和物的人，一个让旅游者去体验不同地区及那里生活的人。只有旅游者从游览中得到的远少于导游员介绍的，导游员的存在才有意义，从这个意义上讲，导游员所扮演的最持久、最重要的角色应该是人们了解事物的渠道。

冰岛总统维格迪丝·芬博阿多蒂尔（Vigdís Finnbogadóttir）开始从事公共服务时，就是做导游员。他曾担任1988年在温哥华举行的"旅行：促进和平的关键"全球会议的名誉主席。在会上，他说："我在竞选总统时非常庆幸自己曾经做过导游员，因为这段经历使我对我的国家有了非常深刻的了解。"

那些为旅游者讲解一个地方、城市或地区的人，最终都会认识到做导游是一种荣幸，也是一种责任。我在编写此书时，也有同感。本着这种精神，我完成了这部指导导游员工作的书，我希望这本书能指导、鼓舞导游员以及那些希望成为导游员的人们，并为导游工作提供一个原则基础。

最后，我要感谢和我一起完成本书编撰工作的所有同人。

编者